REVUE

DES

LANGUES ROMANES

REVUE DES LANGUES ROMANES

Comité d'Honneur :

Charles CAMPROUX†, Président ; A. BADIA I MARGARIT, K. BALDINGER†, M. BARRAL, B. CERQUIGLINI, F. DUBOST, J. DUFOURNET†, L. DULAC, P. FABRE, F. GARAVINI, H. GUITER†, H.-E. KELLER†, R. LAFONT†, J.-M. PETIT, B. POTTIER, P. RICKETTS†, A. RONCAGLIA†, J. TENA, M. ZINK.

Comité de rédaction

Président : J. DUFOURNET†.
Rédacteur : G. GOUIRAN,
M.-C. ALEN-GARABATO, T. ARNAVIELLE, G. BAZALGUES, H. BOYER, J. BRÈS, G. CAITI-RUSSO, J.-P. CHAMBON, M. CARMINATI, J.-F. COUROUAU, P. ESCUDÉ, Ph. GARDY, Fr. LAURENT, Ph. MARTEL, P. SAUZET.

Comité de lecture :

G. GOUIRAN, L. DULAC, M. FAURE, Ph. GARDY, Ph. MARTEL, M. PLOUZEAU, P. SAUZET.

Comité scientifique :

J. DUFOURNET†, Paris ; M. de COMBARIEU du GRES, Aix-en-Provence ; F. DUBOST, Montpellier ; I. de RIQUER, Barcelone ; M. BREA, Santiago de Compostela ; J. WUEST, Zürich ; G. KREMNITZ, Vienne ; A. FERRARI, Rome ; P. SKÅRUP, Knebel ; Fr. JENSEN†, Boulder ; T. FIELD, Univ. of Maryland ; L. PATERSON (Grande-Bretagne).

*

La REVUE DES LANGUES ROMANES publie un tome annuel, numéroté en chiffres romains et livré en deux volumes.

*

Les ABONNEMENTS sont reçus pour une année, soit deux numéros.
Prix de l'abonnement pour 2015 :
Particuliers : 40 € – Prix à l'unité : 27 € – Libraires et institutions : 50 €.
Frais de port : – France : 9 € ; – Étranger : 10 €.

Le paiement peut se faire par chèque bancaire, chèque postal ou virement
TG10071 34000 00001003694 76
Le règlement est à adresser à M. le régisseur des recettes des PULM
Presses universitaires de la Méditerranée — PULM,
17 rue Abbé-de-l'Épée, F-34090 Montpellier (FRANCE)

Revue

des

Langues Romanes

———

Tome CXIX

———

Année 2015

N° 1

Presses universitaires de la Méditerranée

Table des matières

Souvenir :
Fritz Peter KIRSCH, Pèire Bec (1921-2014),
pionnier d'une littérature-monde en occitan gascon

1. Repenser le *Perlesvaus* (vol. 2)   pages

Études réunies par Catherine NICOLAS & Armand
STRUBEL, avec la collaboration de Jean-René VALETTE.

Catherine NICOLAS, Avant-propos...................................... 1

Christophe IMPERIALI, Le voir et le *voir* : savoir et point de
vue dans le *Perlesvaus*. Une approche narratologique.... 3

Hélène BOUGET, Repenser le *Perlesvaus* : « Le sens de
l'équivoque »... 23

Marie-Pascale HALARY, Le *Perlesvaus* et l'ornementation 43

Catherine NICOLAS, *Perlesvaus* : le sacrement de l'écriture ? 67

Marie BLAISE, L'angle et la branche : autorité et déliaison
dans *Le Haut Livre du Graal* 85

Alain CORBELLARI, Onirisme et pulsion de mort dans le
Perlesvaus 113

Catherine NICOLAS, Bibliographie récente 133

2. Varia

Jean-Pierre CHAMBON, Les glossaires d'éditions de textes occitans de la période moderne (XVIe, XVIIe, XVIIIe siècles) : quelques recommandations pratiques 151

Santiago LÓPEZ MARTÍNEZ-MORÁS, Hercule à Bruges (1468) : théâtre, politique et cérémonial bourguignons 169

Moritz BURGMANN, Contribution à la connaissance du lexique occitan des mines et forges à fer au 18e siècle (troisième partie).. 191

Philippe GARDY, Max-Philippe Delavouët. Le poète et les images. À propos de *Istòri dóu Rèi mort qu'anavo à la desciso* 211

3. Critique

Sone de Nansay, éd. Claude Lachet (Marcel FAURE) 231

Mélanges en l'honneur du 70e anniversaire de Frankwalt Möhren (May PLOUZEAU) 235

Approches du bilinguisme latin-français au Moyen Âge : linguistique, codicologie, esthétique, dir. Stéphanie Le Briz & Géraldine Veysseyre (Dominique BILLY).......... 251

Jean-Louis Massourre, *Le gascon, les mots et le système* (Dominique BILLY) 261

Giuseppe Noto, *Francesco Redi provenzalista. La ricezione dei trovatori nell'Italia del Seicento* (Jean-François COUROUAU) 267

Maria-Clàudia Gastou, *Mistral abans* Mirèio. *Cossí Mistral prenguèt part a l'espelison del Felibrige e de l'*Armana prouvençau *(1854-1859)* (Jean-François COUROUAU) 270

Philippe Gardy, *Paysages du poème, Six poètes d'oc entre XXe et XXIe siècle. [...]*(Claire TORREILLES) 275

4. Revues et ouvrages reçus par la *Revue des langues romanes*   279

Pèire Bec (1921-2014), pionnier d'une littérature-monde en occitan gascon

> Fest stehen und mit dem Offenen Spielen können, in jedem Augenblick, es wäre eine Kunst. Man müsste Mozart sein. Ein Mozart der offenen Zukunft (Pascal Mercier)[1]

Testimoniatge d'una dolor

Aprene que Pèire Bec es partit me fai un mal dels grands. Es aquò la darrièra de las novèlas negras que me'n calguèt prene consciéncia dempuèi la debuta del segle XXI. Max Roqueta, Robert Lafont, Bernat Manciet... M'acompanha lo remembre de las votzes, legissi los poèmas, seguissi lo fiu de las pensadas e me disi que la vida de la cultura d'òc contunha a malgrat de la mòrt e de l'aclapaire. Amb lo Pèire Bec, aquò's lo moment de la miá descoberta de l'occitanisme que tòrna a la memòria. Mon professor vienenc de romanistica, lo sénher Carl Theodor Gossen, aviá conegut lo Pèire Bec dins l'encastre d'un estagi en Romania. A la davalada de 1962, quora mon mèstre m'envièt a Tolosa per s'assabentar, dins l'amira de la tèsi que deviái escriure, ieu l'estudiant, sus la vida e la valor d'una literatura occitana contemporanèa, me balhèt l'adreça de son amic Bec. Atal davalèri del tren a Lyon, ont lo Pèire ensenhava alavetz dins un licèu, e tustèri a la pòrta de l'apartament. L'acuèlh foguèt coral e plen d'indulgéncia per lo jove que coneissiá pas res en defòra d'unes poèmas dels trobadors e mai de tròces de *Mirèio*. Sul pic m'agradèt aquest òme pichòn, quasiment timid e que pasmens aviá la paraula inspirada quand me faguèt faire lo primièr torn d'un monde desconegut. Mai tard, dins lo tren que davalava cap a Tolosa, me disiái qu'anavi descobrir una França autra, amagada e pr'aquò presenta, univèrs tragic e grandaràs ont m'esperava benlèu una vida comola d'idèas e d'emocions novèlas. Tant val dire que lo rescontre amb lo Pèire Bec foguèt mon entrada al temps clar, l'iniciacion.

Depuis cette première rencontre, d'une décennie à l'autre, l'étudiant a retrouvé à chaque réunion internationale d'occitanisants la clarté et la précision des explications proposées par celui qui occupait désormais, en tant que linguiste et médiéviste, respecté voire même admiré par tous et toutes les collègues, une chaire prestigieuse à l'université de Poitiers. Au cours de certaines soirées inoubliables, après le repas, la belle voix de Pierre Bec invitait les congressistes à l'accompagner dans son interprétation du répertoire des chansons traditionnelles occitanes. Le grand initiateur dont les recherches produisaient bien des ouvrages de première importance pour les études d'oc et la romanistique internationale se révélait être aussi un maître en matière de musique et de convivialité. Au début des années 1970, à l'occasion d'une invitation de l'Université de Vienne, Pierre Bec a revu, avec une émotion profonde, l'endroit où il avait travaillé en tant que jeune STO sous le régime nazi. Cette période de sa vie joue un rôle important dans la production de l'écrivain Bec qui l'évoque notamment dans *Lo hiu tibat* et dans certains poèmes (cf. « Nach vierundzwanzig Jahren », *La quista de l'aute*, Messatges 1971).

Pour le romaniste autrichien en train d'entamer une carrière universitaire, apprécier l'ami, le maître et le savant Pierre Bec allait de soi. Juger à sa juste valeur l'écrivain, le poète et le prosateur était plus difficile. Le jeune chercheur faisant le tour, dans sa thèse, de la littérature languedocienne et gasconne du XXe siècle,[2] avait trop vite rangé Pierre Bec parmi les auteurs de seconde classe, estimables certes mais nettement situés au-dessous des « géants » de la production contemporaine d'oc. *Lo hiu tibat*, ce récit des souvenirs du temps de la Seconde Guerre mondiale passé en Autriche d'abord, en Allemagne ensuite, ne semblait pas supporter la comparaison avec *La grava sul camin* de Joan Bodon et *Accidents* de Bernat Manciet, ces chefs-d'œuvre bouleversants de la littérature occitane d'après-guerre. Quant au fantastique des *Contes de l'Unic*, avec son allure de surréalisme cocasse, il était loin de correspondre à l'attente d'un lecteur grisé par la poésie cosmique des grands narrateurs d'oc, de Joseph d'Arbaud à Max Roqueta. Mais au fil des années, le facteur a apporté d'autres ouvrages et d'autres encore, toujours ornés d'une dédicace bien amicale à l'adresse de l'historien de la littérature d'oc qui finissait peu à peu par s'apercevoir, avec un grain de mauvaise conscience, de certains aspects et dimensions de l'écrivain Pierre Bec dont il n'avait pas soupçonné l'existence. Il a fallu comprendre que cette création poétique et narrative ne représentait pas un amusement marginal du savant linguiste et médiéviste mais quelque chose d'immense et de profond, un travail exploratoire dans différents domaines de la langue et de la pensée que l'auteur poursuivait tout au long de sa vie, sur la base d'une intelligence artistique sans cesse en éveil. Comme ce processus de prise de conscience chez le lecteur viennois s'accomplissait lentement, étant toujours un peu marginalisé par bien des défis de la vie universitaire et privée, le moment de l'amende honorable sous la forme d'une étude plus équitable que celle présentée dans la thèse de jadis s'ajournait toujours. Reste à savoir si ce processus de maturation permettant de rendre justice à l'écrivain Pierre Bec est à présent arrivé à son terme, après la mort de l'ami. Il semble légitime, pourtant, de circonscrire l'état présent des réflexions qui se sont précisées peu à peu, « *au briu de l'estona* ».[3]

Car une nouvelle approche de l'œuvre littéraire de l'auteur gascon a été rendue possible par l'observation d'une transformation en profondeur de la vie littéraire dans les pays de langue d'oc au cours des dernières décennies. C'est à la lumière de ces transformations que l'écrivain Pierre Bec apparaît comme un prédécesseur ou, si l'on veut, comme un pionnier d'une façon d'imaginer et d'écrire qui ne s'est précisée qu'au cours des toutes dernières années. Mais avant d'aborder de tels aspects globaux, entamons quelques analyses de textes en considérant surtout des œuvres narratives.

Pierre Bec se révèle être un auteur difficile, proposant des énigmes à son lecteur, à commencer par ses titres. *Contes de l'Unic* : cette étiquette du recueil de 1977 ne cesse d'intriguer tant qu'on ne se rappelle pas l'écrivain allemand Max Stirner et son essai *Der Einzige und sein Eigentum*, publié avant le milieu du XIXe siècle et disponible en français à partir de 1899 sous le titre *L'Unique et sa propriété* (Bec le germaniste a pu/dû lire l'original). Ce recueil de textes, selon Wikipédia, « est un réquisitoire radical contre toutes les puissances supérieures auxquelles l'individu aliène son "Moi„ ». L'auteur exhorte chacun à s'approprier ce qui est en son pouvoir, indépendamment des diverses forces d'oppression extérieures à l'individu : l'État, la religion, la société, l'humanité. » L'anarchisme de Stirner, combattu par Marx et les marxistes, s'insurge contre tout esprit de système voire même contre toute vision totalisante de l'Homme. Le personnage autour duquel l'essai s'organise a été comparé quelquefois au *Maldoror* de Lautréamont. Cependant, dans les histoires racontées par Pierre Bec, l'aspect insurrectionnel qui caractérise les écrits d'Isidore Ducasse manque totalement. À sa place, on trouve une insécurité fondamentale face à la condition humaine saisie dans son être le plus concret, celui qui se confronte aux absurdités de la vie quotidienne. L'*Unic* de l'auteur gascon, au lieu de se présenter comme un révolté à la recherche d'une liberté totale, évolue dans un monde plein de mystères dont son moi propre n'est pas des moins inquiétants.

Contes esquiçats – voilà un autre titre posant problème. Faut-il entendre *esquiçar* au sens de 'déchirer' ou au sens de 'serrer' ? La structure des textes contenus dans ce recueil de nouvelles (1984) fait apparaître la première de ces possibilités comme la plus plausible puisque la presque totalité des récits se caractérise par des « déchirements » sur le plan temporel. D'un conte à l'autre, on a affaire à des passages brusques, sans transition, d'une intrigue située dans un contexte de modernité agressive (pullulement d'informations, anonymat de l'individu perdu dans la foule, règne des machines) vers une autre évoluant, en général, dans un cadre médiéval souvent troubadouresque, ou dans un domaine archaïque souvent représenté par des citations tirées des *Contes de Gascogne* recueillis par Jean-François Bladé. En guise de traits d'union entre les niveaux spatio-temporels de la narration figurent des symboles illustrant à la fois la fragilité et le caractère changeant de l'humain. Parmi ces images, celle du fil (*lo hiu*) parfois tendu parfois formant une pelote inextricable revêt une importance particulière. L'écoulement semble se coaguler dans les routines de la vie quotidienne, dont le caractère mécanique est souvent intensifié par des répétitions obsessionnelles, pour subir parfois des déchirements soudains faisant transparaître, aux yeux des protagonistes en proie au vertige, le spectre de la « *longa debanada d'ua eternitat* ».

Ce qu'on cherche en vain chez Bec, c'est l'euphorie des fêtes du temps retrouvé 'à la Proust', à travers les surgissements de la mémoire plus ou moins involontaire. Les souvenirs de l'auteur gascon font remonter des traumatismes d'antan et contribuent à rendre plus angoissant un temps présent ressenti comme une marche vers la mort, dont le triomphe final s'annonce par des indices insérés dans le tissu du texte. Parfois cette allure d'apocalypse est rendue évidente par la structuration du récit comme c'est le cas dans « *Jornau d'ua mòrt tranquila* »[4] où les étapes de l'action sont ponctuées par des titres formant la série de « sept seaux » (*sageths*). Quant à l'amour, son pouvoir rédempteur est toujours relatif et limité, même lorsque les allusions aux grandes traditions de l'érotique médiévale sont évidentes. À la fin des *Contes esquiçats*, le narrateur et la jeune femme rencontrée à Venise pratiquent l'*ensag* troubadouresque dans une chambre d'hôtel, mais les fantasmes d'enfance suscités par la contemplation de l'eau trouble du canal finissent par annuler ce qui peut surnager, en tant que *jòi d'amor*, dans l'expérience humaine. Un aspect intéressant des nouvelles de Bec, c'est la façon directe, presque brutale, dont l'imaginaire interfère avec le vécu. Dans *Racòntes d'ua mòrt tranquilla*, les exemples d'un tel envahissement du réel par les jeux du subconscient abondent, pour surgir à nouveau dans *Entà créser au mòn* (2004). La vieille dame dans l'histoire de l'*escolopendra*[5] tue deux animaux, le chat par son rêve et le mille-pattes par son acte réel.

Comment échapper aux aspects sombres de la condition humaine ? Omniprésent chez Bec est le thème du rire, mais c'est le plus souvent un rire amer, inspiré par la folie de l'homme ou bien la résistance sournoise des objets ou encore les deux à la fois. La solidarité humaine apporte des adoucissements, par exemple quand se termine le récit « *Lo monge e lo trobador* », situé tout à la fin du recueil *Racontes d'ua mòrt tranquilla*, lorsque la cordialité d'un paysan semble réconforter le protagoniste après toute une vie d'espoirs trompés.

La recherche des contacts amicaux entre êtres humains est un autre thème fondamental qui relie poèmes, nouvelles et textes romanesques. *La quista de l'aute*, c'est le titre d'un recueil de poésies (Messatges 1971) et l'élément principal de la structure du récit dans *Sebastian* (1980), le seul roman publié par Pierre Bec. Dans ce dernier texte, deux jeunes gens – Sebastian fils de paysans et Emmanuel fils de bourgeois juifs – se lient d'amitié tout en subissant toutes les conséquences de leur diversité à la fois psychologique et culturelle. Ici encore, les transformations de la vie et finalement la mort rendent illusoire toute recherche d'harmonie pour faire apparaître *in fine* la seule attitude fondant l'autonomie de l'homme face à son destin et, peut-être, un dosage modeste de bonheur, à savoir la capacité de se débarrasser de toutes les illusions et de prendre en main sa propre vie en se confrontant courageusement à tous les défis lancés par le monde.

Un exemple encore plus explicite que celui qui caractérise l'histoire de Sebastian se trouve dans « L'*arriu* », le dernier récit d'*Entà créser au món* dont le protagoniste Bernardon résiste à la suite logique des événements qui devrait le conduire vers les mirages d'une nouvelle vie au Canada pour retrouver, en restant au pays, non pas la petite patrie des récits du terroir mais la rivière incarnant à la fois le caractère éphémère des choses humaines et la permanence d'une conscience en équilibre.

Pierre Bec, à travers les mille détours de ses œuvres narratives, suit le fil d'une longue réflexion sur le moi, unique et multiple, parcourant toute la gamme des positions humaines face au temps, aux avatars de la conscience, aux jeux du hasard et aux aventures de la création artistique. Or il est vrai que les romancières et les romanciers, en Europe et ailleurs, font le plus souvent la même chose. Mais ce qui frappe le lecteur de Pierre Bec, c'est la façon dont le narrateur met en œuvre son gascon souverainement maîtrisé (sans être la langue « maternelle ») pour faire transparaître, à travers des histoires favorisant au départ l'étrange et l'extraordinaire puis privilégiant par la suite les désenchantements et les retombées dans la banalité de la vie de tous les jours, une émotion discrète comportant toujours des éléments d'ordre autobiographique et finissant par ouvrir le récit à l'universel. On se sent confronté à quelque chose comme de l'anthropologie appliquée, aux accents ludiques, sur fond de tristesse existentielle. Plusieurs intrigues se passent en Gascogne, beaucoup moins souvent dans d'autres régions occitanes. D'une façon générale, l'univers narratif de Pierre Bec est caractérisé par une position inter- et transculturelle grâce à laquelle le narrateur multiplie les interventions de ses figures en langues étrangères (avec traduction gasconne entre parenthèses ou dans les notes). Ainsi, le lecteur a droit à des phrases en allemand, italien, portugais, anglais, sans oublier l'ancien français et l'ancien occitan. Et les intrigues se passent en Allemagne, au Portugal, en Gascogne et au nord de la Loire en France du Nord. Le Sud occitan, chez Pierre Bec, n'est jamais traité comme terre mystérieuse, condamnée par l'histoire et « *país que vòl viure* ». Aucun effort du narrateur pour explorer le « monde d'ici », pour révéler ses aspects cachés en valorisant la résistance occitaniste à l'occultation de l'altérité méridionale par le centralisme français. Pas question d'enracinement et de désaliénation. On se dit que le médiéviste Bec serait bien placé pour révéler l'occitanité profonde de ce Midi tant accaparé et dénaturé par Paris. Ou du moins pour chanter les efforts des Gascons cherchant à défendre leur mode de vie peut-être à la façon de *Los tres gojats de Bordavièlha* de Simin Palay, roman félibréen d'ailleurs souvent sous-estimé par la critique. Mais chez Bec il n'y a pas de réflexion tournée vers le pays profond, ni dans le sens d'affirmation directe et claironnante comme chez les félibres, ni dans le sens de l'approfondissement critique et de l'exploration poétique comme chez les auteurs édités par l'Institut d'études occitanes.

Le lecteur pense à l'aspect biographique, à l'enfant Bec né à Paris, transplanté en Gascogne à l'âge de dix ans, plus tard victimisé par le travail forcé dans l'Allemagne hitlérienne. Chaque fois, il s'agit d'une contrainte, d'une obligation à s'adapter pour tenir le coup, voire même pour survivre dans un contexte imposé de l'extérieur. Un être jeune doit se pourvoir de repères dans un processus d'expérimentation permanente, toujours obligé de tenir compte de la propre insécurité qu'il s'agit de dompter par des stratégies alliant la rationalité aux exorcismes. C'est sans doute là le point de départ d'une carrière littéraire dans laquelle la conjuration de la magie du pays jouera toujours un rôle moins essentiel que l'exploration des rapports entre le moi et le monde.

Autour de Pierre Bec, les écrivains occitans du XXe siècle, en dépassant le localisme félibréen, ne cessent d'explorer la culture d'oc méconnue par Paris et l'Europe, occultée par les voiles de l'indifférence et de l'ignorance imposés par plusieurs siècles de centralisme. Toutes et tous évoluent à la recherche d'une âme occitane, en recourant aux moyens de la recherche scientifique aussi bien qu'à ceux d'une poésie débarrassée du folklorisme et de ses poncifs. Les œuvres les plus prestigieuses de la littérature d'oc tracent le portrait fascinant et incertain d'un pays aux renaissances manquées, à l'héritage galvaudé mais toujours à redécouvrir. C'est une quête d'âme plus ambitieuse que celle invoquée par l'exorde de *Calendal* (Mistral, 1867), mais aussi plus vraie que celle proposée par des écrivains « francophones » tels que Jean Giono ou Henri Bosco évoquant les mystères du grand Pan. On passe de l'*Arma de vertat* conjurée par René Nelli au Jean Boudou du *Libre dels Grands Jorns*, du Max Roqueta de *Verd paradis* au Bernard Manciet du *Gojat de novémer*. Toute la richesse culturelle d'un pays avec ses savoirs et ses mythes est ressuscitée par une littérature retrouvant une fois de plus son autonomie et sa dignité.

Finalement, ce processus de récupération devait atteindre un point de maturité où la littérature pouvait faire peau neuve en ouvrant les perspectives européennes sinon planétaires. La nécessité de reconstruire une Occitanie qui, grâce aux « Études occitanes », existait désormais pour qui voulait l'apercevoir, était moins urgente qu'avant. Vers la fin du XXe siècle, plusieurs écrivains d'oc ont changé d'attitude en complétant les thèmes de l'exploration du pays par ceux de l'ouverture universelle. Évolution qui saute aux yeux lorsqu'on se penche sur les étapes parcourues par le romancier Robert Lafont, de *La Vida de Joan Larsinhac* jusqu'à la troisième partie de *La Festa*. Dans le cas de Max Roqueta, la narration de *Tota la sabla de la mar* ne concerne les visions de l'Occitanie profonde que très indirectement, pour les subvertir une fois pour toutes dans *Mièja-Gauta*.[6] Dans les textes de la nouvelle période, la « défense et illustration » du pays cède le pas à des thèmes plus larges, portant l'empreinte des misères d'un monde hanté par les guerres et les souffrances et surtout par une insécurité profonde quant à l'avenir sociopolitique et écologique de l'humanité. Pierre Bec, dans ses poèmes et ses récits, a anticipé ce développement. Il importe ici, cependant, de retenir le fait que la publication de ses premiers récits coïncide avec celle des œuvres de Roland Pécout, un écrivain beaucoup plus jeune et tirant son inspiration d'expériences qui ont amené une critique d'aujourd'hui à employer le terme de « nomadisme ».[7] Roland Pecout est né en 1949, Pierre Bec en 1921 ; *Les Contes de l'Unic* ont paru en 1977, *Portulan I* en 1978 : « (…) l'œuvre livrera çà et là les empreintes de ces multiples influences recomposées en une construction originale, un monde organisé d'échos et de mosaïques » – cette observation de Marie-Jeanne Verny[8] pourrait s'appliquer à chacune des œuvres mentionnées. Chacun des deux créateurs a préparé le terrain pour ce qui semble constituer, à la fin du XXe et au début du XXIe siècle, une nouvelle période de la littérature d'oc, l'un en tant que voyageur intrépide vers les cultures d'Orient, l'autre, l'aîné, en braquant le phare de son écriture sur l'aventure humaine envisagée dans les aspects les plus universels.

Cette évolution rappelle à certains égards ce qui se passe depuis quelques années dans le contexte de la culture dominante, hexagonale et française parisienne. En 2007, une quarantaine d'écrivaines et écrivains de langue française a signé un manifeste[9] mettant en cause les tendances nationalistes implicites dans la littérature dominante ainsi que l'autosuffisance du système culturel français enlisé dans son mandarinisme et ses complexes de supériorité à l'égard des francophonies et de leurs productions littéraires à la fois émancipées et marginales. Dans ce manifeste, on opte pour la démocratisation des rapports entre les littératures, la fin de la tutelle parisienne et, en fin de compte, pour le remplacement du terme de francophonie (et de tout ce qu'il implique) par celui de littérature-monde en français. Cette révolte qui se veut à la fois politique et littéraire a engendré des discussions assez vives. Vue de loin, elle semble s'insérer dans un mouvement d'envergure planétaire qui tend à orienter les cultures spécifiques à des groupements humains vers l'affaiblissement des constructions identitaires et l'intensification des contacts et des échanges à l'échelle mondiale. Aujourd'hui, un tel développement comporte des risques aussi bien que des chances. Des rechutes dans quelque chauvinisme, par exemple déguisé en affirmation d'universalité, sont toujours possibles ; de même, une mondialisation oublieuse des prémisses historiques qui sont à la base de l'originalité de chaque culture/littérature peut dégénérer en nivellement monotone. Séduisante est par contre la perspective d'ouverture et d'aventure faisant naître l'idée de quelque chose d'inédit, de passionnant et de provoquant, s'annonçant peut-être dans les écrits de J.-M. G. Le Clézio ou de Michel Houellebecq.

Grâce à des créateurs tels que Pierre Bec, le passage d'une période à l'autre tel qu'on vient de l'esquisser se fait, *mutatis mutandis*, dans le contexte de la littérature d'oc à partir du milieu du XXe siècle. La longue étape de l'autodéfense et de l'autodéfinition avec tous les chefs-d'œuvre générés depuis l'École d'Avignon à l'occitanisme moderne et contemporain reçoit assez tôt, grâce aux ouvrages de Bec, de fortes impulsions qui ouvrent l'horizon des aventures interculturelles. Une littérature-monde s'annonce ainsi, non pas dans la langue de l'empire mais dans une langue autre, à savoir l'occitan gascon que certains troubadours désignent comme *lengatge estranh*.

Fritz Peter Kirsch
Vienne

NOTES

[1] Être debout, solidement, et pouvoir jouer avec ce qui est ouvert, voilà ce qui serait de l'art. Il faudrait être Mozart. Un Mozart du futur ouvert. (Pascal Mercier, *Nachtzug nach Lissabon*, München/Wien, Hanser, 2008, 485. Traduction : F. P. K.)

[2] Cf. Fritz Peter Kirsch, *Studien zur languedokischen und gaskognischen Literatur der Gegenwart*, Vienne, Braumüller, 1965. Cf. les accents d'autocritique posés dans: Id., „Über die „mittelmeerische" Inspiration in der okzitanischen Literatur", in: Elisabeth Arend/ Elke Richter/ Christiane Sollte-Gresser (Hg.), *Mittelmeerdiskurse in Literatur und Film/ La Méditerranée: représentations littéraires et cinématographiques*, Frankfurt/M., Peter Lang, 2010, 281-297. Dans cette étude aussi bien que dans une contribution aux *Mélanges en hommage à Pierre Bec* (Poitiers, Université de Poitiers, 1991), les œuvres du poète et du prosateur ne sont pas mentionnées.

[3] Allusion au premier titre d'un recueil de poésies de Pierre Bec (*Au briu de l'estona*, Toulouse, IEO, 1955).

[4] Pèire Bec, *Racontes d'ua mòrt tranquilla*, Pau, Reclams, 1993, 5-53.

[5] « Istòria de l'escolopendra e de la vielha dauna qui vosejava los gats », *Racontes d'ua mòrt tranquilla*, 79-90.

[6] Cf. Fritz Peter Kirsch, « Les Thèmes de l'extase matérielle chez Jean-Marie Gustave Le Clézio et Max Roqueta », in : *Los que fan viure e treslusir l'occitan. Actes du Xe congrès de l'AIEO*, Béziers, 12-19 juin 2011, édités par Carmen Alén Garabato / Claire Torreilles et Marie-Jeanne Verny, Lemotges, Éd. Lambert Lucas, 2014, 881 p.

[7] Cf. Marie-Jeanne Verny, *Enrasigament o nomadisme. Trajectoire d'un écrivain occitan de la fin du XXe siècle*, Puylaurens, Institut d'estudis occitans, 2003.

[8] Marie-Jeanne Verny, *Enrasigament o nomadisme*, 408.

[9] Cf. Michel Le Bris / Eva Almassy (dir.), *Pour une littérature-monde*, Paris, Gallimard, 2007.

REPENSER LE *PERLESVAUS*

(VOL. 2 : SIGNIFICATIONS)

Études réunies par Catherine NICOLAS & Armand STRUBEL
avec la collaboration de Jean-René VALETTE

Avant-propos

> « J'ai commencé à utiliser le noir pur, comme une
> couleur de lumière et non comme une couleur d'obscurité »
> Pierre Soulages

Avec cette seconde série d'articles, nous continuons notre parcours visant à « repenser le *Perlesvaus* », entamé lors du colloque de Montpellier (novembre 2011). Le premier volume s'était consacré à écouter les discours qui résonnaient dans l'« immense coquille sonore » du roman, à traquer les motifs et les lignes de structure, parfois méconnaissables, dans la joyeuse polyphonie du *Haut Livre*, et à rechercher les moindres signes d'une canonicité toujours contournée ou d'une authenticité toujours suspecte d'imposture. Le second s'attachera davantage aux formes pour expérimenter à nouveaux frais le potentiel de mise en œuvre du sens de ce *haut conte du Graal* qui saborde délibérément les machines de la *senefiance* et laisse son lecteur débordé par un matériau narratif foisonnant et déroutant.

Roman de l'obscurcissement du sens où la transparence des signes ne cesse de s'opacifier, le *Perlesvaus* se construit sur une métalepse subtile (C. Imperiali) et joue de l'énigme (H. Bouget) comme de la *senefiance*, sur un mode déceptif (tout y est énigmatique, mais il n'y a pas d'énigme au sens rhétorique du terme) pour ne pas se laisser enfermer dans le moule contraignant de l'allégorie et du commentaire. L'analyse narratologique, comme la lecture rhétorique, montre que le *Haut Livre* doit rester ce qu'il est avant toute chose : un roman, au sens le plus moderne du terme, une œuvre capable de fuir toute contrainte monologique pour alimenter le plaisir de l'aventure avec des matériaux toujours plus divers.

Divers, au sens médiéval, pourrait être le mot juste pour qualifier les décors et les objets qui garnissent l'espace du *Perlesvaus* et qui se parent de toutes les séductions héritées du roman d'Antiquité. Pourtant, là encore, l'enquête est déceptive car, du point de vue stylistique (M.-P. Halary), la *haute escriture* n'est pas une écriture ornée : adossée à la figure du Christ, elle se fait *sermo humilis* pour révéler la nature profonde du roman et en désigner la valeur. C'est que l'ornement est ailleurs : à côté des pierres rutilantes du crucifix précieux, le sang perle sur les reliques et le roman chatoie de montagnes de chair et de flots de sang. Sous le voile de la cruauté, les mystères du Graal se révèlent *tot apertement*, à la fois horribles et *esperitels*, pour que s'ouvre, dans le sacrement de l'écriture (C. Nicolas), une voie de charité.

Ailleurs, sous le regard de la psychanalyse (M. Blaise), à la lumière de la mélancolie, ces morceaux de chair, comme le découpage du roman en branches, comme la dispersion des figures d'autorité (l'*angle*, « l'ange »), comme l'éclatement de l'identité du héros, mettent au jour les ruines d'une *conjointure* perdue et révèlent un graal transformé en « fétiche » ou en « moule à avatars ».

De l'énigme comme procédé d'écriture à l'onirisme (A. Corbellari), il n'y a qu'un pas, celui franchi par le lecteur qui, dans le miroir du songe de Cahus voit encore le monde arthurien *in aenigmate*, mais surtout celui franchi par ce roman décidément insaisissable où les frontières sont poreuses et où les enchâssements s'inversent dans d'infinis reversements. Champion de la mise en échec des systèmes, le *Perlesvaus* pourrait bien être le pire cauchemar *imaginable* des penseurs de la littérature. Pourtant, lorsqu'à force d'opacités cumulées il nous laisse dans le noir total, c'est encore pour nous *décevoir* et faire la lumière sur la nécessité de repenser nos approches de la littérature.

L'immense bibliographie à laquelle a donné lieu le *Haut Livre du Graal* tout au long du XXe siècle ne saurait trouver sa place ici. Comme la plupart des travaux importants publiés avant les années 1990 sont devenus des classiques de la critique, nous ne les reprendrons pas dans la liste que nous dressons en fin de volume. Nous nous contenterons de recenser le plus exhaustivement possible les articles et les monographies ainsi que les éditions et les traductions parus dans les vingt dernières années.

Catherine Nicolas
Université Paul-Valéry, Montpellier 3
CEMM

Le voir et le *voir* :
savoir et point de vue dans le *Perlesvaus*.
Une approche narratologique

Le voir et le *voir* : ce qu'on voit n'est pas toujours vrai, et la vérité n'est pas toujours visible. Voilà une des leçons que l'on peut tirer du *Perlesvaus*, où cette interrelation de la perception et du savoir véridique paraît être problématisée d'une façon particulièrement intéressante et particulièrement centrale. Pour approcher ce phénomène, je voudrais tenter d'appliquer à ce texte quelques-uns des outils proposés par la narratologie. Il va de soi que ce n'est pas sans commettre une sorte d'anachronisme que l'on utilise sur un texte du XIIIe siècle des outils forgés pour sonder la prose de Flaubert ou de Proust. Il m'a néanmoins semblé que l'approche narratologique permettait de formuler quelques observations intéressantes sur le *Perlesvaus*, et qu'il valait la peine d'en tenter l'expérience, même si elle n'est pas en adéquation parfaite avec son objet.

Cette perspective narratologique m'a surtout paru pertinente par rapport à un épisode, qui sera le cœur de mon analyse : celui qui relate la façon dont le prêtre du Château de l'Enquête explique à Gauvain le sens de ses aventures. Sans doute, si l'on voulait s'attacher à étudier un tel objet dans son historicité et à le penser en des termes qui étaient pertinents dans son contexte de production, l'angle d'approche le plus adéquat consisterait à commenter cette séquence à partir de la tradition de l'exégèse biblique ou de l'allégorie. Mais pour ma part, je chercherai plutôt à l'aborder sous l'angle de ce que la narratologie appelle une « métalepse narrative », c'est-à-dire une transgression des frontières qui séparent les univers narratifs.

C'est à Gérard Genette que revient le mérite d'avoir extirpé la métalepse du trésor de la rhétorique antique, où cette figure était désignée comme une forme de métonymie fondée sur une relation causale ou consécutive entre deux éléments. Une variante particulière de cette relation de causalité est celle qui concerne la relation entre l'auteur et quelque chose qui a trait à la logique du récit dont il est le signataire. Fontanier, dans son traité sur *Les Figures du discours*, au début du XIXe siècle, spécifie comme un cas particulier de la métalepse « le tour par lequel un poëte, un écrivain, est représenté ou se représente comme produisant lui-même ce qu'il ne fait, au fond, que raconter ou décrire »[1] ; et il cite quelques vers de Delille :

> Enfin j'arrive à toi, terre à jamais féconde,
> Jadis de tes rochers, j'aurais fait jaillir l'onde ;
> J'aurais semé de fleurs le bord de tes ruisseaux [...].

Après avoir préfacé une réédition des *Figures du discours* de Fontanier, Genette revient à cette notion de métalepse dans *Figures III* : il parle alors de « métalepse narrative » pour désigner spécifiquement « toute intrusion du narrateur ou du narrataire extradiégétique dans l'univers diégétique (ou de personnages diégétiques dans l'univers métadiégétique, etc.), ou inversement »[2]. C'est donc une question de transgression des frontières *a priori* imperméables qui existent entre les mondes de celui qui raconte et de ce qui est raconté : l'auteur, en tant qu'être humain, appartient au monde « réel », comme nous, lecteurs ; il ne saurait y avoir d'interaction directe entre lui et les personnages de l'histoire qu'il nous raconte, lesquels évoluent dans un autre monde, que Genette appelle l'univers diégétique. Mais lorsque Johannes Kreisler, personnage créé par E.T.A. Hoffmann, demande au dit Hoffmann (présenté, dans le conte, comme son éditeur) de remettre une lettre à un personnage d'un conte de La Motte Fouqué (ami bien « réel » de Hoffmann), on voit bien que la lettre en question, pour parvenir à destination, devrait franchir à deux reprises la frontière diégétique, dans un parcours de personnage à auteur, puis d'un auteur à l'autre, dans le monde réel, puis du second auteur à un second personnage. Il en va de même, au degré suivant de plongée dans la diégèse, lorsque Cortazar raconte qu'un homme est tué par un personnage du roman qu'il est en train de lire : c'est alors un personnage appartenant à l'univers diégétique qui est tué par un personnage issu d'un univers que Genette appelle métadiégétique, c'est-à-dire celui d'une histoire dans l'histoire (en l'occurrence, un roman dans l'histoire racontée par Cortazar). C'est au même niveau d'un échange entre les mondes diégétique et métadiégétique que se joue la transgression fameuse sur laquelle repose, au cinéma, la *Rose pourpre du Caire* de Woody Allen, où l'on voit, dans le film, la projection d'un film dont un personnage traverse l'écran pour rejoindre une spectatrice dans la salle.

Avant d'en arriver à l'épisode « métaleptique » du Château de l'Enquête, je voudrais commencer par ancrer cette problématique dans un contexte narratif plus large : je commencerai donc par décrire l'armature narrative qui caractérise le *Perlesvaus*, puis j'essaierai d'observer le lien qui s'établit, de manière générale, entre le point de vue (c'est-à-dire le foyer de perception) et l'accès au savoir. À partir de là, j'en viendrai plus précisément à la question des gloses exégétiques, en mettant en tension la fonction de ces gloses dans le *Perlesvaus* et dans le texte où elles trouvent leur extension maximale : la *Queste del Saint Graal*.

Au niveau de sa construction d'ensemble, le *Perlesvaus* donne à lire une prise en charge énonciative relativement complexe. Le prologue s'ouvre d'emblée sur un *topos* de la parole d'autorité : c'est Joséphé qui « raconte cette sainte histoire », lequel Joséphé écrit « sous la dictée de la voix d'un ange »[3]. Parole autorisée s'il en est, et garante, d'entrée de jeu, d'une « vérité » qui est annoncée dès la cinquième ligne du texte. Pourtant, si le prologue peut nous donner à imaginer que c'est Joséphé qui a écrit le texte que nous lisons (Joséphé qui parlerait de lui à la troisième personne en disant « Josephes le mist en remembrance », etc.), on comprend peu à peu, et en particulier dans les dernières lignes du récit, que la situation d'énonciation est en réalité plus complexe : Joséphé serait l'auteur d'un texte latin, conservé sur l'île d'Avalon, et dont le texte que nous lisons est « tretiez » (transposé). Mais il nous est difficile de nous faire une idée de la nature exacte de cette transposition : on pourrait penser qu'il s'agit simplement d'une traduction, et que la mention d'un original latin n'a que pour fonction de rendre crédible la transmission du texte entre le temps de son écriture (proche du temps des aventures racontées) et celui de sa traduction, tout en donnant une autorité supérieure à ce texte et, au passage, en le rattachant à l'abbaye de Glastonbury. Mais la façon dont est évoqué le texte de Joséphé au début du passage du Château de l'Enquête devrait nous porter à envisager la chose un peu différemment : le prêtre dit en effet à Gauvain qu'il pourra répondre à toutes ses questions, étant au courant de toutes les *senefiances* « par la tesmoignage Josephes le bon clerc et le bon hermite, par qui nos le savons »[4]. Or, si le récit de Joséphé était simplement celui dont nous lisons la traduction, il serait pour le moins surprenant que le prêtre puisse estimer que c'est par ce texte qu'il est renseigné sur les *senefiances* des aventures qui y sont racontées. Il est difficile de supposer que le prestige de la langue latine est tel que les mêmes faits, narrés en latin, laissent transparaître une *senefiance* que la traduction française laisserait échapper. Sans vouloir être plus positiviste qu'il ne convient, relevons simplement que la façon dont le texte de Joséphé est mentionné ici laisserait croire à l'existence d'une sorte de commentaire joint au récit... Commentaire dont, au demeurant, il faut imaginer qu'il aurait été remis entre les mains d'un des personnages du récit même qu'il commente, puisque c'est bien de ce commentaire que, dans le récit lui-même, le prêtre se réclame pour autoriser ses gloses auprès de Gauvain.

On pressent déjà bien la métalepse... Mais restons-en là pour l'instant, et revenons à la question du « savoir », en notant que si l'autorité de Joséphé est systématiquement convoquée pour attester l'authenticité des faits rapportés (« cela s'est bien passé ainsi, puisque c'est Joséphé qui nous le dit »), elle est en revanche beaucoup plus rarement sollicitée à titre de garantie d'un savoir. C'est le cas dans le passage du Château de l'Enquête, où les *senefiances* sont placées sous l'autorité de Joséphé, mais cette façon de procéder demeure isolée dans un ensemble narratif où les *senefiances* sont, on le sait, égrenées avec la plus grande parcimonie et où, de surcroît, elles sont sujettes à caution.
De fait, en dépit de l'autorité liée à une parole inspirée, la narration est loin de s'engager d'emblée sur la voie d'un sens transparent. Immédiatement après avoir débuté à ciel ouvert, si je puis dire, en posant un cadre énonciatif lié à une autorité transcendante, le texte s'enfonce dans la forêt obscure des signes ambigus. Le récit commence par la description du « Bon Chevalier », dont on vante en une phrase les hautes vertus ; et dès la phrase suivante, on note que « ne sanbloit pas a sa chiere qu'il fust si corageus[5] ». D'emblée, une séparation est faite entre l'être et le paraître ; d'emblée, le texte signale le caractère potentiellement

trompeur de l'apparence. Dès la première page, la transparence des signes est opacifiée : peut-être bien que, dans cette histoire, le bon n'aura pas toujours l'air bon, et peut-être celui qui a l'air mauvais ne le sera-t-il pas... Francis Dubost a d'ailleurs bien montré que les assignations du bien et du mal sont loin d'être stables dans le *Perlesvaus*, que des choses affreuses sont faites dans le camp de ceux qu'il faut bien considérer comme les « bons », et que le mal se retourne parfois contre les « mauvais[6] ».

Poursuivons la lecture des premières lignes du *Perlesvaus* : « ne sanbloit pas a sa chiere qu'il fust si corageus. Mes [...] » Mais quoi ? Le lecteur s'attend sans doute à ce qu'on lui dise : « mais son courage était si grand que... » – eh bien, pas du tout : « Mes, par molt poi de parole qu'il delaia a dire, avindrent si granz meschaances a la Grant Breteingne que totes les illes e totes les terres en chaïrent en grant doleur[7] » ! Non seulement son apparence ne s'accorde pas avec son être profond, mais en plus, la première chose que l'on apprend de ce « Bon Chevalier », c'est qu'il a causé, par son silence, un véritable désastre qui touche aussi bien le royaume du Roi Pellés que celui d'Arthur et dont la totalité du monde romanesque se trouve affligé. La phrase suivante, pourtant, nous rassérène quelque peu en nous affirmant qu'il est malgré tout un « bon chevalier » « par droit, car il fu du lignage Joseph d'Arimacie ». Alors évidemment, s'il est d'un tel lignage, il ne peut être qu'un bon chevalier... nous voilà rassurés ! – si ce n'est que nous apprenons quelques lignes plus loin que le roi du « Chastel Mortel », son oncle, est le mal incarné, ce qui dément immédiatement l'idée que le lignage soit garant de quelque qualité que ce soit.

Voici donc qu'en quelques lignes, nous sommes contraints, en tant que lecteurs, d'éprouver le caractère foncièrement déceptif d'une narration dont les trompettes initiales se trouvent aussitôt étouffées par des harmonies instables, brisées, caractéristiques d'un univers diégétique qui se déploie d'emblée dans ses apparentes contradictions et dans une mise en cause immédiate de la fiabilité des perceptions et d'une logique confortablement binaire d'attribution du bien et du mal.

Sans entrer dans le détail des épisodes qui suivent, on peut encore noter comme une sorte d'hiatus la juxtaposition d'un prologue massivement christianisé et d'un récit qui s'ouvre par la merveille du rêve réalisé : Cahus tué réellement par un personnage de son rêve... On n'est pas si loin de la métalepse de Cortazar que j'évoquais précédemment, où un homme est tué par un personnage du roman qu'il lit. Inquiétant et inexplicable, succédant immédiatement à la présentation déceptive d'une cour désertée par les chevaliers, ce début de récit problématise aussi de façon explicite la question de la véracité des impressions sensorielles. En une quarantaine de lignes[8], on trouve cinq fois des expressions comme « li estoit avis » ou « li sanbloit », ce qui, en l'occurrence, renvoie évidemment au fait qu'il s'agit de visions oniriques ; mais le fait que le rêve fasse soudain brutalement irruption dans le réel donne une validité inattendue à ces « avis » qu'on avait tout lieu de croire trompeurs mais qui, en fin de compte, se sont révélés assez véridiques pour que le pauvre Cahus trépasse sur l'heure, un couteau bien matériel dans le flanc.

Cela étant, la relativement forte densité de marqueurs de perception subjective n'isole pas cette scène radicalement de l'ensemble du récit, où le verbe « sembler » est particulièrement présent. Il faudrait tenter un dénombrement systématique et comparer les chiffres obtenus avec les résultats d'un semblable décompte réalisé sur d'autres textes de l'époque... Mais à titre d'exemple, on peut relever que sur les quelque trente lignes qu'occupe le premier passage du graal devant Gauvain, à la branche VI, on compte six occurrences de « li samble » ou « li est vis »[9]. Dans cette scène, on trouve également un vingtaine de verbes de perception, en particulier « voir » (11 fois), et « esgarder » (6 fois). Tous ces verbes attestent bien la place prépondérante que le récit accorde, dans cette scène en particulier, mais aussi plus généralement, à la perception du personnage qui est au cœur de l'action. On n'est pas uniment, lors de la scène du graal, dans ce que la narratologie appelle une « focalisation interne », dans la mesure où le texte nous décrit aussi quelques éléments auxquels Gauvain, tout absorbé dans sa contemplation, n'est pas attentif (par exemple le fait que les autres chevaliers le regardent d'un air attristé) ; mais toute la scène, néanmoins, est massivement orientée par le regard de Gauvain, et aucun moyen ne nous est donné de savoir si les autres personnages présents partagent ses visions : le nombre des « anges » qui accompagnent le graal, la forme d'un enfant puis celle d'un « homme » ou d'un

« roi crucifié », les gouttes de sang sur la nappe... Sont-ce des visions de Gauvain ou des merveilles que voient aussi les autres chevaliers ? Le texte ne nous l'indique pas et nous sommes limités, dans notre accès à un savoir factuel, à la vision d'un personnage. On pourrait d'ailleurs interpréter dans ce sens l'étonnante contradiction du texte qui, à quelques lignes d'intervalle, à la fin du rêve de Cahus, indique que l'écuyer est frappé du côté droit (« o destre costé[10] »), et que, une fois réveillé, il retire le couteau de son flanc gauche (« Il hauça le brez senestre[11] »). Diverses interprétations symboliques sont certes possibles pour expliquer cette étrangeté, mais on peut se demander s'il ne s'agit pas tout simplement d'une question de perception : la gauche de Cahus, c'est la droite de celui qui, face à face, le frappe. Gauche et droite, évidemment, ne se définissent que relativement à un point de perception et rien (si ce n'est l'habitude d'une stabilité perceptive) ne nous impose de comprendre qu'il s'agit ici de la droite de Cahus. Une telle labilité déictique, si on l'admet, serait en tous cas symptomatique à la fois de l'importance de la focalisation et de son instabilité tout au long du *Haut Livre*.

Dans les cas mentionnés jusqu'à présent, c'est la question de la véracité des perceptions ou de la limitation du point de vue qui entrave l'accès à un savoir ferme. Mais cette lacune du savoir prend toute une série d'autres formes au fil des pages. Par exemple, le texte se clôt sur un non-dit qui ne laisse pas de provoquer une ultime frustration chez le lecteur en quête de sens : on raconte que, bien après les aventures de Perlesvaus, deux jeunes gens se sont rendus dans la chapelle du graal, en ont été complètement transformés, mais sont morts ensuite sans qu'on ait jamais pu savoir d'eux ce qu'ils avaient vu dans cette chapelle...
    La lacune du savoir s'incarne aussi dans le texte par les nombreux aveux d'ignorance de divers personnages qui se révèlent incapables de répondre à des questions qu'on leur pose. En particulier, les questions portant sur le Bon Chevalier reviennent comme un leitmotiv, au moins tout au long des branches qui précèdent le retour fracassant de Perlesvaus dans le texte – retour lui-même symptomatique de cette lacune du savoir, puisque, pour éprouver la vigueur de ses muscles, il se rue sur un chevalier non identifié et manque de le tuer avant que Pellés ne

reconnaisse Lancelot et ne sépare les combattants, tout sanglants. Jusqu'à cet épisode, tout le monde paraît chercher ce fameux « Bon Chevalier », mais les méprises à son égard se multiplient : tantôt on croit le reconnaître alors que ce n'est pas lui (comme cela arrive même à sa mère, qui attend le verdict de la tombe pour constater que Gauvain n'est pas ce fils qu'elle espère tant revoir) ; tantôt, on le croise, mais on ne le reconnaît pas (à cause de ses changements de bouclier) ; souvent, on s'embrouille en essayant de rassembler les maigres informations qu'on a pu recueillir à son propos. On croise divers personnages en quête de « vraies noveles » à son propos[12]. Et il faut surtout noter ici que tout le monde (même les ermites les plus sages et les demoiselles les mieux informées) ignore que le « Bon Chevalier » est aussi celui qui a plongé le monde dans cet état de déréliction.

Nombreux sont, par ailleurs, les moments où un personnage manifeste son incompréhension face à une situation à laquelle il se trouve confronté. À titre d'exemple, on peut mentionner les questions incongrues que se pose Arthur dans la scène de la chapelle de Saint-Augustin[13] : il se « merveille molt » d'entendre la femme appeler son enfant à la fois « son père et son fils ». On retrouve cette même expression (« se merveille molt ») deux fois dans les dix lignes qui suivent, notamment lorsqu'Arthur se demande pourquoi l'ermite ne s'est pas lavé les mains pour recevoir l'enfant des mains de la femme. C'est ici une variante plutôt anecdotique, voire amusante, de par le caractère décalé de la question, mais elle s'inscrit dans un réseau de récurrences de l'expression « se merveille molt » ou « se merveille durement » qui prend à plusieurs reprises des colorations plus nettement dysphoriques. C'est en particulier le cas à propos de Gauvain, dont le soulagement qu'il éprouve en écoutant un prêtre gloser ses aventures est directement proportionnel au sentiment d'incompréhension qui commençait à l'oppresser. Il semble y avoir un décalage entre le succès que Gauvain rencontre au fil d'aventures dans lesquelles il se distingue par ses prouesses, et la frustration qu'il retire de son incapacité à comprendre le sens de ce qu'il vit. Ce Gauvain qu'on connaît par ailleurs si entreprenant, pour le meilleur ou pour le pire selon les textes, on le trouve ici affublé à plusieurs reprises d'adjectifs qu'on ne lui attribuerait pas spontanément : « dolent et pensif » ; figure de mélancolie face à une désaffection du sens.

Dans un tel contexte, l'enjeu de la rencontre avec le « provoire » qui glose ses aventures est, pour lui, de nature quasi thérapeutique.

Il se trouve, à ce moment, dans une situation qui rappelle celle de Perceval, dans le *Conte du graal*, lorsqu'il rencontre son oncle ermite, après cinq années d'errances loin de Dieu, dans un monde dépourvu de toute signification. Dans les deux cas, la rencontre de quelqu'un qui puisse réordonner la chaîne des significations est indispensable au chevalier pour sortir de la déliaison mélancolique[14] ou, dans le cas de Gauvain, pour éviter d'y sombrer tout à fait.

Avant d'en venir à cette séquence du *Perlesvaus* pour observer dans quelle mesure elle parvient à resémantiser le monde dans lequel Gauvain évolue, et par quels moyens elle s'y attache, je voudrais profiter du parallèle avec le *Conte du graal* pour ressaisir, à travers le texte de Chrétien, une problématique qu'il sera possible de transposer ensuite au *Perlesvaus*, mais qu'il est sans doute plus facile de saisir dans le *Conte du graal*. Il s'agit du statut de vérité à accorder au discours de l'ermite ou du prêtre qui aide le chevalier à retrouver ses marques. La question ne se pose guère dans le *Perlesvaus*, comme elle ne se pose guère dans la *Queste* et peut-être d'ailleurs *parce qu'*elle ne se pose guère dans la *Queste*. Je veux dire par là que le parallélisme entre le mode d'exégèse pratiqué dans le *Perlesvaus* et dans la *Queste* invite peut-être à envisager tacitement que les deux textes entretiennent (ou du moins cherchent à entretenir) un même type de rapport à la « vérité ». Mais si la *Queste* est un ouvrage résolument monologique, où la vérité est envisagée comme une unité totalisante dont le caractère absolu tient au fait qu'elle s'inscrit dans une transcendance très précisément balisée, il semble bien que le *Perlesvaus*, en dépit du type d'exégèse qui y est pratiqué, soit plus proche, à cet égard, du *Conte du graal*.

Dans le *Conte du graal*, donc, les informations délivrées à Perceval par son oncle ermite ont souvent été considérées par la critique comme des vérités établies. Pourtant, plusieurs critiques ont cherché à en relativiser la portée, relevant, par exemple, le caractère profondément lacunaire de cet éclaircissement qui laisse dans l'ombre au moins la moitié (et la moitié la plus inquiétante) du signe complexe sur lequel devait porter l'interrogation de Perceval : car si l'ermite explique ce que contient le graal et « qui l'on en sert », il ne dit pas un mot de la lance qui saigne, dont la dimension à la fois menaçante et énigmatique est tout à fait laissée hors de son champ explicatif.

Dans un article très suggestif publié dans *Polyphonie du graal*, Susan Aronstein se livre à une lecture foucaldienne du *Conte du graal*, dont elle décrit les enjeux comme une lutte de trois discours pour donner sens au monde dans lequel évolue Perceval. En ce sens, le discours de l'ermite est conçu comme la concrétisation langagière d'une vision du monde, s'opposant à celles que véhiculent respectivement le discours féminin (représenté par la mère) et le discours courtois (représenté surtout par Gornemant). Mais dans cette tentative d'organiser le monde pour lui donner sens, les trois discours se révèlent lacunaires et incapables de produire une épiphanie complète du sens. C'est ainsi que, pour Susan Aronstein, « Perceval choisit de comprendre selon ces termes parce qu'ils proposent la lecture la plus vraisemblable du Graal et de ses propres aventures dans le monde du Graal »[15].

Ce qui m'intéresse surtout dans cette perspective, c'est qu'elle met l'accent sur un autre type de « vérité » que celui que je viens d'évoquer à propos de la *Queste* et que la plupart des critiques, peu ou prou, recherchent également dans le *Conte du graal* lorsqu'ils s'interrogent sur le principe d'organisation du monde raconté par Chrétien, ou sur la façon dont les différents éléments s'organisent les uns par rapport aux autres pour construire la signification de ce monde. Or, selon le point de vue proposé par Susan Aronstein (que j'ai pris comme exemple, mais qui n'est évidemment pas la seule à le représenter), la question n'est pas de déterminer une logique totalisante qui rende compte de la cohérence globale d'un monde, mais plutôt d'adopter un point de vue interne à ce monde et de sonder les moyens qu'a un personnage qui y vit d'élaborer une signification ou de trouver *sa* vérité. Et selon cette perspective « intradiégétique », c'est bien à travers une polyphonie de voix multiples, tout à fait du type de celle qu'a théorisée Bakhtine, que sont abordées les vérités relatives, candidates au statut de Vérité absolue. Ces deux approches, au demeurant, ne sont pas exclusives l'une de l'autre, puisque, justement, leur angle de questionnement est tout différent. Mais il faut bien préciser que selon le premier point de vue, les paroles de l'ermite seront mesurées à l'aune de tout ce que l'on sait du monde fictionnel mis en place par Chrétien dans le but de déterminer si elles révèlent une vérité qui permette de rendre compte de ce monde. Selon le second point de vue, au contraire, les « vérités » proférées par l'ermite ne seront considérées que comme une *interprétation* de la situation de Perceval, c'est-à-dire comme une façon parmi d'autres possibles de donner sens à un phénomène. Une herméneutique de ce type apparaît comme foncièrement polyphonique, dans la mesure où elle s'intéresse à la pluralité des voix qui traversent le monde fictionnel plutôt que de s'interroger sur les fondements ontologiques du monde en question.

Par rapport à cette polyphonie, les approches envisageant le monde fictionnel comme une réalité virtuellement homogène pourraient être qualifiés de « monologiques ». Ce terme ne convient évidemment pas à des critiques qui cherchent à appréhender le monde fictionnel comme un monde incomplet, fragmentaire, voire disséminé. Mais la tradition critique liée à notre matière nous a aussi fourni d'abondants exemples de lectures dans lesquelles le monologisme confine au dogme interprétatif préconçu. Chacun a certainement en tête quelques exemples d'interprétations du *Conte du graal*, où le texte est sommé de fournir toutes les preuves qu'il signifie bel en bien ce qu'on veut lui faire signifier – moyennant, parfois quelques approximations, quelques omissions stratégiques ou quelques commodes nivellements...

Ce sont de tels critiques qui, « croyant posséder une clef, n'ont de cesse qu'ils aient disposé [l']œuvre en forme de serrure », comme disait Julien Gracq[16]. Le *Conte du graal* a ainsi pris la forme de tant de serrures qu'on ne peut pas les dénombrer toutes ; sa densité structurale et la richesse des amorces de sens proposées par le texte, adjointes à son importance historique, expliquent sans doute cette ardeur serrurière de la critique. Mais il peut paraître plus surprenant que des critiques aient pu être assez optimistes pour penser qu'une seule clef pouvait servir de « passe général » pour pénétrer tous les couloirs labyrinthiques du *Perlesvaus*. Ne tombons pas à bras raccourcis sur Justice Neale Carman qui, dans des études bien anciennes déjà, avait illustré ce travers mieux que quiconque, convaincu qu'il était de pouvoir résoudre toutes les tensions de l'ouvrage à travers une lecture christianisante si volontariste qu'on ne peut que s'accorder avec Armand Strubel lorsqu'il présente ce critique comme un « exégète encore plus impitoyable que les ermites de la *Queste* »[17].

Le parallèle s'impose en effet, tant les présupposés de Carman vis à vis du texte qu'il commente semblent proches de ceux des ermites de la *Queste* vis à vis des aventures dont ils dégagent la *senefiance*. Dans les deux cas, l'objet interprété est conçu comme une totalité homogène et signifiante par essence. Dans les deux cas, également, selon les principes de l'exégèse biblique, la *senefiance* appartient à une sphère précisément délimitée, et le décryptage des *semblances* s'apparente moins à une interprétation attentive au détail de l'objet considéré qu'à une superposition d'un fait observé et d'un modèle figurant au répertoire, relativement limité, des *senefiances* possibles. C'est bien le modèle de l'exégèse biblique, lorsqu'elle cherche à combler par ses gloses l'écart creusé entre l'Ancien et le Nouveau Testament. Ce répertoire de *senefiances* possibles apparaît bien comme une clef qui porte nos critiques dogmatiques comme nos ermites glossateurs à donner à leur objet d'interprétation une forme de serrure. Mais dans un cas, cet objet est un texte ; dans l'autre, c'est – au moins *a priori* – le monde lui-même qui devient cette vaste serrure. En effet, ce que les chevaliers racontent aux ermites, ce sont des tranches de vie.

C'est là que se situe le cœur de la métalepse, et j'en viens donc aux gloses dans lesquelles elle apparaît avec tout son éclat. La grande parcimonie avec laquelle ces gloses sont dispensées dans le *Perlesvaus* ne saurait cacher l'importance qu'elles revêtent dans la dynamique d'ensemble du récit. C'est le cas, d'abord, parce que les deux séquences exégétiques isolées qui nous sont rapportées rendent l'ensemble du texte perméable à la relation herméneutique. Si les premières aventures de Gauvain sont les *semblances* de *senefiances* qu'un prêtre peut lui révéler (même imparfaitement), alors il pourrait bien en aller de même pour toutes les autres aventures. Ce principe de lecture est un véritable défi – celui, précisément, qu'a cherché à relever Carman, avec un succès mitigé. Mais pour rester dans la perspective qui nous occupe, il me semble aussi que ces passages de gloses sont particulièrement importants parce qu'ils représentent la seule interface explicite entre le savoir transcendant fictionnalisé dans l'image du livre latin de Joséphé et la lacune de savoir dont j'ai relevé plusieurs marques dans le récit des aventures. On pourrait dire que ces scènes sont les seules où se rencontrent l'*estoire* et le *conte*. Elles sont, par ailleurs, les seuls moments du texte où un savoir est affirmé comme authentique et autorisé, dans lequel les choses « représentent », « signifient » ou « remémorent » plutôt que de toujours « sembler ». Comme nous l'avons vu, dans des scènes comme le rêve de Cahus ou le saisissement de Gauvain devant le graal (et dans beaucoup d'autres, à un moindre degré), le mode de narration ne nous permet pas de déterminer précisément à quel point la réalité cède le pas à l'illusion des sens (rêve, rêverie, visions ou « merveilles »). Joséphé a beau être mentionné comme autorité à diverses reprises au seuil des merveilles, j'ai déjà signalé que, à l'exception précisément du passage de glose, il ne paraît être garant que de la véracité des faits et non de leur interprétation. Par ailleurs, la fréquence de la focalisation interne constitue bien souvent un écran entre le fait même et la forme sous laquelle il nous parvient à travers le récit.

Jean-René Valette a bien raison, à ce titre, de préciser que dans le cas des gloses présentées dans les *Hauts Livres* du Graal en général, le sens littéral ne correspond pas exactement aux « aventures », mais bien aux « aventures mises en récit », c'est-à-dire organisées par une voix narrative. Il suggère même que cette organisation est supposée « convertir l'événement relaté en *semblance* d'autre chose »[18]. C'est manifestement le cas, de manière systématique, dans la *Queste*; peut-être cette « préconfiguration » est-elle mois souvent sensible dans le *Perlesvaus*. À cette première configuration du réel dans un récit succède souvent (toujours dans le *Perlesvaus*) une reconfiguration, dans la première étape de la glose, qui est un « résumé » que le chevalier donne à l'exégète, ne retenant de l'aventure que certains points ; puis une seconde reconfiguration intervient lorsque l'exégète sélectionne les détails qu'il juge pertinents et qu'il utilise dans sa glose – détails qui, au demeurant, ne sont pas toujours ceux que le chevalier lui-même a rapportés : les ermites semblent généralement connaître déjà les aventures que les chevaliers viennent leur raconter. Au Château de l'Enquête, le prêtre dit à

Gauvain qu'il a bien fait de lui « rappeler » tel épisode : c'est donc qu'il en avait connaissance... Quoi qu'il en soit, entre l'événement et sa *senefiance*, il y a donc trois couches successives de discours, comparables à un triple tamis où l'on conserve ce qui passe et d'où l'on rejette tout ce qui bloque. La chose se fait généralement avec une certaine discrétion dans la *Queste* ; mais dans le *Perlesvaus*, le tamis devient vite bien lourd !

Avant de prendre en main ce tamis du *Perlesvaus* et de le soupeser, qu'on me permette de me pencher d'abord sur la *Queste* pour observer là où il est le plus net le modèle exégétique commun aux deux textes. S'il est évident que ce mode herméneutique est directement emprunté à la tradition de l'exégèse biblique, il faut pourtant insister sur quelques différences marquantes qui opposent ces deux discours. D'abord, dans le cadre de la tradition théologale, les fonctions narrative et commentative sont très nettement délimitées, les Évangiles assumant la première, sur laquelle s'appuient des commentaires qui en demeurent tout à fait distincts. À ce titre, la *Queste* présente une étonnante mixture des deux fonctions, dissociées spatialement de paragraphe en paragraphe, mais co-présentes dans le même texte. Ce serait comme une version du Nouveau Testament où chaque chapitre, à peine achevé, se verrait suivi de son commentaire. Cette différence laisse d'emblée planer une question portant sur la légitimité d'un tel geste : face aux textes bibliques, la fonction de l'herméneute consiste à découvrir le sens complet de la lettre, la Vérité que la main de Dieu y a insufflée. Mais le pari que semble poser la *Queste* consiste à exercer une semblable aptitude interprétative sur un texte « profane », inventé pour la circonstance par ceux-là mêmes qui le commentent. Ou plutôt : reconfiguré par ceux qui le commentent, à partir d'une tradition littéraire déjà existante. Les enjeux de la réécriture sont complexes : du point de vue de la fiction narrative, il s'agit, dans la *Queste*, de réécrire l'histoire racontée par Chrétien de Troyes et ses continuateurs directs et par Robert de Boron, en l'orientant dans une perspective plus orthodoxe. Ainsi, non seulement la partie commentative qu'elle renferme est un commentaire de l'autre partie, fictive, mais l'ensemble des deux parties, en outre, se présente comme un commentaire des versions antérieures de l'histoire. Et ce commentaire prend, en quelque sorte, deux formes : d'une part, une réécriture qui procède à une sélection des épisodes, qui redispose les personnages, qui, d'une certaine manière, prépare le texte à un travail herméneutique ; et d'autre part, au-delà de cette préparation, le commentaire à proprement parler délivre des prescriptions claires sur la façon dont il *faut* comprendre non seulement la partie fictive de la *Queste*, mais aussi, par ricochet, les textes antérieurs. Ce n'est que grâce à ce commentaire qu'on comprend enfin le vrai sens du graal et de sa quête, qui était précédemment resté obscur, caché derrière un rideau d'aventures chevaleresques. Réécriture et commentaire vont donc de pair non seulement parce que, pour le dire dans les termes de Genette, « l'hypertexte a toujours peu ou prou valeur de métatexte »[19] – c'est-à-dire parce que toute réécriture est, entre autres, un commentaire de ce qu'elle réécrit – mais aussi parce que ce commentaire implicitement inclus dans la réécriture est ici doublé d'un commentaire explicite de cette réécriture elle-même.

À cela s'ajoute une autre complication narratologique qui résulte du fait que ce n'est pas à proprement parler sur le *texte* même que porte l'effort herméneutique. Pour reprendre encore une terminologie genettienne, disons que le commentaire n'est pas extradiégétique ou métadiégétique, mais bien intradiégétique, c'est-à-dire qu'il est produit par un personnage de l'histoire pour un autre personnage de l'histoire. Pourtant, il ne fait guère de doute que ces commentaires visent bel et bien l'interprétation du *texte* dans lequel ils figurent. Qu'on ne s'y trompe pas : un personnage, sous couvert d'expliquer à un autre personnage comment il doit comprendre ce qu'il vient de *vivre,* est en réalité en train d'expliquer au lecteur comment il doit comprendre ce qu'il vient de *lire.* Nous voilà bel et bien plongés en pleine métalepse. Car contrairement à ce qui se passe dans le cadre du commentaire théologal, nos glossateurs n'ont pas d'un côté le Nouveau Testament et de l'autre l'Ancien. Si les épisodes de la vie de Jésus peuvent être lus, si l'on veut, comme des préfigurations *a posteriori* des prophéties vétérotestamentaires, avec lesquelles il s'agit de les mettre en relation pour donner leur pleine intelligence aussi bien à la vie de Jésus qu'aux prophéties, ici, on est en droit de se demander de quel côté la vie des chevaliers devra se tourner pour trouver son intelligibilité, et à quoi elle devra, corrélativement, donner une intelligibilité, si ce n'est au texte même dans lequel elle est racontée ! Le plan supérieur et invisible qui dirige la vie de Jésus nous est rendu accessible par le fait qu'il a été prophétisé et fixé dans un recueil sacré. Mais le seul recueil auquel il soit possible de se référer pour accéder au plan supérieur et invisible qui dirige la vie des chevaliers de la *Queste*, c'est la *Queste* elle-même. La main qui justifiait le lien entre les Prophètes et Jésus est la main de Dieu ; celle qui assure la cohérence des destins des chevaliers de la *Queste* et leur inscription dans une eschatologie que révèlent ces glossateurs internes, c'est la main de l'auteur de la *Queste*. Il y a là un tour de force, d'autant plus impressionnant qu'il parvient à rester assez discret pour que le texte fasse oublier les différences que je viens de signaler, profitant sans arrière-pensée du prestige qu'il tire de son mode de commentaire. Ce faisant, en jouant de la sélection des épisodes narrés, de leur reconfiguration dans le récit, et du commentaire qui en extrait la *senefiance*, la *Queste* parvient à réduire à des apparences orthodoxes toutes les merveilles de Bretagne ou presque, en épuisant de manière systématique les aventures dans l'éclat d'une *senefiance* qui les exhausse si complètement qu'elles se résolvent en l'ombre portée de leur sens lumineux. Les aventures survivent moins comme aventures que comme pures *semblances* épuisées par leur *senefiance* révélée.

On voit bien, à travers de telles formules, la distance énorme qui sépare, à cet égard, le *Perlesvaus* de la *Queste*. Inutile de revenir sur l'évidence selon laquelle, dans le *Perlesvaus*, l'aventure déborde de toutes parts une *senefiance* qui se révèle tout à fait incapable de l'endiguer. On ne saurait trop dire, en vérité, d'où vient exactement le problème : est-ce l'aventure qui est trop vive pour être enfermée dans la *senefiance* ou la *senefiance* qui est trop faible pour capturer l'aventure ? Probablement l'un et l'autre... Quoi qu'il en soit, on constate d'abord que la matière est mal préparée pour la glose. C'est sans doute là une différence sensible entre nos deux textes : les aventures de la *Queste* portent déjà dans leur lettre un net parfum de *senefiance* à venir, tandis que ce n'est guère le cas de celles de *Perlesvaus*. Mais il est certain aussi que les exégèses sont particulièrement faibles. Aucune des neuf gloses présentées par le prêtre du Château de l'Enquête n'emporte la conviction. Les notes d'Armand Strubel dans son édition insistent bien sur le caractère tout à fait hétéroclite des éléments conjugués laborieusement par le prêtre ; elles relèvent aussi l'absence complète de connexion entre ces gloses et les enjeux centraux du récit. Le triomphe de la Nouvelle Loi sur l'Ancienne est le principe de lecture le plus récurrent, mais c'est tantôt Perlesvaus et tantôt Gauvain qui est l'agent fonctionnel de ce triomphe. Ainsi, dire que le chevalier couard s'est retourné dans le bon sens après avoir vu Gauvain parce que la religion s'est remise dans le bon sens lors de la crucifixion du Christ, c'est attribuer à Gauvain une fonction qu'il n'a pas du tout dans la logique du récit. La qualité de l'exégèse laisse d'autant plus à désirer que le prêtre se permet même de refuser de répondre à une question, prétextant de façon pour le moins paradoxale qu'on ne doit pas dévoiler les secrets du Sauveur et que « ains les doivent cil garder secreement a cui eles sont comandees »[20]. Dire que le « provoire » en question est un bien piètre exégète relève donc de l'évidence, mais cela ne nous est pas très utile pour la compréhension du texte... Ne peut-on pas, toutefois, s'interroger sur les motivations narratives de cette lamentable performance exégétique ? N'y aurait-il pas là quelque chose de délibéré ? Pourquoi l'ermite refuse-t-il de gloser une certaine aventure ? Si elle était trop difficile à gloser correctement et que l'objectif de l'auteur était de produire des gloses correctes, alors il aurait simplement pu supprimer la question de Gauvain ; Gauvain ne raconte pas à l'ermite toutes ses aventures et cette absence n'aurait posé aucun problème. Au lieu de cela, l'esquive malhabile, justifiée par une affirmation en décalage grossier avec le contexte (« ne pas révéler les secrets du Sauveur »), ne fait que pointer encore plus sensiblement l'incapacité du prêtre à donner sens aux aventures. On peut ajouter que l'aventure sur laquelle il refuse de s'exprimer aurait sans doute été une des plus faciles à gloser, puisqu'il s'agit de celle des trois femmes qui se fondent en une près de la fontaine vers laquelle elles transportent du pain, du vin et de la chair ! Ne peut-on pas voir dans le refus de la glose une sorte de second degré ou de mise à distance d'un exercice dont la vanité est si manifeste ? À ce titre, pour alimenter encore le grand débat portant sur la datation du texte, j'avoue que j'ai de la peine à interpréter cette exégèse inaboutie comme le signe d'un caractère archaïque, d'un premier essai dans une technique qui sera menée à sa perfection par la *Queste*. Au contraire, je me figure bien plus volontiers cette séquence de glose comme une forme de réponse à la *Queste*, dont la méthode de base serait ici détournée dans un sens qui tient presque de la reprise parodique ou de la caricature. Mais ce n'est, pour le texte, qu'un clin d'œil, un passage rapide qui solde en quelques phrases l'inaccessibilité de la *senefiance*, même pour ceux qui sont dans les secrets de Joséphé.

Nous avons relevé les nombreuses mises en cause de la fiabilité des apparences, les doutes sur la réalité des perceptions, la difficulté à dégager quelque certitude que ce soit du continuum complexe d'un monde marqué par la « muance ». Nous avons aussi noté la forte présence de la focalisation interne et la fréquence subséquente du verbe « sembler » ou des limitations de perspective liées au point de vue d'un personnage. Ce type de focalisation et la grande discrétion de la figure pourtant esquissée d'un narrateur omniscient qui pourrait mettre de l'ordre dans les représentations, tout cela est à peu près aux antipodes du mode de narration de la *Queste*.

Pour reprendre les voies critiques que j'ai distinguées tout à l'heure en relation aux pôles narratifs, on pourrait dire qu'une approche monologique portant sur la cohérence du monde fictionnel s'impose naturellement pour parler de la *Queste*, mais que bien des critiques, cherchant à décrypter le *Perlesvaus* selon de tels principes, se sont cassé les dents sur ce monde inassimilable à la *senefiance* et où, corollairement, la *senefiance* est elle-même inassimilable. Au contraire, une lecture polyphonique et « intradiégétique », certainement inopérante dans la *Queste*, paraît beaucoup plus pertinente pour le *Perlesvaus*. Une telle lecture semble induite par la propension même du texte à nous contraindre au point de vue du personnage, à nous plonger de force dans ses éventuelles erreurs de perspectives et dans son dépit face à la désaffection du sens.

Du coup, la métalepse est formellement exactement la même que dans la *Queste*, mais elle prend une tout autre coloration. Si la *Queste* en fait le support d'une combinaison du commentaire au texte même qu'il commente, dans le *Perlesvaus*, l'effet de cette métalepse est plutôt d'accentuer encore la dissolution des frontières entre les choses. Quand Gauvain interroge le prêtre sur le sens de ses aventures, c'est comme s'il demandait un droit de regard sur ce que l'auteur du texte dont il est un personnage entendait montrer à travers lui. Le prêtre, informé des *senefiances* par Joséphé lui-même, a en effet la capacité théorique de l'informer sur ce point. Gauvain, au demeurant, paraît soulagé de ce qu'il entend. Comme le Perceval de Chrétien au moment des révélations de son oncle ermite, il a besoin d'une amorce de sens à laquelle se raccrocher, d'un discours qui s'impose comme une vérité, enfin !, en ce monde d'apparences trompeuses. S'il avait écouté cela d'une oreille plus attentive ou avec un esprit critique plus affûté, il aurait peut-être compris que le discours du prêtre scellait une radicale et probablement définitive désaffection de la *senefiance*. Celui qui guide ses pas l'a mis dans la situation embarrassante et douloureuse de voir tuer par sa faute une femme sans reproche ; si vraiment il n'a fait cela que dans le but de démontrer que la Vieille Loi devait être abattue pour qu'advienne la Nouvelle, alors le monde est étrangement fait, pourrait se dire un Gauvain plus suspicieux. Mais au lieu de cela, le brave chevalier repart rassuré et s'empresse d'aller au Château du graal pour y réaliser l'exploit de ne pas poser la question que tout le monde, ou presque, lui a dit de poser. Et que les aventures continuent !

Christophe Imperiali
Université de Lausanne

NOTES

[1] Pierre Fontanier, *Les figures du discours*, Paris, Flammarion, « Champs », 1977, p. 128.
[2] Gérard Genette, *Figures III*, Paris, Seuil, « Poétique », 1972, p. 244.
[3] *Le Haut Livre du Graal*, éd. Armand Strubel, Paris, Le Livre de Poche, « Lettres gothiques », 2007, p. 127 (désormais *HLG*).
[4] *Ibid.*, p. 322-324.
[5] *Ibid.*, p. 128.
[6] Francis Dubost, *Aspects fantastiques de la littérature narrative médiévale (XIIe-XIIIe siècles). L'Autre, l'Ailleurs, l'Autrefois*, Paris-Genève, Champion-Slatkine, « Nouvelle Bibliothèque du Moyen Âge », 1991, p. 778-779.
[7] *HLG*, p. 128.
[8] *Ibid.*, p. 136-138.
[9] *Ibid.*, p. 350.
[10] *Ibid.*, p. 138, l. 28.
[11] *Ibid.*, p. 140, l. 5.
[12] Signalons par exemple la scène où la demoiselle à la mule s'enquiert du Bon Chevalier auprès d'un ermite qui dit ne pas en avoir de nouvelles « certaines » ; Gauvain, qui est aussi présent, déclare qu'il n'en a pas non plus, qu'il cherche pourtant aussi à le rencontrer, mais qu'il ne trouve personne pour le renseigner à son égard (*HLG*, p. 208).
[13] *Ibid.*, p. 150-152.
[14] J'emprunte ces termes à Marie Blaise, *Terres gastes. Fictions d'autorité et mélancolie*, Montpellier, Université Paul-Valéry Montpellier III, 2005.
[15] Susan Aronstein, « "Chevaliers estre deüssiez". Pouvoir, discours et courtoisie dans le *Conte du graal* », dans Denis Hüe (dir.) *Polyphonie du Graal*, Orléans, Paradigme, « Medievalia », 1998, p. 26.
[16] Julien Gracq, *Lettrines*, dans *Oeuvres Complètes II*, Paris, Gallimard, « Bibliothèque de la Pléiade », 1995, p. 161.
[17] Armand Strubel, « *Conjointure* et *senefiance* dans le *Perlesvaus* : les apories du roman-parabole », dans F. Gingras, F. Laurent, F. Le Nan et J.-R. Valette (dir.), *Furent les merveilles pruvees et les aventures truvees. Hommage à Francis Dubost*, Paris, Champion, 2005, p. 618.
[18] Jean-René Valette, *La Pensée du Graal. Fiction littéraire et théologie (XIIe-XIIIe siècles)*, Paris, Champion, 2008, p. 368.
[19] Gérard Genette, *Palimpsestes. La littérature au second degré*, Paris, Seuil, « Poétique », 1982, p. 450.
[20] *HLG*, p. 334.

Repenser le *Perlesvaus* :

« Le sens de l'équivoque »

À l'image de son énigmatique chevalier prisonnier d'un tonneau de verre, le *Perlesvaus* est un roman dont le sens nous échappe non pas tant parce que certaines questions restent en suspens – comme celle de l'identité de ce chevalier –, mais parce que la volonté d'élucidation didactique, portée par la voix officielle des prêtres et ermites, entre trop souvent en contradiction avec le traitement du matériau narratif et avec les signes implicites que celui-ci produit. Ainsi, ce n'est peut-être pas la question de Perlesvaus restée sans réponse sur l'identité du chevalier qui pose vraiment problème, mais la présence même de cet objet. Ce tonneau renvoie en effet, dans la littérature du XIIIe siècle, au merveilleux féerique, à l'Autre Monde de la matière de Bretagne[1] et du monde de référence du roman, où les *senefiances* de la merveille, de la barbarie, de l'étrange semblent devoir immanquablement se résoudre dans l'apologie du christianisme par opposition univoque au paganisme confondu des juifs, des musulmans et des croyances féeriques préchrétiennes. Dans ce cas, comme en de multiples endroits du texte, le didactisme religieux et l'esprit de croisade se heurtent à un merveilleux d'origine profane non rationalisé qui ne laisse pas d'interroger sur son sens et sa fonction dans l'œuvre. Ce merveilleux ne se réduit pas à un effet poétique et, la plupart du temps, comme l'illustre encore le tonneau de verre, il s'intègre mal au discours officiel du roman qu'il déborde, sans pour autant se résoudre par ailleurs. Si l'on ajoute à cela le caractère inachevé du *Perlesvaus*, qui laisse en attente les aventures du personnage, son retour à l'Île des quatre Sonneurs et la guerre entre Arthur et Claudas, on ne peut qu'admettre l'ambiguïté et l'étrangeté du discours romanesque sans parvenir à les vaincre.

Sans chercher à répondre à des questions insolubles ou à se lancer dans des conjectures sur ce qui, de fait, n'existe pas, on peut néanmoins analyser le discours romanesque en se demandant comment il parvient à générer une telle résistance au sens et à l'herméneutique. Par quels procédés d'écriture le texte favorise-t-il cette impression rémanente qu'une explication en chasse une autre, que le sens d'un épisode ou d'un motif, sitôt affirmé, ne saurait se limiter si facilement ? Quels sont les indices, non pas du sens, mais de l'obscurcissement du discours qui fondent à la fois l'originalité de l'œuvre dans le corpus arthurien – et plus spécifiquement graalien – et sa composition interne ? Le *Perlesvaus* peut, dans ce contexte, être relu et repensé du point de vue de l'écriture et, plus généralement, de la poétique de l'énigme qu'il met sensiblement en œuvre[2].

Si l'énigme peut se définir assez facilement, pour le Moyen Âge, comme *devinaille*[3], sur le modèle des devinettes[4] piégées que pose le géant aux *devinailles* au début du *Tristan en prose*[5] ou la fille d'Apollonius de Tyr[6] à la fin du roman éponyme, on trouve peu d'occurrences de cette modalité dans la littérature arthurienne des XIIe et XIIIe siècles, et il faut, à partir de ce modèle, concevoir autrement l'énigme pour appréhender le phénomène tel qu'il se manifeste dans le *Perlesvaus*. Le discours de la *devinaille* est volontairement obscur : il s'agit généralement de cacher une vérité sous-jacente, sous le voile de la fable ou d'une définition à double sens. En ce sens, l'écriture de l'énigme repose d'abord sur les figures du discours qui permettent de voiler le langage et la pensée. L'énigme (*aenigma*) est elle-même un trope qui décrit un objet de manière à dissimuler le référent, comme ou par le biais d'autres figures, telles la périphrase ou la métaphore, qui contribuent à voiler le propos. C'est un discours du double sens, de la lettre à la *senefiance* profonde, ce qui la rapproche de l'allégorie dont elle n'est d'ailleurs parfois considérée que comme une catégorie[7]. La *devinaille* repose ensuite sur l'échange contraint et piégé d'une question et d'une réponse : la modalité interrogative y est fondamentale et, si l'on inverse les tenants et aboutissants de la question et de la réponse, elle engage une démarche herméneutique qui, selon les cas, aboutit ou non à une élucidation du sens recherché[8].

Le *Perlesvaus* relève en divers lieux d'une écriture de l'énigme qui reste ici à préciser : par quels procédés, rhétoriques et discursifs, le sens peut-il être voilé, obscurci au point de résister à la compréhension et à l'élucidation portées par les nombreux discours de *senefiance*, à dimension exégétique, des représentants de Dieu ? Comment se construit la démarche herméneutique ? Malgré un dispositif récurrent de questionnement, on observera que l'échange problématique reste souvent inabouti et que la dimension énigmatique du roman repose sur des phénomènes complexes d'échos et de réécriture qui correspondent en fait mal aux catégories arrêtées de l'énigme. C'est le Graal, avec les questions et les réponses latentes ou implicites qu'il suscite, qui illustre le mieux ce phénomène que je préfère qualifier d'effet d'énigme[9], dans la mesure où le sens, loin de se résoudre, offre ici une résistance de plus en plus ferme par la convergence de plusieurs représentations et solutions possibles, lesquelles interdisent d'achever l'énigme et mettent en question l'existence *a priori* d'une *senefiance* ambiguë et malmenée.

Impasses du sens et de l'écriture
L'écriture du *Perlesvaus* s'accommode en réalité assez mal de l'énigme en tant que figure du discours, que le trope de l'*aenigma* soit pris au sens strict, ou que l'on étende son usage à une unité textuelle qui dépasse la figure de rhétorique et prolonge la figure à la manière d'une métaphore filée.
Le dispositif du discours voilé se manifeste pourtant *a priori* de façon assez claire dans ce que la critique a parfois coutume d'appeler les « allégories[10] » du *Perlesvaus* et qui, notamment dans les épisodes du château de l'*Enqueste*, prennent la forme de micro-récits qui contiennent, sous l'apparence des faits, des vérités situées au-delà de la fable et qui aspirent à une interprétation d'ordre typologique[11]. Au château de l'*Enqueste*, Gauvain rapporte ainsi au *maistre des provoires* toute une série d'aventures auxquelles il a pris part et dont il souhaite connaître le sens : « j'ai mainte chose veü de quoi je sui molt esbahis, ne sai que cho puist estre[12] », déclare-t-il. Les réponses proposées sont ensuite *a priori* univoques dans la mesure où chaque aventure illustre selon le prêtre l'opposition de l'Ancienne et de la Nouvelle Loi, et se comprend donc dans une perspective typologique. Elles représentent le voile fictionnel sous lequel se cache un sens chrétien qui tient lieu de vérité et peuvent alors se lire comme des énigmes filées qui, dépassant le mécanisme tropique et rhétorique, s'étendent à l'ensemble du discours. En ce sens, on pourrait les assimiler au modèle du

songe allégorique dans le roman arthurien, tel que l'*Estoire* ou la *Queste del Saint Graal* le mettent en pratique[13].

Toutefois, et c'est là que le texte offre un premier degré de résistance, les aventures telles qu'elles sont narrées avant le château de l'*Enqueste* ne signalent à aucun moment la nécessité de recourir à un deuxième degré de lecture pour les comprendre, au contraire du songe qui, par sa nature même, engage dans la littérature romanesque un processus interprétatif de type allégorique dans la mesure où il est précisément circonscrit à l'univers qui lui est propre[14]. L'épisode de Marin le Jaloux, dans la branche IV, et celui de son fils Méliot illustrent parfaitement le phénomène : Gauvain, hébergé par la femme de Marin en l'absence de son mari, est accusé de l'avoir séduite et Marin la tue d'un coup d'épée, persuadé – comme le veut d'ailleurs la tradition romanesque liée à Gauvain – que « onques mesire Gauvain ne porta foi a dame ne a damoisele, qu'il n'en eüst sa volenté[15] ». Aucun indice de double sens n'est alors délivré et le décodage de l'épisode semble inutile ; pourtant le prêtre dévoile le sens caché de l'aventure et lui confère une portée qui dépasse le cadre de la fiction : la dame *signefie* la Vieille Loi, abattue d'un coup d'épée, à la manière du Christ frappé d'un coup de lance. Mais la fable et la vérité théologique coïncident mal : peu de temps après, Gauvain rencontre en effet Méliot, étonnant enfant capable de dresser et de monter un lion qui, toujours selon le prêtre, *signefie* le Christ, tandis que le lion représente le monde composé des hommes et des bêtes. Or l'enfant refuse désormais de voir son père depuis que sa mère est morte « car il seit bien qu'il l'ochist a tort[16] », comme l'affirme encore le prêtre. Dès lors la contradiction est patente : si, typologiquement, la mort de la femme est juste, du point de vue de la narration première, Méliot, symbole christique, ne devrait pas la condamner ! Méliot devient d'ailleurs ensuite un personnage récurrent de la fiction narrative et sort donc de ce rôle trop étroit – à l'échelle du roman – de signifiant allégorique.

L'énigme, en tant que figure du discours et dispositif de type allégorique, trouve ainsi dans *Perlesvaus* ses limites et la démonstration pourrait s'appliquer à l'ensemble des aventures glosées au château de l'*Enqueste*. La vérité de la Nouvelle Loi, assénée de façon répétitive et généralisante, s'accorde mal avec des situations narratives qui non seulement produisent en elles-mêmes un sens suffisant dans le cadre de la fiction romanesque, mais ne parviennent pas à signaler l'existence latente d'un second niveau de sens.

Le long échange entre Gauvain et le prêtre au château de l'*Enqueste* est en réalité à la croisée de deux types de formulation de l'énigme : le discours voilé que l'on assimile tant bien que mal à l'« allégorie », et l'échange problématique fondé d'une part sur une question et, d'autre part, sur une réponse censée combler la demande d'information ou d'élucidation. Or si le texte fonctionne mal dans le premier cas, le dispositif se révèle tout aussi faillible et déceptif dans l'autre cas. Le château se définit pourtant comme le lieu où questions et réponses, aussi nombreuses soient-elles, doivent pouvoir être formulées, confrontées et comblées : « vos n'i demandereis ja chose dont en ne vos die le signefiance[17] », affirme d'ailleurs le prêtre à Gauvain. Cependant, seul le sens typologique, issu d'un savoir établi d'avance, préexistant au texte, a valeur d'explication et les questions restent en réalité de l'ordre de l'implicite. Gauvain ne formule en effet aucune interrogation directe et les rares interrogations indirectes restent très vagues quant à la teneur exacte du questionnement : « je voil demander d'un roi[18] », demande-t-il par exemple à propos du roi païen Gurgaran, avant de narrer, à proprement parler, les événements auxquels il a assisté sans préciser sur quoi porte précisément la question. D'une manière générale, ce que nous interprétons – à la suite du prêtre – comme les questions de Gauvain ne sont, *stricto sensu*, que des énoncés assertifs commandés par l'étonnement du personnage face à une situation dont implicitement le sens lui échappe : « jo fui molt esbahis de .iii. damoiseles qui furent a la cort le roi Artu[19] » / « jo m'esmerveil del chastel del Noir Hermite[20] ». Dans la mesure où le cadre, défini par l'*enqueste*, ne prête pas à confusion, Gauvain peut se contenter de ces questions peu prédicatives qui relèvent davantage du constat que de l'interrogation. Ainsi, Gauvain ne précise pas sur quoi porte la question et laisse la possibilité à son interlocuteur d'orienter la réponse comme il le souhaite. La démarche herméneutique n'est qu'apparente ; réponses et questions se dérobent.

À l'échelle du roman, plusieurs interrogations restent d'ailleurs sans réponse : au château de l'*Enqueste*, Gauvain n'obtient aucune explication à la scène de la statue enfouie sous l'eau de la fontaine à son approche (branche VI) ; Perlesvaus, malgré son insistance et la promesse des prêtres-ermites, ne connaîtra jamais l'identité du chevalier dans le tonneau de verre sur l'île des Quatre Sonneurs, et le roman s'achève sur l'ultime énigme des deux jeunes chevaliers gallois et de la chapelle du Graal :

> [...] e quant on leur demandoit por coi il se deduisoient ainsi, « Alez, fesoient il a cex qui leur demandoient, la o nos fumes, si savrez le porcoi ». Ainsi respondoient as genz. Cil dui chevalier morurent en cele sainte vie, ne onques autres noveles n'en pot on savoir par ex[21].

Le savoir officiel, qui réduit le sens du texte à l'opposition de l'Ancienne et de la Nouvelle Loi, cède alors en creux la place à un autre type de savoir qui, parce que défendu, laisse entrevoir la possibilité d'une réponse différente de l'exégèse récurrente. Comment en effet interpréter autrement les *secrés al Sauveor* qu'invoque le prêtre pour ne pas, parmi toutes les gloses qu'il fournit, délivrer le sens de la statue et du *vaissel d'or* à la fontaine ?

Ces énigmes jamais résolues, malgré les promesses, se perçoivent davantage comme des effets d'énigme où l'objet du questionnement se charge d'un symbolisme obscur qui n'est relié à aucune *senefiance* ; elles favorisent une atmosphère d'attente, propice à la démarche herméneutique – même si elle n'aboutit pas –, à l'imaginaire et à l'illusion propres à la fiction.

De ce point de vue, la première branche remplit une fonction programmatique à travers les aventures d'Arthur inaugurées par le songe de Cahus. Si les questions restent de l'ordre de l'implicite et ne sont pas pleinement verbalisées, elles affleurent en raison de l'ambiguïté qui caractérise les épisodes ouverts à un horizon d'attente jamais comblé. Le songe de Cahus, qui se trouve au réveil blessé à mort d'un coup reçu en rêve, le combat d'Arthur et du chevalier noir dont les pouvoirs sont étrangement circonscrits par une *barre* au-delà de laquelle il ne peut rien, et la vision de la chapelle de saint Augustin où les apparitions mystiques de la Vierge et du Christ, qui s'éloignent main dans la main au sein d'un cortège fabuleux, prennent inexplicablement corps dans l'espace de la fiction[22], jouent ainsi des frontières perméables du songe, de la vision et de l'univers « réel », c'est-à-dire de l'espace de référence de la diégèse. Situées dans la première branche, ces questions latentes taillent des brèches dans un univers officiellement soumis à une interprétation d'ordre typologique ou à tout le moins chrétienne. Ces énigmes jamais résolues et à peine, formellement, avérées, laissent entrevoir d'infinis possibles romanesques dans une fiction qui aspire en apparence à la complétude du sens, comme l'épisode du Château de l'*Enqueste* – où questions et réponses coïncident trop systématiquement – tend à le montrer.

Quant à l'ouverture finale suscitée par la question de l'expérience des jeunes chevaliers dans la chapelle sacrée, et combinée à la narration suspendue des démêlés entre Arthur et Claudas, elle inscrit définitivement le roman dans une poétique de l'attente et de la continuité et dans une thématique qui, toutes deux, apparentent davantage le *Perlesvaus* au cycle sans fin du *Conte du Graal* et de ses *Continuations* qu'à la symbolique verrouillée de la *Queste del Saint Graal*.

Pas plus que la figure rhétorique de l'énigme, la démarche herméneutique simple, définie par l'échange entre une question qui exprime un réel désir de connaissance et une réponse qui vienne combler ce désir, ne semble donc fonctionner dans le *Perlesvaus*. Celui-ci repose en effet sur un dispositif énigmatique et herméneutique plus complexe, qui joue des échos intertextuels internes et externes à l'œuvre, et favorise davantage ce que l'on perçoit comme un effet d'énigme récurrent et diffracté.

Un dispositif herméneutique complexe : l'énigme du Graal
Le traitement de l'énigme du Graal relève d'un procédé inverse aux situations précédentes où les réponses, impossibles ou embarrassantes, sont éliminées. S'agissant du Graal, c'est en effet dans un premier temps la question, pourtant essentielle dans le *Conte du Graal* dont le *Perlesvaus* se présente comme une sorte de continuation, qui disparaît : moyen commode et radical d'éviter toute tentative directe de réponse et de ne laisser au texte qu'une trace, un effet d'énigme qui affleure et se dissout à la fois dans l'œuvre. À l'instar du roman inachevé de Chrétien, l'auteur reprend ici le thème du Graal sur le mode de la question muette. C'est par le silence et l'absence, dont il fait un véritable *leitmotiv*, que cette question devient remarquable, mais non pas

indispensable. Le roman s'ouvre ainsi sur l'évocation du silence du héros, rendu responsable du malheur du Roi Pêcheur :

> N'estoit pas bauz de parler, e ne sanbloit pas a sa chiere qu'il fust si corageus. Mes, par molt poi de parole qu'il delaia a dire, avindrent si granz meschaances a la Grant Breteingne que totes les illes et totes les terres en chaïrent en grant doleur ; mes puis les remist il en joie par la valor de sa buenne chevalerie[23].

La référence au silence relève davantage ici du *topos* ; en effet, si ce silence est la cause des *meschaances* et de la *doleur*, la parole n'est pas le remède, mais plutôt l'action chevaleresque, la *buenne chevalerie*, au sens guerrier du terme. Nul besoin en effet de poser la question pour conquérir le Château du Graal, dans la mesure où, dans la branche VIII, le Roi Pêcheur meurt avant que Perlesvaus ait pu s'adresser à lui ! Cette mort évite bien sûr l'impasse d'une question impossible à poser, mais en contexte, elle entretient surtout le doute sur la réelle nécessité de cette question et sur le savoir en creux du Roi Pêcheur qui n'existe plus que dans la référence littéraire au *Conte du Graal*. La résolution de l'énigme se mue en croisade guerrière contre le roi païen del *Chastel Mortel* : la démarche herméneutique lancée par Chrétien se déplace encore ici vers une interprétation fermée et préétablie des événements, qui ne parviendra toutefois pas à circonscrire les effets de sens.

Enfin, la question du Graal se fait encore remarquer par son absence lors de la visite de Gauvain au Château du Graal qui diffère totalement de la scène originelle de Chrétien, bien qu'elle repose sur une double réécriture du *Conte du Graal*. Dans *Perlesvaus*, la question n'est d'ailleurs pas réservée au héros comme le lui précise l'ermite à proximité : « or n'obliés pas a demander, se Deus le vos vielt consentir chou que li autres chevaliers oblia[24] ». Dans ce contexte, la parole procède de la grâce divine, non d'une prise de conscience qui manquerait à Perceval[25] et Gauvain ne formule d'ailleurs pas les questions en pensée, pas plus qu'il ne les remet à plus tard[26] : absorbé dans la contemplation de trois gouttes de sang tombées sur la table, il les oublie tout simplement. L'épisode, clairement inspiré de la rêverie courtoise de Perceval sur la neige, offre ici au chevalier une vision de la Passion, de la Résurrection et de la Trinité. Le regard de Gauvain supplante la question attendue, et ce malgré les rappels à l'ordre – c'est-à-dire à la parole – des chevaliers du Roi Pêcheur. Gauvain, qui ne « peut oster ses eus des .iii. gotes de sanc[27] », n'est plus que regard, et c'est ce regard qui l'empêche d'entendre les exhortations et de parler : « Mesire Gauvain se taist, qui pas n'entent al chevalier et regarde contremont[28] ». Objet de contemplation mais non de questionnement, le Graal devient une *merveille* qui ravit le regard et l'esprit en même temps qu'elle se révèle. La vision du Christ ensanglanté et crucifié et la représentation imagée de la Trinité suffisent en effet à Gauvain pour percevoir le sens du cortège, et nulle parole ne lui permettrait à ce stade d'en mieux comprendre le sens. La question, bien qu'appelée de tous, n'aurait en fait qu'une fonction magique et pragmatique de guérison, en deçà de la vision à laquelle il accède.

En effet, la triple apparition du Graal devant Gauvain correspond aux divers degrés de la vision qui permettent l'accès à la connaissance : il surgit d'abord, comme dans le *Conte du Graal*, dans un halo de lumière. La vision sensible de la lumière, ajoutée à celle du sang qui perle sur la pointe de la lance, cède rapidement la place à la joie de l'esprit – la *pensee* – qui l'arrache à la vision matérielle et rend impossible la parole que devait susciter cette première vision : « mesire Gauvain est pensis ; et li vient une si grant joie en sa pensee, que ne li membre de nule rien se de Dieu non[29] ». Cette joie de l'esprit est révélatrice pour Gauvain de la valeur symbolique du Graal. Quant à la dernière vision, d'ordre contemplatif, elle achève le processus par l'intermédiaire des trois gouttes de sang, réécriture curieuse de la scène du *Conte du Graal*. De même que la vue du sang arrachait Perceval à lui-même pour le plonger dans une profonde rêverie amoureuse, elle ravit Gauvain pour atteindre son âme :

> [...] li maistres des chevaliers somont monseignor Gauvain ; mesire Gauvain esgarde devant lui et voit chaïr .iii. gotes de sanc desor la table. Il fu tos esbahis del esgarder et ne dist mot[30].

L'expérience de Gauvain diffère de celle de Perceval devant le Graal, qui se limite à l'expérience sensible de la *merveille*. Leur silence n'est donc pas équivalent : celui-ci se tait par peur de fauter, celui-là parce qu'il touche un instant à la contemplation divine qui l'arrache aux préoccupations matérielles comme la guérison du Roi. Pour autant, comme l'a analysé Jean-René Valette, le regard de Gauvain dans cette scène « reste imparfaitement purifié[31] » et il n'accède pas pleinement aux visions des réalités spirituelles. L'absorption du regard de Gauvain par les gouttes de sang tombées sur la table et sa déception de ne pouvoir les toucher témoignent selon lui davantage « du caractère *terrien*, trop *terrien* de sa vision[32] », sanctionnée par l'échec – selon moi très relatif – de la question à poser. Certes la résurgence de ce motif peut se lire, dans la tradition littéraire des romans du Graal, comme un signe de l'indignité du personnage à vaincre l'épreuve[33], mais justement, comme l'ensemble du roman tend à le démontrer, l'énigme du Graal et l'accomplissement de la quête ne passent pas fondamentalement dans le *Perlesvaus* par le dispositif de l'échange problématique et moins encore par la formulation d'une question dont la présence, en creux, n'est que le signe d'un intertexte dont le roman se démarque.

Le dispositif herméneutique conduisant à la perception d'un effet d'énigme lié au Graal repose à l'échelle de l'œuvre sur la concurrence et la surimpression de réponses implicites à une question en réalité inexistante. Pour autant qu'elle puisse l'être, l'énigme du Graal échappe à la formulation et au discours direct ; tout au plus affleure-t-elle sous la forme négativée dans ces paroles de Gauvain adressées à la mère de Perlesvaus :

> « Dame, fait messire Gauvain, il ot en l'ostel le Roi Pescheor un chevalier devant qui le Greal s'aparut .iii. fois, c'onques ne volt demander de quoi li Greaus servoit ne qui on enoroit[34] ».

L'évocation multiple, dès les premières lignes, d'une question attendue mais toujours absente contribue à la construction illusoire d'une énigme dont dépendrait l'accomplissement des aventures et, de fait, du récit. Pourtant, la mort du Roi Pêcheur rend – à la moitié seulement du roman ! – la question caduque et révèle un subterfuge dont le texte se libère alors, puisque cette question n'avait officiellement pour seul but que d'amener la guérison du roi. Formellement, l'énigme du Graal est non avenue, c'est une question en creux, une bulle fantomatique qui envahit paradoxalement le texte en suscitant un effet d'énigme multiple et diffracté structurant le récit. Il s'agit maintenant de comprendre comment celui-ci se construit et se maintient dans l'œuvre.

En tant qu'objet, le Graal apparaît pour la première fois lors de la visite de Gauvain au château du Graal. Dans ce contexte, il remplit deux fonctions que l'on peut résumer ainsi : « le Graal révèle les mystères divins (Trinité, Passion, Eucharistie[35]) » et « le Graal doit être soumis à une question qui guérira le roi ». L'énigme serait donc double : elle relève d'un côté du mystère divin et, de l'autre, du merveilleux profane hérité de Chrétien de Troyes, ce qui est impossible à synthétiser par le biais d'une seule question et d'une seule réponse. Certes, si on limite l'approche du Graal à l'épiphanie et au cortège auxquels assiste Gauvain, il peut se réduire à la première fonction et se rapprocher du Graal de la *Queste*. La seconde apparition du Graal lors du pèlerinage d'Arthur au Château des Âmes confirme cette première dimension : matérialisé en calice, au terme des cinq *muances* qu'il revêt, il inaugure avec la cloche la liturgie chrétienne[36]. Mais si l'on prend en compte l'ensemble de la scène et des évocations du Roi Pêcheur, les thèmes du silence, de la langueur, de la maladie et de la dévastation s'ajoutent en surimpression et brouillent la perception d'un Graal mystique à sens unique et univoque : « Par une seule parole qu'il delaia a dire me vint ceste langors[37] », affirme ainsi le Roi Pêcheur à propos de Perlesvaus, tandis que ses terres, *commeües de guerre*[38] à cause du silence de celui-ci, retrouvent l'abondance sitôt le Château des Âmes repris au Roi del *Chastel Mortel* et le Graal (re)conquis[39].

L'énigme du Graal, tiraillée entre deux orientations idéologiquement incompatibles, ne saurait ainsi ni se résoudre, ni encore moins se formuler clairement et cette ambiguïté du sens se traduit encore travers un réseau de figures et de fonctions qui prolonge le paradigme et complexifie le dispositif. Les épisodes du *vaissel* d'or à la fontaine (branche VI), du *vaissel* d'airain du roi Gurgaran (branche VI) et du *vaissel* d'or qui recueille la chair et le sang de la *Beste Glatissant* (branche IX) offrent des variantes de la figure du Graal qui combinent et rappellent à divers degrés la formulation double, à caractère antagonique, qui définit les fonctions du Graal lors de ses manifestations avérées.

En quête de l'épée qui décolla saint Jean-Baptiste, Gauvain parvient à une fontaine de marbre incrustée de pierres précieuses au pilier duquel un *vaissiaus d'or* est suspendu. Au milieu de la fontaine se trouve une statue qui disparaît dès que Gauvain s'en approche[40], tandis qu'une voix lui interdit de se saisir du vase car il ne lui est pas destiné : « Vos n'estes pas li bons chevaliers qui on en sert e qui l'on en garist[41] ». Arrive ensuite un clerc, muni également d'un *vaissel d'or* dans lequel il verse le contenu de celui de la fontaine. Trois demoiselles, portant trois autres *vaissiaus* d'or, d'ivoire et d'argent, respectivement remplis de pain, de vin et de viande, déposent ensuite dans le vase de la fontaine le contenu des leurs et disparaissent, donnant alors l'impression à Gauvain *qu'il n'i en eüst qu'une*. Le clerc informe simplement Gauvain qu'il apporte son *vaissel* « a hermites […] qui sont en ceste forest et al bon chevalier qui gist chiés son oncle, malades, le Roi Hermite[42] ». Certes le Graal n'est pas mentionné et il n'en est pas explicitement question, mais l'allusion à la maladie, la représentation de la Trinité, la présence du clerc, la nature du contenu renvoient nécessairement à un Graal composite, tiraillé entre une orientation chrétienne, magique – la guérison –, ou féerique, véhiculée par la présence de la fontaine, de l'*ymage* et des multiples coupes d'or[43]. La présence récurrente, presque envahissante, du terme *vaiss(i)el* fonctionne aussi comme une figure lexicale du Graal dont l'épisode, dans son ensemble, crée une image multiple et diffractée. L'écriture procède en effet par accumulation, confrontation et inversion des différentes caractéristiques attribuées au Graal au gré de la tradition arthurienne. Les notions de service et de guérison font ainsi directement écho au roman de Chrétien et l'on ne peut qu'être attentif à la reprise syntaxique fidèle de la proposition *qui on en sert*, qui, d'interrogative indirecte dans le *Conte du Graal*, devient ici une relative accusant la réalité de ce service. Pourtant il y a un décalage : le service du *vaissel* censé guérir le malade, est destiné au quêteur lui-même, le Bon Chevalier – périphrase par laquelle Perlesvaus est fréquemment désigné dans le texte – et non à son oncle, le *Roi Hermite*, qui n'est pas plus chez Chrétien qu'ici le gardien du Graal… Les jeux d'écho sont réels, mais la surimpression n'aboutit pas à une parfaite superposition et l'écriture met ainsi autant en évidence les ressemblances que les distorsions qui résistent au sens et à l'interprétation.

Dans les feuillets qui suivent, on retrouve la figure du *vaissel* en lien symbolique cette fois avec la dimension eucharistique du Graal, également portée par le texte. Peu après, Gauvain tue le géant coupable de la mort du fils du roi païen Gurgaran et conquiert ainsi l'épée de saint Jean-Baptiste. Gurgaran fait alors cuire le corps de son fils dans un *vaissel d'arain* puis le mange en partage avec tous ses hommes, enfin il décide de se faire baptiser :

> Après fait alumer un grant fu en mi la chitei et fait son fil metre en un vaissel d'arain tot plain d'iaue, et le fait quire et bolir a cel fus et fait pendre le teste del gaiant a sa porte. Et quant la char son fil fu quite et bolie, il le fait detrenchier al plus menuement que il poet et fait mander tous les homes de sa tere et en done a chascun tant con la char dure[44].

La scène se lit volontiers comme une réplique du mystère de l'Eucharistie[45] qui sera ensuite consacré à l'intérieur du Graal, marquant ainsi l'avènement de la nouvelle liturgie chrétienne. En effet, la cuve de Gurgaran, dénommée elle aussi *vaissel*, sacrifie au paganisme et permet le rachat du roi et du peuple païens. L'insistance sur la chair, que l'on fait *quire et bolir*, souligne la fonction médiatrice de cette cuisson qui marque le passage symbolique d'un état de nature à un état de culture, en l'occurrence ici du paganisme antique au christianisme, tandis que le partage en menus morceaux exclut l'interprétation alimentaire – si ce n'est cannibale – et favorise l'idée d'une communion. Là où se manifestent la barbarie et le paganisme, c'est en réalité, par ricochets, l'image du Graal chrétien, révélateur des mystères de la foi, qui affleure. Au contraire, la cuve de sang dans laquelle Perlesvaus pend, la tête la première, le Seigneur des Marais et ses chevaliers, n'est jamais qualifiée de *vaissel*, malgré la proximité évidente des images. Même si le Graal, comme la cuve, fut destiné à recevoir du sang[46], la parenté est plus incertaine, alors même que Perlesvaus accomplit dans cet épisode un acte de justice envers les *homicides* et les *traïtors* au nom de la loi divine.

Le dernier avatar du Graal est encore représenté par la figure d'un *vaissel d'or* dans la scène où la *Beste Glatissant* se fait déchiqueter par les chiots qu'elle vient de mettre bas, puis un chevalier et une demoiselle en recueillent les restes, chair et sang, dans deux vases d'or. Encore une fois, la *senefiance* est d'ordre religieux, comme l'explique le Roi Ermite à Perlesvaus : les chiens représentent les juifs qui crucifièrent le Christ et la *beste signifie Nostre Seignor*. Enfin,

> Li chevalier et la damoisele qui misent les pieches de la beste es vassiaus d'or signefient la déité del pere qui ne volt sofrir que la char del fil fust amenuisie[47].

Mais là encore, le sens résiste. D'abord, comme l'a noté Armand Strubel, parce qu'en faisant appel à une longue digression sur le séjour des Hébreux dans le désert, l'interprétation déborde les nécessités immédiates du récit et du questionnement de Perlesvaus, si bien que « l'adéquation entre la lettre et la *senefiance* se révèle approximative[48] ». Ensuite parce que les deux *vaissiaus d'or*, la chair et le sang renvoient immanquablement aux précédentes variantes de ces figures – les multiples *vaissiaus d'or* associés à la fontaine merveilleuse, le *vaissel* de Gurgaran – aux fonctions comparables, visant à recueillir un contenu similaire ou assimilable, la chair et le sang, qu'il s'agisse d'une figuration de la Présence Réelle dans l'Eucharistie ou d'une présence matérielle. Dans ce contexte, le thème de la dévoration renvoie en effet nécessairement au « Graal » de Gurgaran et, par extension, au thème de l'Eucharistie.

Le Graal référentiel est donc un objet bien circonscrit dans le texte et réservé à quelques scènes-clés. Mais par le biais des questions et des réponses latentes et silencieuses qui s'ajoutent les unes aux autres, sans s'exclure ni se compléter harmonieusement, il génère un effet d'énigme qui repose sur l'implicite et l'alliance des contraires, et qui se diffuse dans l'œuvre par le jeu des réécritures et des avatars. Ces figures du Graal, associées en contexte aux fonctions diverses et parfois paradoxales du Graal, ne permettent pas d'affirmer aussi clairement que le voudrait – en apparence – le texte, que celui-ci (n') est (que) le signe de l'avènement de la Nouvelle Loi. Elles fonctionnent comme en miroir, reflétant et se renvoyant les unes aux autres la vision d'un Graal à caractère merveilleux, féerique et donc profane, religieux et dogmatique tout ensemble. L'ensemble constitue un paradigme énigmatique dense, qui souligne le travail poétique à l'œuvre dans un roman foisonnant, mais qui sape en retour le discours « allégorique » et officiel des représentants de l'Église. À partir d'une question avortée dont le sens s'est perdu, le *Perlesvaus* prolonge et diffuse, par la réécriture et les échos intertextuels internes et externes, une énigme en pointillé qui nourrit un sens équivoque.

Repenser le *Perlesvaus* en terme d'énigme, c'est donc paradoxalement constater que le roman arthurien qui résiste le plus à l'interprétation ne contient pas, ou peu, d'énigmes à proprement parler. Que celles-ci s'écrivent sur le mode allégorique du discours voilé dont il faut découvrir la lettre, ou sur le mode de l'échange entre une question, mue par le désir de la connaissance et la curiosité, et une réponse, elles ne sauraient aboutir pleinement. Les discours de *senefiance* se heurtent en effet constamment au dispositif romanesque, à la poétique de l'œuvre, à son horizon d'attente et, d'une manière générale, à l'univers fictionnel que le discours officiel ne parvient pas à contraindre. Le *Perlesvaus* construit sa propre résistance au sens bien plus qu'il n'offre des clés – bien hypothétiques – pour le comprendre. La seule clé possible reste celle de la littérature et du roman qui tente d'assimiler des matériaux divers, sans parvenir comme Chrétien de Troyes à un lissage poétique qui rationalise la merveille et la soumet explicitement à la volonté de la *conjointure*.

Le traitement du Graal y est à ce titre exemplaire, partagé entre l'affirmation d'un sens chrétien qui précède le texte, comme en témoignent les lignes d'ouverture[49], et qu'il lui faut intégrer, et la tentation du profane et du merveilleux de la matière de Bretagne. À bien y regarder, le Graal n'est même plus dans le *Perlesvaus* un objet de questionnement, tout au plus devient-il un objet de contemplation, et la quête s'achève par un court-circuit narratif sans qu'aucune question ait eu besoin d'être posée. Le traitement que subit ici la mise en énigme du Graal est à mi-chemin entre le roman de Chrétien et la *Queste del Saint Graal*, entre la voie explicative et la démarche herméneutique que doit amorcer la question, et la prégnance de la vision, totale, muette et donnée à l'élu. Seul des quêteurs du Graal à ne devoir poser aucune question ni à s'interroger sur le sens des choses, Galaad n'est en effet pas un quêteur de sens comme Perceval. De ce point de vue, on peut lire le *Perlesvaus* comme un moment de transition, marqué par des tensions idéologiques fortes, entre un roman du Graal profane, qui, à la manière du *Conte*, assujettit la matière merveilleuse à son projet et au *sen* qu'il lui confère, et une *Queste* mystique et univoque, débarrassée des contraintes inhérentes au traitement de la matière de Bretagne, qui, réduite à un cadre, n'est plus le lieu où s'expriment tensions et contradictions entre les merveilleux chrétien et féerique.

Hélène BOUGET
Université de Bretagne Occidentale (Brest) – UEB
CRBC – EA 4451

NOTES

[1] Voir Michel Stanesco, « Une merveille bien énigmatique : le chevalier dans un tonneau de verre », dans D. Hüe et C. Ferlampin-Acher (dir.), *Le Monde et l'Autre Monde*, actes du colloque arthurien de Rennes (8-9 mars 2001), Orléans, Paradigme, 2002, p. 359-368.

[2] Sur la poétique de l'énigme dans la littérature arthurienne et l'identification et la caractérisation des différentes modalités de l'énigme applicables à la littérature romanesque médiévale, on pourra se référer de façon plus complète à mon ouvrage dont je ne reprends ici, sur ce point, que quelques notions essentielles à mon propos : voir Hélène Bouget, *Écritures de l'énigme et fiction romanesque. Poétiques arthuriennes (XIIe-XIIIe siècles)*, Paris, Champion, 2011.

[3] *Ibid.*, p. 64-94 et p. 104-112.

[4] Sur le genre de la devinette au Moyen Âge, voir Bruno Roy (éd.), *Devinettes françaises du Moyen Âge, Cahiers d'études médiévales* III, Montréal, Bellemin, et Paris, Vrin, 1977.

[5] *Le Roman de Tristan en prose*, éd. R. L. Curtis, München, Max Hueber Verlag, t. I, 1963, § 97-136.

[6] *Le Roman d'Apollonius de Tyr*, éd. et trad. Michel Zink, Paris, Le Livre de Poche, « Lettres Gothiques », 2006, p. 210-218.

[7] Hélène Bouget, *Écritures de l'énigme et fiction romanesque, op. cit.*, p. 27-36.

[8] *Ibid.*, p. 94-102 et p. 112-133.

[9] *Ibid.*, p. 217-219.

[10] Voir W. A. Nitze dans *Le Haut Livre du Graal. Perlesvaus*, éd. W. A. Nitze, T. Atkinson Jenkins, Chicago, The University of Chicago Press, 2 vol., 1937, rééd. New York, Phaeton Press, 1972, t. I, p. 109 et t. II, p. 131-132 ; et Thomas E. Kelly, dans *Le Haut livre du Graal : Perlesvaus. A structural study*, Genève, Droz, 1974, p. 97.

[11] En ce sens, Armand Strubel préfère qualifier le *Perlesvaus* de « roman-parabole » : voir *Le Haut Livre du Graal [Perlesvaus]*, éd. et trad. A. Strubel, Paris, Le Livre de Poche, « Lettres Gothiques », 2007, p. 87 (désormais abrégé en *HLG*).

[12] *HLG*, p. 322, l. 26-28.

[13] Sur le processus énigmatique dans les songes, voir H. Bouget, *Écritures de l'énigme et fiction romanesque, op. cit.*, p. 43-49.

[14] Voir Mireille Demaules, *La Corne et l'ivoire : étude sur le récit de rêve dans la littérature romanesque des XIIe et XIIIe siècles*, Paris, Champion, 2010, en particulier p. 85-112.

[15] *HLG*, p. 238, l. 9-11.

[16] *Ibid.*, p. 270, l. 8.

[17] *Ibid.*, p. 322, l. 29-30.

[18] *Ibid.*, p. 334, l. 11.

[19] *Ibid.*, p. 324, l. 3-4.

[20] *Ibid.*, p. 326, l. 2-3.
[21] *Ibid.*, p. 1052, l. 1-5.
[22] Sur le songe de Cahus, voir Francis Dubost, « La vie paradoxale : la mort vivante et l'imaginaire fantastique au Moyen Âge », dans Francis Gingras (dir.), *Une Étrange Constance. Les motifs merveilleux dans les littératures d'expression française du Moyen Âge à nos jours*, Presses de l'Université de Laval, 2006, p. 11-38. Sur ce même songe et l'épisode de la chapelle de saint Augustin, voir Mireille Séguy, « Voir le Graal – Du théologique au romanesque : la représentation de l'invisible dans le *Perlesvaus* et la *Quête du Saint Graal* », dans Michèle Gally et Michel Jourde (dir.), *L'inscription du regard – Moyen Âge-Renaissance*, Saint-Cloud, E.N.S. Éditions, 1995, p. 75-96.
[23] *HLG*, p. 128, l. 1-7.
[24] *Ibid.*, p. 336, l. 11-13.
[25] Voir sur ce point Michel Stanesco, « Le secret du Graal et la voie interrogative », *Travaux de littérature*, 10 (1997), p. 15-31. Repris dans M. Stanesco, *D'armes et d'amours : études de littérature arthurienne*, Orléans, Paradigme, 2002, p. 163-179.
[26] Contrairement à Perceval qui, dans *Le Conte du Graal*, formule progressivement et de plus en plus clairement, selon différents modes de discours, les questions qui seraient attendues mais qui (en raison de l'inachèvement de l'œuvre ?) restent lettres mortes. Sur l'analyse des modes de discours et des formes interrogatives de Perceval, voir H. Bouget, *Écritures de l'énigme...*, *op. cit.*, p. 116-123.
[27] *HLG*, p. 350, l. 17.
[28] *Ibid.*, p. 352, l. 2-4.
[29] *Ibid.*, p. 350, l. 5-7.
[30] *Ibid.*, p. 350, l. 12-15.
[31] Jean-René Valette, *La Pensée du Graal. Fiction littéraire et théologie (XIIe et XIIIe siècle)*, Paris, Champion, 2008, p. 448.
[32] *Ibid.*, p. 449. Sur la fragmentation et l'inachèvement de la vision de Gauvain dans cette scène, voir aussi J.-R. Valette, « Personnage, signe et transcendance dans les scènes du Graal (de Chrétien de Troyes à la *Queste del Saint Graal*) », dans M.-E. Bély et J.-R. Valette (dir.), *Personne, personnage et transcendance aux XIIe et XIIIe siècles*, Presses Universitaires de Lyon, 1999, p. 187-214.
[33] Jean-Jacques Vincensini interprète aussi la différence entre le mutisme de Perceval et celui de Gauvain comme le signe d'une faute et de l'infériorité de ce dernier : « Temps perdu, temps retrouvé. Rythme et sens de la mémoire dans le *Haut Livre du Graal (Perlesvaus)* », *Le Moyen Âge*, CVIII (2002/1), p. 43-60. À l'exception des jeunes chevaliers gallois à la fin du roman, Gauvain est toutefois le seul personnage du *Perlesvaus* à approcher d'aussi près la vision contemplative.
[34] *HLG*, p. 222, l. 29-32.

[35] Sur l'importance du rite et du dogme eucharistiques dans le *Perlesvaus*, voir William Roach, « Eucharistic tradition in the *Perlesvaus* », *Zeitschrift für romanische Philologie* LIX (1939), p. 10-56. Sur les *mostrances* des mystères de la foi, on consultera plus particulièrement J.-R. Valette, *La Pensée du Graal*, *op. cit.*, p. 532-554.

[36] Sur le rapport du Graal à la cloche qui occupe une position symétrique à celle du calice, voir Anne Berthelot, « Les cloches dans le *Perlesvaus* ou le Graal à l'origine du temps », dans Fabienne Pomel (dir.), *Cloches et horloges dans les textes médiévaux*, Presses Universitaires de Rennes, 2012, p. 207-217.

[37] *HLG*, p. 344, l. 22-23.

[38] Comme le rappelle la Demoiselle Chauve à la cour d'Arthur, *Terre Gaste* et corps malade sont la double conséquence de ce silence : « Ceste langor li est venue por celui qu'il herberja en son osteil, a qui li saintismes Greaus s'aparut ; por ço que cil ne volt demander qui on servoit, totes les terres en furent commeües de guerre ; chevaliers n'encontra ainc puis autre en forest ne en lande ou il n'eüst content d'armes sanz raisnable ocoison », *ibid.*, p. 184, l. 10-15.

[39] « Il avoit deriere le chastel un flum, ce tesmoigne li estores, par coi tos li biens venoit el chastel ; icil flums estoit molt biaus et molt plentieus. Josephes nos tesmoigne que il venoit de Paradis terrestre et avironoit tot le chastel […], mais tot la ou il s'espandoit estoit la grant plenté de toz les biens », *ibid.*, p. 788, l. 3-10.

[40] Malgré la question que pose par la suite Gauvain au *provoire* du Château de l'Enquête, aucune réponse n'est apportée dans le roman à ce sujet et l'*ymage* mouvante de la fontaine reste, à l'échelle du roman, une énigme non résolue.

[41] *HLG*, p. 306, l. 5-6.

[42] *Ibid.*, p. 306, l. 24-26.

[43] Le merveilleux de l'épisode repose partiellement sur un traitement féerique et profane proche de celui des coupes d'or et du puits des fées de l'*Élucidation*. Voir H. Bouget, *Écritures de l'énigme…*, *op. cit.*, p. 235.

[44] *HLG*, p. 314, l. 7-13.

[45] Voir aussi sur ce point Francis Dubost, *Aspects fantastiques de la littérature narrative médiévale (XIIe-XIIIe siècles), L'Autre, L'Ailleurs et L'Autrefois*, Paris, Champion, 2 vol., 1991, t. II, p. 783.

[46] Comme l'indiquent les lignes d'ouverture du manuscrit : « Li estoires du saintisme vessel que on apele Graal, o quel li precieus sans au Sauveeur fu receüz au jor qu'il fu crucefiez por le pueple rachater d'enfer » (*HLG*, p. 126, l. 1-3).

[47] *Ibid.*, p. 670, l. 6-9.

[48] Armand Strubel, « *Conjointure* et *senefiance* dans le *Perlesvaus* : les apories du roman-parabole », dans F. Gingras, F. Laurent, F. Le Nan et J.-R. Valette (dir.), *Furent les merveilles pruvees et les aventures truvees. Hommage à Francis Dubost*, Paris, Champion, 2005, p. 615.

[49] Voir *supra*, note 46.

Le *Perlesvaus* et l'ornementation

Le *Perlesvaus*, a-t-on dit, est un roman « sauvage » qui développe « une véritable poétique de la cruauté, fondée sur des images obsédantes [...] et des fantasmes barbares[1] ». Toutefois, dans le même temps et à la faveur d'une surprenante « dualité de tons[2] » qui a elle aussi été soulignée, le roman se distingue par le soin qu'il accorde à l'ornementation des objets et des décors. C'est de cette thématique que nous voudrions partir : le fait qu'un *Haut Livre* se caractérise par sa prolifération décorative engage au moins deux questions.

— D'une part, quel est le lien entre cet *ornatus* et la construction des lieux du sacré[3] ? Ne faut-il pas voir dans la « description ornée » la modalité par laquelle le roman dessine un territoire *autre*, seul susceptible de convenir pour l'épiphanie graalienne ?

— D'autre part (et, en réalité, comme nous espérons le montrer, cette deuxième interrogation englobe en partie la première), quel est le rapport entre ce traitement de l'espace et des objets et la « qualité stylistique » du roman ? Faut-il là encore parler d'une ornementation, stylistique cette fois, pour saisir ce que, à la suite des analyses de Jean-René Valette, on peut appeler la *hautece* de ce livre ? Cette question est largement inspirée par les analyses de Michel Zink qui, comparant des textes latins de Bernard de Clairvaux à des textes en langue vernaculaire dont le propos est fort proche, montre que, contrairement à ce qu'on pourrait peut-être attendre, le passage à la littérature romane et romanesque correspond à une raréfaction des figures et, plus largement, à une atténuation de l'ornementation stylistique[4]. Sur ce problème de la qualité du style des romans du Graal, le *Perlesvaus* peut constituer un premier poste d'observation, lui qui précisément ne cesse d'exhiber la beauté ornée sous toutes ses formes.

On le voit, avec cette thématique, l'enjeu au fond est celui de la construction de la *valeur* : l'*ornatus* peut-il être considéré comme un critère de distinction – comme ce qui distingue aussi bien les différentes composantes de l'« univers » du *Haut Livre* que le style employé pour les décrire ? À l'horizon de cette enquête, se trouve donc cette question du style, point sur lequel nous ne pourrons proposer, dans le cadre de ce travail, que quelques pistes.

Le monde orné du *Perlesvaus*

Nous voudrions commencer par un constat simple : le monde du *Perlesvaus* est un monde orné. Le roman aime à décrire longuement les objets produits par le travail d'un *artifex* : ceux-ci se caractérisent par une saturation de gemmes et de pierres précieuses, par le raffinement du travail d'orfèvrerie et par le luxe des tissus. Les quelques exemples qui suivent sont significatifs en ce qu'ils concernent des objets divers.

On peut d'abord penser à l'épée qui a décapité Jean-Baptiste[5] : son fourreau et son pommeau sont sertis de pierres précieuses, ses courroies sont de soie avec des boutons d'or, sa lame merveilleuse elle-même est assimilée à une émeraude par le biais d'une comparaison. Même si cette arme trouve sa place dans une véritable collection d'épées graaliennes qui, dans différents romans, sont toutes richement ornées, celle du *Perlevaus* semble être une de celles dont les caractéristiques objectives sont les plus précises[6]. Elle est, en réalité, à l'image de tous les objets qui composent le monde du *Haut Livre* : leur beauté tient à ce que la langue médiévale appelle leur *richesse*. C'est en effet une des spécificités du lexique esthétique du roman que d'employer aussi bien l'adjectif *bel*, de très haute fréquence dans les textes contemporains, que l'adjectif *riche* qui signale une beauté non pas naturelle mais résultant d'un travail d'ornementation[7].

De manière révélatrice d'ailleurs, on ne trouve guère de portrait féminin qui corresponde au canon descriptif le plus courant[8]. Plus que sur la blancheur du teint de la demoiselle ou sur le dessin de ses sourcils, le texte insiste sur les différents éléments de sa parure, ce que montre l'arrivée des trois demoiselles du Char[9]. Ce triple portrait, qui multiplie les entorses par rapport à la tradition de la *descriptio puellæ*, s'en distingue notamment en ce qu'il décrit essentiellement les atours des personnages : la beauté, perfectible, de ces figures tient à la *richesse* des vêtements, de la coiffure et de la monture.

De même et peut-être plus encore que l'épée de Jean-Baptiste ou que les portraits féminins, les décors (châteaux et chapelles) se caractérisent souvent par leur saturation ornementale. À l'instar du Château du Graal[10] ou encore de la chapelle de la Demoiselle Orgueilleuse[11], la splendeur de l'or et des pierres resplendit partout, les étoffes les plus précieuses sont profuses et multiples sont les objets délicatement orfévrés. Pour reprendre les mots du texte, en ces lieux, tout est *biauté* et *richoise* (p. 340-342), les différents éléments de ces décors sont *tot ovré[s]* (p. 258).

Néanmoins, si cette propension à l'ornementation visible dans le *Perlesvaus* semble notable par rapport à plusieurs romans du Graal[12], il ne faut pas non plus en exagérer la singularité.

Ainsi, on pourrait montrer que le *Haut Livre* exploite en réalité certaines des possibilités contenues dans les arts poétiques latins : ces traités accordent en effet une place de choix à la *descriptio*, un des procédés de l'amplification[13] ; ils soulignent également la valeur esthétique de l'or et des autres matériaux précieux[14] et, plus largement, les critères objectifs de beauté qu'ils définissent sont semblables à ceux du roman. La différence principale concerne la nature de ce qui est beau : par rapport à ces traités où les objets esthétiques sont avant tout la jeune fille et le *locus amoenus*, le texte vernaculaire semble étendre le champ des *beles choses* puisqu'il y intègre les objets ainsi que les composantes de l'architecture[15].

Or, sur cet aspect précisément, le *Haut Livre* peut être mis en relation avec un corpus de langue romane : les romans d'Antiquité. Dans ces récits, les longs développements descriptifs exhibent la somptuosité des œuvres de l'homme, qu'il s'agisse des tentes[16], des armes, des villes ou des châteaux. Le *locus amoenus* y est recouvert « d'or et de gemmes[17] » : il devient un lieu « orfévré » selon un mot de Valérie Gontero qui pourrait aussi s'appliquer au *Perlesvaus*. La parenté avec ces textes est plus patente encore si on examine le soin que le *Livre du Graal* apporte à la peinture des tombeaux, qui constitue un véritable « motif descriptif » dans les romans d'Antiquité[18]. Dans le récit en prose, la sépulture semble bien être également l'objet esthétique par excellence : la tombe placée à l'entrée du Château de la Veuve Dame[19], le cercueil du Roi Pêcheur[20], ceux qui se trouvent sur l'Île aux tombeaux, tous se caractérisent par la richesse et le raffinement de leur ornementation. C'est le cas aussi de la chapelle d'Avalon dans laquelle la reine Guenièvre repose[21]. Outre les tombeaux, on pourrait également penser à certains dispositifs visuels et décoratifs qui peuvent être rapprochés de ces romans en vers : le tonneau de verre dans lequel un énigmatique chevalier est retenu pourrait rappeler le goût de ces textes pour les surfaces transparentes et les « verrine[s][22] ». De même, la chaîne d'or à laquelle est suspendue une couronne et que Perlesvaus contemple présente plusieurs points communs avec la chaîne qui orne le tombeau de Camille dans le *Roman d'Enéas*[23].

Ces quelques exemples en témoignent, il y a en apparence une relative proximité entre la tendance à l'ornementation des romans d'Antiquité et celle du *Perlesvaus*. Il serait possible de replacer cette caractéristique du roman en prose dans le cadre de la conception la plus communément admise de l'évolution de l'écriture romanesque. Plusieurs études ont ainsi montré que les longs développements descriptifs, fort nombreux dans les romans antiques, se font plus rares avec Chrétien de Troyes[24] ; le roman en prose, au début du XIIIe siècle, ne fait que prolonger ce mouvement : quelques notations topiques suffisent le plus souvent pour signaler la magnificence d'un lieu ou d'un objet. Comment comprendre dès lors la prolifération des *choses ornées* dans le *Perlesvaus* ? Faut-il inscrire ce texte dans une tradition antique autant que dans une tradition graalienne ? Cette interprétation semble d'autant plus excessive que, si le *Haut Livre*, comme les romans d'Antiquité, exhibe une « richesse [qu'on a pu qualifier de] baroque[25] », les décorations qui sont décrites ne sont pas exactement les mêmes. Deux différences s'imposent d'emblée :
— La première, sans doute la plus évidente, concerne la nature de ces ornements. Alors que les romans antiques peignent un univers sans transcendance chrétienne, les embellissements du *Perlesvaus* distinguent essentiellement des objets et des espaces « sacrés » : reliques, instruments liturgiques, lieux de la théophanie... On ne peut donc pas, semble-t-il, attribuer à cet *ornatus* la même signification que dans les romans en vers : par la peinture d'un cadre raffiné et

parfaitement travaillé par la main de l'homme, ceux-ci dessineraient un univers pleinement (et exclusivement) courtois et aristocratique[26].

— La deuxième différence a trait à l'écriture descriptive elle-même : moins systématiques tout de même que dans les romans d'Antiquité, les descriptions, surtout, ne cultivent guère l'*ekphrasis* qui est pourtant particulièrement privilégiée dans les textes en vers. De ce point de vue, on pourrait distinguer deux types de description : d'une part, la description des œuvres figuratives, qui s'attache à rendre compte du contenu représentatif d'un objet par exemple ; d'autre part celle qui est ornementale, c'est-à-dire celle qui signale que l'objet est décoré – sans que la description de cette décoration elle-même ressortisse à un jeu de mise en abyme. Le *Perlesvaus* correspondrait plutôt à cette deuxième orientation : dans ce roman, le travail opéré sur les objets et les lieux sert, semble-t-il, une finalité essentiellement ornementale.

De ces quelques constats, il ressort que les décorations qui ornent le monde de l'œuvre en prose n'ont rien d'une évidence. Bien plus, s'il ne convient pas de toujours lire ce texte à la lumière de la *Queste*, on peut toutefois rappeler que cet autre roman graalien du premier tiers du XIIIe siècle propose un traitement des objets et des décors bien différent. Dès lors, après cette position du problème de l'ornementation à partir de quelques textes en langue vernaculaire et selon l'esprit de cet ouvrage, nous voudrions essayer d'examiner cette question en modifiant légèrement la perspective.

Une haute *matiere* et des « attributs » ornés

Deux textes de Suger, dont l'importance pour l'histoire des idées a été soulignée[27], abordent cette thématique de l'ornementation à propos de l'embellissement de l'église abbatiale de Saint-Denis, dans un contexte marqué par « une importante controverse monastique sur la signification et la portée religieuse de l'art et des images[28] ». Les quelques éléments qui seront rappelés ici ne sont pas destinés à repérer une source du *Perlesvaus*, ni même un rapport d'influence entre un milieu spirituel et le roman[29]. Par le recours à cet auteur, il s'agira surtout montrer que, dans la conjoncture du Moyen Âge central, l'*ornatus* peut constituer une réponse à la question de la spatialisation du sacré mais que, pour autant, cette réponse ne s'énonce pas dans les mêmes termes dans le discours clérical et dans le texte de langue romane.

Par rapport aux deux caractéristiques du *Perlesvaus* qui viennent d'être évoquées, la réflexion de Suger présente un double intérêt. D'une part, elle montre qu'un « art religieux » est légitime, pour les laïcs comme pour les clercs. Parce que cette justification inscrit d'abord l'ornementation dans l'espace liturgique, le rapprochement avec les décorations romanesques peut, au premier abord, paraître plus aisé : celles-ci, rappelons-le, se distinguent des embellissements des romans d'Antiquité par leur indexation au sacré. D'autre part, selon les analyses de Jean-Claude Bonne, l'originalité de Suger tient à ce qu'il ne se contente pas d'admettre et de valoriser l'iconographique (les représentations de scènes sacrées par exemple), il promeut également les « valeurs d'ornementalité » en tant que telles, il donne raison de l'ornemental proprement dit qui « n'appelle pas en lui-même un sens ou la constitution d'un savoir » et qui « ne représente pas[30] ». Là encore, nous retrouvons un élément déjà mentionné à propos du *Perlesvaus*.

Rappelons donc quelques points bien connus de la pensée de Suger. Maître d'œuvre d'une réalisation qui présente de nombreuses similitudes avec les descriptions du *Perlesvaus*[31], l'abbé de Saint-Denis rend compte de cette recherche de somptuosité qui définit son programme artistique en avançant notamment un argument :

> Les objets de plus grande valeur, les plus précieux, doivent avant tout servir à l'administration de la très sainte Eucharistie. Si des vases à libation en or, des fioles d'or, de petits mortiers en or servaient, suivant la parole de Dieu ou l'ordre du Prophète, à recueillir le sang des boucs, des veaux ou de la vache rousse, combien plus les vases d'or, les pierres précieuses et tout ce qu'il y a de plus cher parmi les choses créées doivent-ils servir à recueillir le sang de Jésus-Christ dans un service continuel et une totale dévotion[32].

On pourrait peut-être reconnaître là ce principe de *convenance* qui, dans des domaines fort divers, régit souvent les systèmes de relations[33] : au plus précieux des mystères, ce sont les ornements les plus précieux qui conviennent. La suite du passage confirmerait cette hypothèse : revenant sur la position de ceux qui, à l'instar de Bernard de Clairvaux, réclament comme seule parure pour le service divin la pureté du cœur, Suger leur répond en étendant ce principe de *convenance* aux deux pôles que constituent l'intérieur et l'extérieur :

> Mais par les ornements extérieurs des vases sacrés *aussi* nous proclamons ne devoir nous mettre au service de rien au monde autant qu'à celui du Saint Sacrifice, *dans toute la pureté intérieure, dans toute la noblesse extérieure*, car il nous faut en tout, universellement, servir de la manière la plus *convenable* notre Rédempteur[34].

L'administration *convenable* du service divin, en raison de la grandeur du mystère, conjuguerait donc selon Suger la beauté intérieure et la beauté extérieure, la pureté des âmes et la splendeur des ornements liturgiques. En d'autres termes, la décoration serait la parure adéquate de l'« objet » qui est célébré.

Sans qu'il soit nécessaire d'établir un lien causal entre la réflexion de l'abbé et le roman, ce principe pourrait peut-être contribuer à expliquer le traitement de l'ornement dans le *Perlesvaus*. Le livre se définit d'emblée comme

> li estoires du *saintisme vessel* que on apele Graal, o quel li *precius sans* au Sauveeur fu receüz au jor qu'il fu crucefiez (éd. cit., p. 126).

Tout se passe comme si ce *precius sans* de la Passion, qui sanctifie immédiatement le *vessel* qui l'a contenu (*saintisme vessel*), commandait une « esthétique » tout ornementale : au plan lexical, l'adjectif *precius*, à travers la mention des pierres, se retrouve dans pratiquement toutes les descriptions décoratives qui ponctuent le roman. Le *Livre du Graal* est avant tout un *Haut Livre* en raison de la sacralité de son objet[35] : on pourrait alors faire l'hypothèse que cette *hautece* exige une série de décors et une collection d'objets qui lui *correspondent*, c'est-à-dire qui soient précieux ou ornés.

Sans qu'on cherche à réduire toutes les descriptions ornementales du roman à cette explication, celle-ci semble pouvoir constituer une piste pour comprendre, par exemple, le système d'oppositions entre différents types de lieux. D'un côté, les héros traversent des régions dévastées et *gastées* ; de l'autre, ils pénètrent dans des édifices somptueux et magnifiquement orfévrés. Cette binarité géographique, esthétique et éthique est comme mise en scène dans l'organisation spatiale de la grande salle du Château des Cors : des parties supérieures descend une couronne d'or, destinée au roi de l'Île d'Abondance, tandis que dans une fosse souterraine se laisse deviner une région « hideusse a vooir » (p. 1004) qui, elle, correspond à l'*Ille Souffraitouse*. Or on peut noter que, dans la plupart des cas, au sein de cet espace polarisé, les *riches* décors et les objets finement travaillés sont reliés au Graal, qu'il s'agisse de reliques, comme la couronne d'or, ou qu'il s'agisse d'espaces réservés à la théophanie comme la fontaine magique ou le Château du Roi Pêcheur[36].

On peut alors proposer de voir dans cette représentation romanesque de l'*ornatus* un principe « esthétique » conforme à l'objet graalien qui est au fondement de l'*estoire*. Les ornements précieux seraient les attributs convenant à la *hautece* du *vessel*. Sous ce rapport, la multiplication des embellissements qui envahissent l'espace de la diégèse serait à relier au problème de la construction du sacré.

Cette construction, cependant, ne procède pas comme chez Suger d'une mise en scène de l'acte d'ornementation dans un lieu qui est investi par le sacré grâce à la référence vétéro-testamentaire[37]. Rares sont d'ailleurs dans le *Perlesvaus* les précisions concernant l'*artifex* ou les moments de la « fabrication ». Quelles sont alors les modalités de cet embellissement, qui participerait aussi à un processus d'enracinement du sacré dans certains lieux romanesques ?

Une nouvelle fois, le récit de Suger servira de point de départ. Dans ce discours ecclésiastique, l'ornementation de l'abbaye résulte d'une double circulation. Au plan vertical, la décoration du cadre liturgique et des objets du service constitue une réponse à un don divin antérieur, don de beauté, offert aux hommes. Il s'agit alors pour Suger de « rendre [ce] don avec usure, en surenchérissant sur la beauté naturelle des choses les plus précieuses[38] ». On distingue donc un premier système d'échange, entre la sphère divine et la sphère des hommes. Au plan horizontal, pourrions-nous dire, un deuxième mode de circulation, mis en valeur par Éléonore Andrieu, vient s'ajouter au premier. L'espace de l'église apparaît comme un lieu centrifuge qui attire, notamment, des richesses extérieures et laïques et qui, en participant à l'esthétisation de l'église, subissent une véritable transformation : elles sont pour ainsi dire sacralisées et, plus encore, elles contribuent à accroître la sacralité du lieu. Ce dispositif, explique la médiéviste, révèle un réseau de pouvoirs ainsi qu'un système hiérachisé au sein duquel l'ordre des laïcs et même la figure royale sont instrumentalisés par le moine bâtisseur[39].

Or dans le *Perlesvaus* certains objets ornés (significativement, les reliques) participent également d'un système d'échange et s'inscrivent dans un itinéraire comparable par certains aspects à ce qui vient d'être évoqué. Dans les deux cas, l'*ornatus* participe, semble-t-il, de la constitution de lieux comme pôles de sacralité. Néanmoins, la réponse que le roman apporte diffère en partie de celle de Suger : elle s'en distingue notamment par l'identité du personnel engagé dans cette opération et par la nature du rapport que ces personnages entretiennent avec les objets ornés.

Dans le récit de langue romane, le processus d'ornementation proprement dit se déroule dans le temps de l'histoire, à partir du moment fondateur qu'est la Passion[40]. Pour deux reliques en particulier, le texte mentionne un acte de transformation, renvoyé au passé de la diégèse : la pierre qui orne le pommeau de l'épée de Jean-Baptiste a été sertie sur l'ordre d'« uns haus emperere de Rome » (p. 310). De même, le Cercle d'Or n'est autre que la « corone d'espines [...] que li Sauverre del mont out en son chief quant il fu mis en la croiz » (p. 536) et c'est la reine du Château du Cercle d'Or qui l'a fait sertir dans l'or et les pierres précieuses. Dans le temps des aventures, pourtant, ce sont bien les bons chevaliers qui assurent, non pas la construction d'un magnifique édifice, mais la prise de possession des objets et des espaces ornés. On pourrait le montrer avec la conquête du Château du Graal ou avec l'itinéraire, complexe, du Cercle d'Or qui finit par rejoindre les autres ornements sacrés. Nous rappellerons plutôt brièvement l'histoire de l'épée de Jean-Baptiste, peut-être plus à même encore de révéler, d'une part, quelle est la nature du système d'échange dans lequel elle est engagée, d'autre part, en quoi la « maîtrise » d'une précieuse relique, dans le *Perlesvaus*, est le privilège du chevalier[41]. Là aussi, en effet, l'appropriation de l'objet s'inscrit dans un échange de dons ; simplement, Gauvain obtient l'épée comme prix de sa prouesse : la victoire contre un horrible géant lui permet de recevoir le *guerredon* (p. 314) promis par le roi Gurgaran. Comme ailleurs avec les différents épisodes de conquête, c'est bien l'activité distinctive du chevalier qui, seule, autorise la possession de ce qui est *riche* : en un sens, le *Perlesvaus* ne peut faire des *furta sacra*[42] des moyens légitimes d'appropriation des reliques ; ce serait ôter au personnel chevaleresque sa prérogative (l'appropriation par la prouesse). Le texte le dit d'ailleurs en un autre endroit : le bon chevalier est celui qui pourra « *conqu[erre]* si *hautes* reliques conme est li cercles d'or » (p. 538).

Bien plus, il semble que face au Roi du Guet et au bourgeois, Gauvain soit le seul à percevoir en quoi consiste la valeur de la relique ornée. Les deux autres essaient de la voler, le premier pour la mettre dans son trésor, le second pour la placer dans son église. Lors de sa première rencontre avec Gauvain, c'est d'ailleurs en échange d'un cheval de prix que le bourgeois avait obtenu du neveu d'Arthur la promesse de revenir auprès de lui[43]. Avec ces deux personnages, tout se passe comme si la relique orfévrée possédait presque une valeur marchande – peut-être pourrait-on aller jusqu'à dire que le Roi du Guet notamment ne reconnaît pas que l'ornementation n'est que le *signe* de la valeur de l'objet et non sa valeur. Gauvain, quant à lui, nous paraît en l'occurrence représenter un modèle du bon rapport à l'*ornatus* : s'il s'empare de cet objet dont l'éminence est consacrée par le travail d'orfèvrerie, c'est non pas pour le posséder mais pour le rendre à l'espace du sacré qu'est le Château du Roi Pêcheur.

Cet exemple montrerait que, dans le *Perlesvaus*, c'est au chevalier (et non à un abbé bâtisseur) que revient le soin de rassembler les objets précieux et, plus largement, de (re)conquérir des espaces dont l'ornementation signale le lien avec le divin. Le récit de Suger, qui permet surtout de fournir un point de comparaison, révèlerait donc un double déplacement. Celui-ci concerne à la fois le type de personnage qui se rend « maître » des ornements et les modalités de l'action sur ces ornements : l'attraction des objets précieux par la vertu de l'autel dans le cas de Suger, la conquête et la prouesse chevaleresques dans l'autre cas.

De ces quelques développements autour de la manière dont la construction et la délimitation d'un espace sacré s'articulent à la question de l'ornementation, une constellation d'éléments se dégage :
— La *matiere* du *Perlesvaus* est une *haute matiere*, c'est le Graal.
— À cette matière correspond un ensemble d'objets dont la richesse orfévrée semble bien être la caractéristique *adéquate*.
— À cette matière convient également une série de lieux : les *riches* chapelles et châteaux.
— Lui correspond enfin un type de personnage : le bon chevalier.

On reconnaît là les différents critères constitutifs de la définition matérielle du style, selon laquelle la matière commande la nature des attributs qui lui sont associés. De ce fait, à l'horizon de la question de l'ornementation, c'est bien le problème du style qui se pose.

L'ornementation stylistique *vs* le haut style ? Quelques préalables à la question du style

Sur la nature du style du *Perlesvaus*, moins encore qu'ailleurs, nous ne voudrions proposer des réponses définitives. Nous nous contenterons donc ici de présenter quelques-uns des problèmes que cette notion semble poser[44]. Avant toute chose, nous parlerons du style non pas selon sa définition moderne[45] mais selon sa conception médiévale. Au Moyen Âge, ce qui domine, c'est un idéal d'adéquation entre le style et le sujet traité : en d'autres termes, la *materia* commande les choix stylistiques[46], ce que montre particulièrement, chez Jean de Garlande, la roue de Virgile. La matière, en effet, et plus particulièrement encore, la valeur des personnages dans la hiérarchie sociale, est le critère qui régit tous les autres. Au *miles* ou au *dominans* convient un ensemble d'éléments : des attributs comme le *gladius* ou l'*equus*, des lieux (l'*urbs* ou le *castrum*), etc. ; cette matière, surtout, convoque un style, le *gravis stilus*[47].

Si l'application de ce modèle à la littérature vernaculaire a longtemps posé problème[48], Richard Trachsler notamment a expliqué en quoi il pouvait être retenu pour penser l'organisation du corpus narratif français. Ainsi de la matière de Bretagne, dont les « marqueurs » les plus nets sont les personnages d'Arthur et de Gauvain[49]. Dans le *Perlesvaus*, la valeur éthique des protagonistes (qui est le fondement de ce système) est plus soulignée encore : les chevaliers arthuriens, conduits par Perlesvaus, sont de *bons* chevaliers ou des chevaliers du Graal. De même, l'ornementation des attributs et des lieux signale leur excellence. En d'autres termes, l'identité des personnages et les caractéristiques du chronotope ne laisseraient aucun doute sur la position de cette *materia* dans la hiérarchie des matières. On peut donc corollairement poser à titre de postulat (et nous nous permettons d'insister sur ce statut) que le style du *Perlesvaus* est un *haut style*. Irait en ce sens la désignation récurrente de l'œuvre comme un *Haut Livre* : l'adjectif pourrait être compris comme un signe de la grandeur de la matière romanesque, et donc de son style.

Mais quelles seraient en ce cas les déterminations objectives et formelles de ce *haut style* ? Par cette question, le problème du style rencontre la thématique de l'ornementation : est-il possible d'identifier le *haut style* à ce qu'on pourrait appeler le style orné ? Autrement dit, est-ce que, en vertu de ce principe de *convenance* déjà évoqué, les multiples décorations qui envahissent le cadre spatial du *Perlesvaus* « correspondent » à un *ornatus* stylistique ?

Les développements des arts poétiques pourraient inciter à suivre cette voie, eux qui, tout en recensant les différents procédés de l'*ornatus facilis* et de l'*ornatus difficilis*, identifient à maintes reprises l'embellissement stylistique à celui qu'apporterait une pierre précieuse[50]. De même et tout aussi fréquemment, ces traités associent celui qui compose à la figure de l'*artifex* : il s'agit pour lui de ciseler les phrases, de les modeler, etc. Cette piste, dans tous les cas, ne peut pas être exclue d'emblée : lorsqu'il peint dans le détail les ornements « architecturaux » du cadre romanesque, le texte recourt à la *descriptio*, un des procédés de l'amplification destiné, comme les autres, à *rehausser* la *materia*.

Mais s'il en va bien, dans une certaine mesure, de l'embellissement de cette matière, il ne s'agit pas exactement d'une des modalités de l'*ornatus* stylistique, lequel ressortit à l'*elocutio* et non, comme ici, à l'*inventio*[51]. Au demeurant, comme le rappelle Jean-Yves Tilliette à partir du traité de Geoffroy de Vinsauf, l'*ornatus difficilis* ne recouvre pas le *gravis stilus*[52]. Il semble même qu'on toucherait là une véritable différence quant à la définition du style. Le *stilus* dans la roue de Virgile, par exemple, ressortit à ce qu'on pourrait appeler une stylistique *thématique*, qui relève de la topique et de l'invention : ce style procède d'un ensemble de personnages, d'attributs, de lieux. Ce que nous avons tendance à appeler *style*, au contraire, correspondrait plutôt à une stylistique *formelle*, qui s'inscrirait dans l'ancienne *elocutio* : elle pourrait, un peu grossièrement sans doute, être comprise comme l'étude des tropes et des figures[53]. Autrement dit, pour séduisante qu'elle soit, l'hypothèse selon laquelle l'ornementation « concrète » du *Perlesvaus* correspond à ou même détermine une ornementation stylistique ne s'impose pas si on considère les arts poétiques médiévaux. Elle ne s'impose pas non plus si on compare l'emploi des procédés de l'*ornatus* dans les romans antiques et dans le *Perlesvaus* ou même la *Queste*[54]. Si, dans les premiers, la description des objets produits par l'*artifex* donne lieu à une multiplication de figures, tel n'est pas le cas dans les deux romans en prose. Bien au contraire, la confrontation avec les romans en vers met plutôt en évidence la rareté des figures dans ces deux *Hauts Livres*.

Nous voudrions donc plutôt privilégier une autre hypothèse : si le *Perlesvaus* se distingue bien par son *haut style*, celui-ci ne consiste pas en une écriture ornée. On trouve en revanche dans le prologue du roman différents éléments qui ne sont pas sans faire écho au *sermo humilis*, particulièrement étudié par Erich Auerbach dans un livre qui, dans sa traduction française, est significativement intitulé *Le Haut Langage*[55]. Il y explique que le christianisme introduit dans la théorie antique de la tripartition stylistique une révolution sans précédent : un propos (la Révélation chrétienne) dont la hauteur n'a jamais été égalée est tenu par le plus bas des hommes, il est adressé aux plus humbles et il est dit avec les mots les plus simples. Le principe sur lequel reposait toute la rhétorique antique (la coïncidence entre le sujet et la forme d'expression) s'en trouve complètement remis en cause. Il est désormais un *sermo humilis* ou *vilis* dont la matière est la plus grande qui soit. On pourrait parler en ce sens d'une véritable conversion à la fois éthique et esthétique du style bas de l'Antiquité : « le *sermo humilis* [est devenu] [une des] forme[s] chrétienne[s] du sublime[56] » et a ainsi acquis une incommensurable dignité. Or, selon Erich Auerbach, la « catégorie du *sermo humilis*[57] », avec cette fusion inédite du haut et du bas, du grand et du petit, représente un paradigme valable pour toute la période médiévale[58], et notamment pour la littérature vernaculaire[59].

Précisément, tout le début du *Perlesvaus* est parcouru par des jeux d'antonymie qui opposent ce qui est *précieux* à ce qui est *vil*.

> Li estoires du saintisme vessel que on apele Graal, o quel li precieus sans au Sauveeur fu receüz au jor qu'il fu crucefiez por le pueple rachater d'enfer : Josephes le mist en remenbrance par la mencion de la voiz d'un angle, por ce que la veritez fust seüe par son escrit e par son tesmoignage, de chevaliers e de preudomes, coment il voldrent soffrir painne e travaill de la loi Jhesu Crist essaucier, que il volst renoveler par sa mort e par son crucefiement.
> Li hauz livres du Graal commence o non du Pere e du Fill e du Saint Esperit. Cez trois persones sont une sustance, e cele sustance si est Dex, e de Dieu si muet li hauz contes du Graal ; e tuit cil qui l'oent le dovent entendre, e oblier totes les vilenies qu'il ont en leur cuers, car il iert molt porfitables a toz cex qui de cuer l'orront. Por les preudomes e por les buens chevaliers dont on orra ramentevoir les fez, Josephes nos raconte cest saint estoire por le lignage d'un buen chevalier qui fu aprés le crucefiement Nostre Seigneur. [...] Buens chevalier fu il par droit, car il fu du lignage Joseph d'Arimacie. Cil Joseph fu oncles sa mere, qui ot esté soudoiers Pilate .vii. anz ; ne ne demanda guerredon de son service autre que le cors au Sauveeur despendre de la croiz. Li dons li sanbla estre molt granz qant il li fu otroiez, e li guerredons sanbla estre molt petiz a Pilate, car Joseph l'avoit molt bien servi, e s'il li eüst demandé ne or ne terre ne avoir, il li eüst volentiers doné. E por ce li fist Pilates le don du cors au Sauveeur, qu'il cuida qu'il le deüst vilainement trainer parmi la cité de Jerusalem qant il l'eüst osté de la croiz, e lessier le cors hors de la cité en aucun vilain leu ; mes li buens soudoiers n'en ot talent, ainz ennora le cors au plus qu'il pot e cocha o saint monument, e garda la lance, de coi il fu feruz o costé, e le saintisme vessel, en coi cil qui le creoient pooureusement recueillirent le sanc qui decoroit de ses plaies qant il fu mis en la croiz[60].

D'un côté : le *saintisme vessel*, le *precieus sans*, le *hauz livres*, le *hauz contes*, la *sainte estoire*, le *grant don* ; de l'autre : le *petit don* ou le *vilain leu*. On retrouve là certains des adjectifs qui, en latin, désignent la place hiérarchique des différents styles : le *sermo* peut être dit *altus, grandis* ou à l'inverse *vilis*. Le passage sur la valeur du cadeau fait par Pilate à Joseph est plus révélateur encore : « li dons li sanbla estre molt *granz* qant il li fu otroiez, e li guerredons sanbla estre molt *petiz* a Pilate ». Autour du corps du Christ, on assiste bien à un véritable « renversement éthique » : ce qui est petit en apparence est grand en réalité. Précisément, lorsqu'il définit ce qu'il appelle « l'ensemble conceptuel [...] du motif chrétien[61] » du *sermo humilis*, Erich Auerbach rappelle le caractère fondamental de l'Incarnation et de la Passion. Le bouleversement stylistique que provoque le christianisme procède d'un bouleversement d'une autre nature et bien plus important encore : l'Incarnation, acte par lequel Dieu se fait homme, et même le plus petit des hommes. Le *sermo humilis*, explique le critique allemand, met dès lors en avant la corporéité du Christ, sa présence sur terre et sa Passion. Le *Perlesvaus* ne fait pas autre chose : outre sa position inaugurale, le rappel de la mort du Christ est un événement doublement fondateur puisqu'il institue le Graal comme relique sacrée et qu'il marque l'origine du lignage du héros. Pour reprendre les catégories évoquées dans la partie précédente, ce sont tout à la fois la *matiere* du livre et son personnage qui se trouvent ainsi rattachés à la Passion. Cet événement central du christianisme est d'ailleurs explicitement désigné comme une *humiliation* à travers les propos d'un ermite : le Sauveur du monde, le seul pourtant qui pouvait dominer les hommes, les bêtes et les oiseaux, « nasqui en la viés loi et fu circuncis, [et il] s'*umilia* vers tot le mont » (p. 332). Tel est, dans cette Incarnation-humiliation, le principe même de cette inversion stylistique dont nous croyons percevoir la trace dans le *Perlesvaus*. Si l'écriture, dans ce roman, semble bien peu ornée comparativement aux romans du XIIe siècle, si elle contraste par ailleurs fortement avec le traitement des objets et des décors, c'est peut-être qu'elle se définit par cet écart stylistique qui, non seulement, est compatible avec l'*épistémè* chrétienne, mais qui, bien plus, est déterminé par celle-ci.

En ce sens, dans l'expression *Haut Livre*, qui pourrait référer autant à la *matiere* qu'au style, il faudrait souligner le sème spatial contenu dans l'adjectif : même s'il est ensuite médiatisé par de nombreux relais, ce Livre vient d'en haut : « de Dieu si muet li hauz contes du Graal », annonce d'emblée le prologue. Et celui-ci de préciser également à qui le Livre s'adresse : aux « chevaliers e

[aux] preudomes ». Dans la langue médiévale on le sait, le sens du deuxième substantif n'est pas aisé à circonscrire : le *preudome* est avant tout un homme de valeur. On peut voir, nous semble-t-il, dans cette coordination un simple binôme synonymique. Selon cette hypothèse, le Livre se définirait d'emblée par un immense écart – entre son origine, céleste, et sa destination : des chevaliers, des laïcs de valeur. La translation linguistique irait d'ailleurs en ce sens : ce texte latin (langue qui depuis bien longtemps « a cessé d'être *sermo quotidianus*[62] »), il a fallu le mettre en langue romane. Plus encore, si on en croit les arts poétiques latins et français, dans les représentations, la forme prose – dont le *Perlesvaus* est peut-être l'une des premières réalisations romanesques – a pu être sentie comme participant de cet abaissement stylistique qui définit le *sermo humilis*. Ainsi que le rappelle Francis Gingras reprenant les propos de Geoffroy de Vinsauf, à la différence du vers qui offre une voie étroite et difficile (et de ce fait valorisée), la prose, « publica strata », est un chemin plus large, ouvert au passage des chariots et des charrues[63]. La même idée est présente chez Brunet Latin qui va jusqu'à associer la prose à la « commune parleüre des gens » : « la voie de prose est large et pleniere, si comme est ore la commune parleüre des gens, mais li sentiers de risme est plus estrois et plus fors[64] ». Au début du XIIIe siècle, s'il est une forme qui permette d'évoquer les plus hauts sujets selon une expression qui paraisse des plus basses et des plus communes, c'est peut-être bien la prose romane.

Dès lors, par son lexique (et le jeu des antithèses), par sa référence inaugurale à la Passion, par sa langue et le choix de la prose, par son public et par l'expression de *Haut Livre*, le prologue du *Perlesvaus* convoquerait d'emblée tous les éléments signalant que s'impose pour ce roman de langue française un autre style, un style qui associe à la hauteur du sujet la simplicité de la forme.

Pour conclure, on le voit, ces pistes relatives à l'ornementation dans le *Perlesvaus* conduisent à des résultats peut-être un peu curieux : d'une part, les multiples décorations décrites dans le roman paraissent circonscrire l'espace du sacré et l'instituer comme tel. En ce sens, elles signalent la valeur de l'*objet* Graal et participent de la construction de son éminence. Mais, dans le même temps, la valeur du *Livre* du Graal (et non plus de l'objet) semble attestée par l'absence d'ornementation, stylistique cette fois. Cette étrange combinaison, dans une certaine mesure, correspondrait assez bien à ce roman qui, dans un cadre des plus luxueux, peut offrir à la contemplation d'un personnage l'apparition du Christ souffrant. Dans une même scène : l'image de l'humiliation et la *hautece* d'une vision théophanique... Cette conclusion, dans tous les cas, est avant tout une hypothèse qu'il faudrait mettre à l'épreuve d'études plus approfondies, en suivant deux directions.

— Tout d'abord, il faudrait déterminer si l'écriture du roman possède bien les caractéristiques du *sermo humilis* dont nous avons cru percevoir différents signes dans le prologue. Ce *sermo* qui porte sur une haute matière possède les traits du style bas : il emprunte son vocabulaire et sa syntaxe au langage de tous les jours. De là, il s'agirait de voir dans quelle mesure cette définition peut être vérifiée dans une œuvre romane[65].

— Plus largement, on pourrait se demander dans quel domaine du champ romanesque le *haut style* ainsi défini pourrait être représenté. La tentation est grande, en effet, de voir dans ce style sans ornement une marque distinctive des *Hauts Livres du Graal*. À cet égard, Richard Trachsler souligne l'importance des noms propres dans les prologues médiévaux : le nom d'Arthur ou celui de Gauvain, par exemple, suffisent pour que soit immédiatement identifiée la matière arthurienne. Dans le manuscrit du *Perlesvaus* édité par Nitze, ces marqueurs, selon une stratégie dilatoire, n'apparaissent que dans un second temps. Le texte, avant tout, se donne comme un texte graalien. C'est peut-être qu'au fond, vouloir raconter l'histoire du Graal dans un *Haut Livre* est un événement qui a des implications considérables : il bouleverserait lui aussi certains des principes qui sous-tendent l'écriture narrative de langue romane. Dire le sacré, rattacher le Graal à la Passion, faire des chevaliers à la fois les premiers personnages et les premiers destinataires de cette histoire : voilà un programme qui n'a rien d'évident et qui exige peut-être de penser autrement la définition du style.

Marie-Pascale Halary
Université de Lyon 2
CIHAM

NOTES

[1] Jean-René Valette, « *Perlesvaus* », dans Claude Gauvard, Alain de Libera et Michel Zink (dir.), *Dictionnaire du Moyen Âge*, Paris, PUF, 2002, p. 1075. Sur ce point, voir en particulier Patrick Moran, « La violence du *Perlesvaus* : un défi à la critique ? », dans *Violences médiévales, Questes*, 14, avril 2008, p. 8-21.

[2] Comme le rappelle Thomas E. Kelly, ce qui caractérise le *Perlesvaus*, c'est « an unusual duality of tone [...], a mixture of crudity and refinement which it is rare to find expressed by one author in a single work » (*Le Haut Livre du Graal : Perlesvaus. A structural study*, Genève, Droz, 1974, p. 22).

[3] Sur ce point, parmi une bibliographie abondante, signalons notamment Dominique Iogna-Prat, *La Maison Dieu. Une histoire monumentale de l'Église au Moyen Âge (v. 800 - v. 1200)*, Paris, Seuil, 2006, ainsi que Patrick Henriet, « L'espace comme territoire de Dieu. Conclusion du thème 1 », dans Stéphane Boissellier (dir.), *De l'espace aux territoires. La territorialité des processus sociaux et culturels au Moyen Âge*, Poitiers, Brepols, 2010, p. 185-199.

[4] Michel Zink, « Traduire saint Bernard : quand la parabole devient roman », dans Douglas Kelly (dir.), *The Medieval Opus. Imitation, Rewriting and Transmission in the French Tradition*, Amsterdam/Atlanta, Rodopi, 1996, p. 29-42.

[5] Voir *Le Haut Livre du Graal [Perlesvaus]*, éd. Armand Strubel, Paris, Livre de Poche, « Lettres gothiques », 2007, p. 310 (désormais *HLG*).

[6] Dans *Le Conte du graal*, si la beauté de l'épée offerte à Perceval avant le cortège graalien est soulignée, elle n'est pas motivée par autant de précisions descriptives : tout au plus sait-on que l'arme est « de [...] bon acier » (Chrétien de Troyes, *Le Conte du graal ou le roman de Perceval*, éd. Charles Méla, Paris, Livre de Poche, « Lettres gothiques », 1990, v. 3077), que jamais on n'en vit de plus légère (v. 3086-3087), et que le baudrier et le pommeau sont faits de matières précieuses (v. 3096-3102). Plus nettement encore, les *Estranges Renges* de l'épée de la *Queste* sont « ouvrees d'or et de soie et de cheveux mout richement » (*La Queste del Saint Graal*, éd. Albert Pauphilet, Paris, Champion, 1923, p. 227).

[7] C'est ce que nous avons essayé de montrer dans *La Question de la beauté. Modes d'écriture et modes de pensée dans le discours romanesque du début du XIIIe siècle*, à paraître aux éditions Champion.

[8] Sur cette question du portrait féminin, voir notamment Alice M. Colby, *The Portrait in twelfth-century French literature. An example of the stylistic originality of Chrétien de Troyes*, Genève, Droz, 1965.

[9] *HLG*, p. 180-182.

[10] *Ibid.*, p. 340-344 ainsi que p. 464-466.

[11] *Ibid.*, p. 258.

[12] Qu'il s'agisse par exemple du *Conte du graal* ou de textes en prose comme la *Queste* ou le *Lancelot*.

[13] Voir en particulier Edmond Faral, *Les Arts poétiques du XIIe et du XIIIe siècle. Recherches et documents sur la technique littéraire du Moyen Âge*, Paris,

Champion, 1923 ; Jean-Yves Tilliette, *Des Mots à la parole. Une lecture de la Pœtria nova de Geoffroy de Vinsauf*, Genève, Droz, 2000 ; Danièle James-Raoul, *Chrétien de Troyes, la griffe d'un style*, Paris, Champion, 2007.

[14] Pour un exemple, voir ainsi la fameuse *descriptio Helenæ* proposée par Matthieu de Vendôme (*Ars versificatoria*, dans *Mathei Vindocinensis Opera*, éd. Franco Munari, Roma, Edizioni di Storia e letteratura, « Studi e Testi », 1988, I, 56, 1-30, p. 82-84).

[15] Ces éléments ainsi que ceux qui suivent reprennent rapidement certaines des conclusions et des hypothèses que nous avons proposées dans *La Question de la beauté, op. cit.*

[16] Voir surtout Aimé Petit, « Les premières descriptions de tentes : la tente d'Adrastus dans le *Roman de Thèbes* », dans *La Description au Moyen Âge, Bien dire et bien aprandre*, 11 (1993), p. 303-316, ainsi qu'Emmanuèle Baumgartner, « Peinture et écriture : la description de la tente dans les romans antiques au XIIe siècle », dans *De l'histoire de Troie au livre du Graal. Le temps, le récit (XIIe–XIIIe siècles)*, Orléans, Paradigme, 1994, p. 179-187.

[17] Selon le titre de l'étude que Valérie Gontero consacre à ces romans : *Parures d'or et de gemmes. L'orfèvrerie dans les romans antiques du XIIe siècle*, Aix-en-Provence, Publications de l'Université de Provence, 2002.

[18] Emmanuèle Baumgartner, « Tombeaux pour guerriers et amazones : sur un motif descriptif de l'*Eneas* et du *Roman de Troie* », dans *De l'histoire de Troie au livre du Graal, op. cit.*, p. 189-202.

[19] Cette tombe est décrite à plusieurs reprises. Voir par exemple *HLG*, p. 218-220 ou p. 598-600.

[20] *Ibid.*, p. 786.

[21] *Ibid.*, p. 822-826.

[22] *Le Roman d'Enéas*, éd. Aimé Petit, Paris, Le Livre de Poche, « Lettres gothiques », 1997, v. 496.

[23] *Ibid.*, v. 7735-7756. Ces points communs concernent la qualité des matériaux, la position de la chaîne d'or, suspendue dans les deux cas, et, enfin, la sophistication du dispositif donné à voir.

[24] Alors que les romans d'Antiquité cultivent cette forme d'amplification, Chrétien de Troyes se montre au fond plus sobre (sauf, peut-être, dans l'écriture du portrait) : la splendeur du décor, souvent proclamée, est moins précisément décrite et les caractéristiques objectives qui motivent ces jugements esthétiques sont bien plus rares. Voir Edmond Faral, *Les Arts poétiques du XIIe et du XIIIe siècle, op. cit.*, p. 83-84, et surtout Danièle James-Raoul, *Chrétien de Troyes, la griffe d'un style, op. cit.*

[25] Daniel Poirion, « Merveille architecturale et fiction narrative en France au Moyen Âge », dans *Écriture poétique et composition romanesque*, Orléans, Paradigme, 1994, p. 113.

[26] Voir en ce sens les travaux de Valérie Gontero, *Parures d'or et de gemmes, op. cit.*, et de Mounira Mezghani-Manal, *Les Représentations figurées (peintures et sculptures) dans la littérature courtoise des XIIe et XIIIe siècles. Étude de*

lexicologie et d'esthétique, Thèse de doctorat, Université de Paris IV-Sorbonne, 2001.

[27] *Écrit sur la consécration de Saint-Denis* et *L'Œuvre administrative de l'abbé Suger de Saint-Denis*, dans *Œuvres de Suger*, éd. et trad. Françoise Gasparri, Paris, Les Belles Lettres, t. I, 1996.

[28] Jean-Claude Bonne, « Pensée de l'art et pensée théologique dans les écrits de Suger », dans C. Descamps (dir.), *Artistes et philosophes : éducateurs ?*, Paris, Éditions du Centre Pompidou, 1994, p. 13. Voir également Erwin Panofsky, *Architecture gothique et pensée scolastique*, précédé de *L'Abbé Suger de Saint-Denis* [1951], trad. Pierre Bourdieu, Paris, Les Éditions de Minuit, 1986, p. 7-66, et André Moisan, « Suger de Saint-Denis, Bernard de Clairvaux et la question de l'art sacré », dans *Le Beau et le laid au Moyen Âge*, *Senefiance*, 43 (2000), p. 383-399.

[29] Sur la relation entre le roman et les courants de pensée monastiques, voir notamment William A. Nitze, *Le Haut Livre du Graal : Perlesvaus*, Chicago, The University of Chicago Press, 1932-1937, vol. II, p. 86-88 ; Fanni Bogdanow, « Le *Perlesvaus* », dans *Grundriss der romanischen Literaturen des Mittelalters. Le Roman jusqu'à la fin du XIIe siècle*, IV/2, Heidelberg, Carl Winter, 1984, p. 43-67 ; ainsi que Jean-René Valette, *La Pensée du Graal. Fiction littéraire et théologie (XIIe-XIIIe siècle)*, Paris, Champion, 2008.

[30] Jean-Claude Bonne, « Pensée de l'art et pensée théologique dans les écrits de Suger », art. cit., p. 33. Sur cette question, voir également du même auteur, « Formes et fonctions de l'ornemental dans l'art médiéval (VIIe-XIIe siècles). Le modèle insulaire », dans Jérôme Baschet et Jean-Claude Schmitt (dir.), *L'Image. Fonctions et usages des images dans l'Occident médiéval*, Paris, Cahiers du Léopard d'Or, 1996, p. 207-249.

[31] Il est impossible de développer cet aspect dans le cadre de ce travail, mais il serait intéressant de comparer la description des ornements dans le roman et celle des deux traités de Suger.

[32] Suger, *L'Œuvre administrative*, éd. cit., II, 13, p. 137 : « […] ut quæcumque cariora, quæcumque carissima, sacrosantæ Eucharistiæ amministrationi super omnia deservire debeant. Si libatoria aurea, si fialæ aureæ et si mortariola aurea ad collectam sanguinis hircorum aut vitulorum aut vaccæ ruffæ, ore Dei aut prophetæ jussu, deserviebant, quanto magis ad susceptionem sanguinis Jesu Christi vasa aurea, lapides preciosi, quæque inter omnes creaturas karissima, continuo famulatu, plena devotione exponi debent » (*ibid.*, p. 136).

[33] Voir par exemple Edgar De Bruyne, *Études d'esthétique médiévale* [1946], Paris, Albin Michel, « Bibliothèque de l'Évolution de l'Humanité », 1998, t. 2, p. 503-512 ; Paul Zumthor, *Essai de poétique médiévale* [1972], Paris, Seuil, 2000, p. 277 *sq.* ; ou, plus récemment, Cédric Giraud, « Du silence à la parole : le latin spirituel d'Hugues de Saint-Victor dans le *De vanitate mundi* », *Archives d'histoire doctrinale et littéraire du Moyen Âge*, 77 (2010), p. 7-27.

[34] Suger, *L'Œuvre administrative*, éd. cit., II, 13, p. 139 (nous soulignons) : « In exterioribus etiam sacrorum vasorum ornamentis, nulli omnino eque ut sancti sacrificii servitio, in omni puritate interiori, in omni nobilitate exteriori,

debere famulari profitemur. In omnibus enim universaliter decentissime nos oportet deservire Redemptori nostro » (*ibid.*, p. 138).

[35] Sur l'adjectif *haut*, voir Jean-René Valette, *La Pensée du Graal*, *op. cit.*, p. 19-26.

[36] En ce sens, la faute commise par la Demoiselle Orgueilleuse, qui recouvre plusieurs aspects, tient aussi à l'inadéquation entre la somptuosité de la chapelle qu'elle fait édifier et la nature de ceux qu'elle veut y adorer. Si la prolifération décorative de ce lieu, rehaussé par la présence de « reliques » amoureuses, rappelle toutes les autres descriptions, cette ornementation ne convient pas pour célébrer des chevaliers qui ne possèdent pas la *hautece* du divin.

[37] Voir Éléonore Andrieu, « Le regard stupéfait, la beauté et la mise en ordres dans les textes de Suger », dans Aurélia Gaillard et Jean-René Valette (dir.), *La Beauté du merveilleux*, Bordeaux, Presses Universitaires de Bordeaux, « Mirabilia », 2011, p. 111-141.

[38] Jean-Claude Bonne, « Pensée de l'art et pensée théologique dans les écrits de Suger », art. cit., p. 28.

[39] Éléonore Andrieu, « Le regard stupéfait, la beauté et la mise en ordres dans les textes de Suger », art. cit.

[40] Certes, *stricto sensu*, l'épée n'est pas un objet qui a été en rapport avec le Christ ; Anne Berthelot l'assimile toutefois à « une relique de la Passion […] au sens large du terme » dans la mesure où Jean-Baptiste, selon une lecture typologique, est le Précurseur du Christ (« "L'épée qui décolla saint Jean-Baptiste" dans le *Perlesvaus, le Haut Livre du Graal* », dans *Jean-Baptiste, le Précurseur au Moyen Âge*, *Senefiance*, 48 (2002), p. 20).

[41] Nous nous permettons de résumer ici certains développements proposés dans *La Question de la beauté*, *op. cit.*

[42] Voir Patrick J. Geary, *Le Vol des reliques au Moyen Âge. Furta sacra* [1990], trad. Pierre-Emmanuel Dauzat, Paris, Aubier, 1993.

[43] « Se vos me volés creancer que, se Deus vos doinst l'espee conquerre, que vos par chi revenriés et que vos la me mosteriés al revenir, jo vos donroie cest destrier qui molt est riches, por le vostre » (*HLG*, p. 284).

[44] Pour une mise au point sur les difficultés méthodologiques liées à une telle enquête, voir l'article de Bénédicte Milland-Bove, « Le style des romans arthuriens en prose du XIIIe siècle : problèmes, méthodes, pratiques », dans Chantal Connochie-Bourgne et Sébastien Douchet (dir.), *Effets de style au Moyen Âge*, *Senefiance*, 58 (2012), p. 47-57.

[45] Selon cette acception moderne, plus courante dans les études littéraires, le style est déterminé par la subjectivité et la singularité de l'auteur : il s'agit de ce qu'on a pu appeler le « style personnel » (selon une formule de Dumarsais reprise par François Rastier, *Arts et Sciences du texte*, Paris, PUF, « Formes sémiotiques », 2001, p. 169).

[46] Tel est le « style de convenance » (*ibid.*).

[47] Jean de Garlande, *Parisiana Poetria*, éd. T. Lawler, New Haven/London, Yale University Press, 1974, chap. II, p. 40.

⁴⁸ Voir encore récemment l'intéressant article de Danièle James-Raoul, qui conteste la validité de cette théorie stylistique dès le Moyen Âge central (« La théorie des trois styles dans les arts poétiques médiolatins des XII⁰ et XIIIᵉ siècles », dans C. Connochie-Bourgne et S. Douchet (dir.), *Effets de style au Moyen Âge, op. cit.*, p. 17-26).
⁴⁹ Richard Trachsler rappelle en effet que, selon ce système, « la pierre angulaire de la matière […] est le personnage » (*Disjointures-Conjointures. Étude sur l'interférence des matières narratives dans la littérature française du Moyen Âge*, Tübingen, A. Francke Verlag, 2000, p. 14).
⁵⁰ « Siquidem, *sicut in constitutione rei materialis ex appositione alicuius margarite vel emblematis totum materiatum elegantius elucescit*, similiter sunt quedam dictiones que sunt *quasi gemmarum vicarie*, ex quarum artificiosa positione totum metrum videtur festivari » (Matthieu de Vendôme, Ars versificatoria, éd. cit., II, 11, p. 139).
⁵¹ Même si la perspective est différente, ces lignes s'inspirent de Benoît Timmermans, dans Michel Meyer (dir.), *Histoire de la rhétorique des Grecs à nos jours*, Paris, Le Livre de Poche, 1999. L'auteur montre en effet que le Moyen Âge est parcouru par une tension entre deux « rhétoriques » : « une rhétorique des lieux ou de l'*inventio*, proche de la dialectique, et une rhétorique des figures ou de l'*elocutio*, proche de la grammaire » (p. 91). Sur ces questions, voir aussi la présentation de Jean-Yves Tilliette, « Rhétorique et stylistique », dans Claude Gauvard, Alain de Libera et Michel Zink (dir.), *Dictionnaire du Moyen Âge, op. cit.*, p. 1209-1211.
⁵² Jean-Yves Tilliette, *Des Mots à la parole, op. cit.*, p. 121.
⁵³ *Ibid.*
⁵⁴ Voir sur ce point les rappels de Bénédicte Milland-Bove ainsi que ses propositions stimulantes concernant un « style de genre » (« Le style des romans arthuriens en prose du XIIIᵉ siècle : problèmes, méthodes, pratiques », art. cit.).
⁵⁵ Eric Auerbach, *Le Haut Langage. Langage littéraire et public dans l'Antiquité latine tardive et au Moyen Âge* [1958], trad. Robert Kahn, Paris, Belin, « L'extrême contemporain », 2004. Voir en particulier Dominique Combe, « Genres et styles chez Erich Auerbach », dans Paolo Tortonese (dir.), *Erich Auerbach, la littérature en perspective*, Paris, Presses de la Sorbonne Nouvelle, 2009, p. 191-202.
⁵⁶ Eric Auerbach, *Le Haut Langage, op. cit.*, p. 30.
⁵⁷ *Ibid.*, p. 68.
⁵⁸ *Ibid.*
⁵⁹ Voir par exemple les développements consacrés à la *Chanson de Roland* dans Erich Auerbach, *Mimésis. La représentation de la réalité dans la littérature occidentale* [1946], Paris, Gallimard, « Tel », 1968, p. 119 *sq*. Signalons en outre que cette association entre le *sermo humilis* et les romans en prose a déjà été proposée par Catherine Nicolas qui montre que « le *stylus humilis* […] rejoint l'*humilitas* du crucifié dans une universelle analogie, et sous la lumière paradoxale de l'Incarnation, confine au sublime » (« *Dictionis granditate* : la conversion dans les romans du Graal en prose au XIIIᵉ siècle », *Cahiers d'études*

du religieux. Recherches interdisciplinaires [En ligne], 9, 2011, mis en ligne le 14 septembre 2011, consulté le 29 juillet 2013. URL : http://cerri.revues.org/867).

[60] *HLG*, p. 126-128

[61] Eric Auerbach, *Le Haut Langage, op. cit.*, p. 46.

[62] Jean-Yves Tilliette, *Des Mots à la parole, op. cit.*, p. 120.

[63] Voir Francis Gingras, *Le Bâtard conquérant. Essor et expansion du genre romanesque au Moyen Âge*, Paris, Champion, « Nouvelle bibliothèque du Moyen Âge », 2011, p. 356-357.

[64] Brunetto Latini, *Li Livres dou Tresor* [1948], éd. Francis J. Carmody, Genève, Slatkine Reprints, 1998, livre III, chapitre 10, p. 327, cité par Francis Gingras, *Le Bâtard conquérant, op. cit.*, p. 357.

[65] Sur ces éléments, voir les pistes proposées par Jean Rychner concernant les patrons syntaxiques de la forme prose (*L'Articulation des phrases narratives dans* La Mort Artu. *Formes et structures de la prose française médiévale*, Genève, Droz, 1970) ainsi que le programme défini par Bénédicte Milland-Bove, « Le style des romans arthuriens en prose du XIIIe siècle : problèmes, méthodes, pratiques », art. cit.

Perlesvaus : le sacrement de l'écriture ?

Il n'est sans doute pas très original de rappeler que, parmi les Hauts Livres du Graal[1], le *Perlesvaus* fait figure de mauvais frère. À côté de la réserve mesurée de la *Queste del Saint Graal* et de la douceur effusive de l'*Estoire*, il multiplie les scènes sanglantes, il accumule les membres coupés, les têtes décollées et les corps mutilés, sans cesser de se proclamer très chrétien, de se réclamer d'une *haute escripture* et d'annoncer à qui veut bien l'entendre que sa lecture sera du meilleur effet sur celui qui l'entreprendra « avec le cœur »[2]. Comme ses deux congénères, il érige « le chronotope arthurien » « en espace de révélation »[3] d'un Graal désormais saint, largement lié à la révélation chrétienne. Toutefois, c'est en jouant d'un imaginaire pour le moins déroutant qu'il se pose comme le troisième volet d'un triptyque qui expérimente les modalités possibles de la mise en scène des principaux mystères chrétiens – en particulier de l'Incarnation, de la Passion et de sa variante liturgique, l'Eucharistie. À l'opposé de la *Queste*, qui se fait la championne du commentaire allégorique, et de l'*Estoire*, qui place en regard l'exposé catéchétique des porteurs du Graal, le récit des songes des rois païens et la grande scène de l'Arche, le *Perlesvaus* refuse de situer la mise en scène du divin dans la continuité d'un commentaire rationnel et, quand il le fait, c'est sans parvenir à convaincre son lecteur. Il choisit la *demostrance* contre la *senefiance* en préférant livrer son matériau – ses *semblances* – dans toute sa brutalité[4]. Ainsi, alors que l'ermite de la *Queste* commente méthodiquement la vision de Bohort et que Joseph d'Arimatie est toujours présent aux côtés des rois païens pour expliquer leurs songes[5], le Joséphé du *Perlesvaus* minimise le commentaire pour laisser son lecteur-auditeur devant des scènes à la fois cruelles et transparentes[6], des scènes dont l'*évidence*[7] frappe son imagination sans lui donner explicitement les moyens de leur élucidation, des scènes, finalement, dans lesquelles il a bien du mal à retrouver *a priori* les traces du divin. Et, de fait, dans le *Perlesvaus* – dans sa première branche au moins –, le calendrier n'est pas à la manifestation du divin : « l'Ascension a retiré l'Acteur, en ne laissant qu'un décor vide »[8], une cour arthurienne désertée par les chevaliers et un roi désenchanté qui attend vainement qu'une aventure se présente. Le décor n'est pas très euphorique : lieux désolés qui évoquent les vallées les plus sombres de l'enfer, chemins hantés par de terrifiants chevaliers noirs et d'étranges demoiselles cruelles, chapelles sans ermite ou avec un ermite mort, château « mortel », etc. Tout concourt à évoquer la mort et la déréliction de ce monde dont on peut craindre avec la reine Guenièvre que « Dieu [ne l']ait mis en obli »[9]. Et le personnel de ce roman où l'horrible se fait norme ne sera pas beaucoup plus lumineux : les chevaliers rencontreront, entre autres, une demoiselle chargée de rassembler des membres épars, une autre qui rêve de décapiter les trois meilleurs chevaliers du monde, un seigneur qui collectionne les barbes des chevaliers vaincus, plusieurs chevaliers ou demoiselles portant une tête coupée attachée à l'arçon de leur selle ou fichée au sommet de leur lance, un cortège de serviteurs mutilés d'un pied, d'une main ou du nez[10]... Et c'est sans compter les fleuves de sang qui inondent le roman avant que le bain réservé au Seigneur des Marès par le Bon Chevalier ne vienne signer le paroxysme de la cruauté[11]. Chair et sang envahissent l'espace romanesque sous toutes les formes et dans tous les registres : la sauvagerie et la férocité font office de règle, et la grandeur des héros se mesure à la cruauté de leur comportement. Face à cette barbarie généralisée, l'image du Crucifié – seule iconographie possible du *Perlesvaus* –, placée comme en miroir à l'ouverture du texte, rappelle au lecteur incrédule que ce roman est bien un *Haut Livre du Graal*[12], qu'il participe de ce genre qui « revendique une véritable inspiration religieuse »[13], qu'il prétend « être porteur d'une révélation religieuse », et qu'il procède d'une « haute escriture ».

C'est dans l'équation paradoxale de ce roman (matérialisation horrifique de la chair et du sang dans l'écriture *vs* révélation chrétienne) qu'il nous appartient de réfléchir aux modalités de la mise en *remembrance* de cette « estoire du saintisme vessel que on apele Graal » à laquelle procède Josephé[14], pour poser la question du « sacrement de l'écriture » à une époque où le sacrement eucharistique occupe tous les esprits[15]. Partant de la définition du sacrement comme le signe visible, matériel, d'une réalité invisible[16] – avec à l'horizon le sacrement eucharistique qui montre le Christ (chair et sang, la *vraie semblance*[17]) sous forme de pain et de vin (*semblance visible*) –, nous aimerions montrer que le roman travaille la matière arthurienne[18] – ou plutôt la matérialité de cette matière, si l'on peut parler ainsi – pour en faire le support de sa révélation. Notre hypothèse consiste à penser que le *Perlesvaus* pourrait jouer de la littéralité et de la visibilité exacerbée de son écriture pour mener la *semblance* ainsi donnée vers le dévoilement de la *chose* du Graal (et non pas pour la saisir dans un processus de *senefiance*) dans une *demostrance* généralisée. L'écriture du roman contournerait alors le *signe* pour montrer la *vraie semblance* du Graal, et pour guider l'imagination du lecteur de la *semblance visible* vers une *semblance aperte* (spirituelle, destinée aux yeux de l'esprit).

Dans *La Pensée du Graal*, Jean-René Valette a exposé comment les structures théologiques peuvent informer l'écriture romanesque dans les romans du Graal en prose. Il a redéfini l'appareil conceptuel qui est celui des Hauts Livres en montrant la relation de continuité qui unit les concepts théologiques (*sacrement*) et ceux de la littérature ou de l'analyse littéraire (*semblance, demostrance, senefiance*) pour définir le rapport, fondamental en ce premier XIIIe siècle, entre visible et invisible[19]. Il nous faut, à partir de là, montrer la continuité des matières que le roman met en œuvre entre, d'une part, les matériaux issus du monde arthurien – et les résidus mythiques de la matière celtique – qui n'ont rien de très eucharistique *a priori* (motifs chevaleresques, parfois barbares et sanglants) et, d'autre part, ceux que l'on trouve dans les récits de miracles eucharistiques et, plus largement, dans les nouvelles stratégies développées par l'Église pour donner à voir Dieu, en réponse au désir des fidèles (élévation de l'hostie, utilisation des voiles colorés, etc.).

À partir de là, plusieurs questions se posent. Faut-il voir dans la cruauté exacerbée du roman la trace de la pensée eucharistique qui hante le premier XIIIe siècle, et, au-delà, la preuve d'une authentique révélation chrétienne ? Faut-il penser que, si le roman est « horrible à regarder », c'est parce qu'il présente non pas la *semblance* eucharistique destinée aux yeux du corps (pain et vin), mais la *vraie semblance* de l'hostie – à savoir le corps du Christ à la fois souffrant et glorieux (chair et sang) –, celle destinée aux yeux de l'esprit ? C'est ce qu'on essaiera de démontrer.

Pour ce faire, nous prendrons comme hypothèse que la chair et le sang, placés à la surface du texte, viennent comme preuve authentique de la présence d'une *res* dans le roman – de la même façon que le sang qui coule de l'hostie vient comme preuve de l'authenticité de la Présence Réelle dans les récits de miracle ou que le sang qui perle sur la relique manifeste sa dignité –, et permettent la mise en œuvre d'un *réalisme présent* – comme on parlerait de la Présence Réelle[20]. Si cette hypothèse se confirmait, on pourrait alors montrer que, au-delà de la fiction d'écriture initiale et de la généalogie du bon chevalier, la *haute estoire* viendrait s'authentifier dans la personne du Christ et y puiser sa vérité. Quant à sa brutalité, elle serait le signe de sa haute autorité et de son efficacité pour guider le lecteur sur la voie de charité, à côté de la douceur effusive du sang répandu dans les romans placés sous le signe de la grâce (la *Queste* et l'*Estoire del Saint Graal*)[21].

Vivre selon la chair ou l'incarnation de la lettre

L'omniprésence des morceaux de chair disséminés dans le roman est frappante, et leur présence encombrante désoriente d'autant plus le lecteur privé de commentaires qu'elle fait l'objet d'une véritable dramaturgie qui met à profit tous les ressorts de l'écriture fantastique. La première scène de démembrement intervient juste après la liturgie eucharistique célébrée devant le roi Arthur à la chapelle Saint-Augustin lorsqu'une horde de chevaliers noirs vient dépecer et découper le chevalier noir qu'Arthur a tué :

> Li rois *esgarde* enmi la lande e *voit* que cil qui la sont venu ont depecié le chevalier tot piece a piece, e que chascuns enporte o pié, o braz, o cuisse, o poing, e s'espartent aval la forest ; e *voit* le daerrain chevalier qui enporte seur le fer de son glaive le chief[22].

Après avoir délimité discrètement un espace (*enmi* une clairière fermée par une barrière), le romancier place sous les yeux d'Arthur la scène de démembrement. Il rejoue la mise en pièces par une syntaxe énumérative avant de faire culminer la scène dans la vision barbare de la tête fichée au sommet de la lance. D'acteur (c'est lui qui a tué le chevalier noir), le roi devient spectateur de la scène sans que le lecteur puisse dire de façon incontestable si elle appartient ou non au même plan de réalité que le personnage, car comme l'a montré Francis Dubost, la discrétion des balises de la merveille fait basculer la scène dans le fantastique.

Le motif du démembrement est repris immédiatement et selon des modalités proches, dans le dépeçage d'un second chevalier noir par ses congénères, puis réapparaît, entre autres, dans la communion cannibale au cours de laquelle le roi Gurgaran partage avec Gauvain et ses hommes le corps de son fils découpé en petits morceaux (branche VI), enfin dans l'épisode de la *Beste Glatissant* dévorée par ses petits sous les yeux de Perlesvaus (branche IX)[23]. Cependant, s'il est aisé de faire le lien entre ces deux derniers épisodes et la communion eucharistique – la première raconte littéralement le partage du corps du fils tué par un géant, tandis que la seconde rejoue la Passion du Christ sur le mode de la représentation allégorique et c'est à ce titre que le sacrifice sanglant de la douce bête blanche pourra faire l'objet d'un commentaire au Château du Roi Ermite –, il semble plus difficile de rattacher le démembrement du chevalier noir à l'eucharistie, sinon par contiguïté avec la vision christique offerte au roi Arthur quelques lignes plus haut :

> Et qant li sainz Evang[i]lles fu liz, li rois *esgarda* vers l'autel, e *vit* que la dame prist son enfant e l'ofri as mains au saint ermite. […] E qant li enfes li fu oferz, il le mist desus l'autel. Aprés commença son sacrement ; e li rois se mist a genoillons par defors la chapele, e commença Dieu a proier e a batre sa cope ; *regarda* vers l'autel aprés le preface, e *li sanbla* que li sainz hermites tenist entre ses mains .i. home, sanglant o costé, e sanglant es paumes e es piez, e coroné d'espines ; e le *voit* en propre figure. E qant il l'a tant *esgardé*, si ne set que il devient. Li rois a pitié en son cuer de ce qu'il a veü, e l'en vindrent les lermes as ielz ; e *regarde* devers l'autel, e cuide veoir l'umaine figure, e le voit mué en la forme de l'enfant qu'il avoit devant veü[24].

Comme l'a montré W. Roach dans un article ancien[25], cette première scène eucharistique, placée au cœur de la messe à la chapelle Saint-Augustin, est directement inspirée des récits de miracles eucharistiques dans lesquels un enfant, un Homme de Douleurs ou un Crucifié apparaît dans les mains du célébrant au moment de l'Élévation. On reconnaît ici la tradition des miracles probatoires chargés de distinguer le mauvais croyant – ou celui qui doute de la Présence Réelle du Christ dans l'hostie – de celui qui reçoit l'hostie en état de grâce[26]. Le premier voit la transsubstantiation se réaliser sous sa forme la plus horrible (enfant démembré, jambe ou doigt sanglant, etc.), tandis que le second est gratifié de la vision d'une hostie qui saigne dont la beauté n'a d'égale que la transitivité. Arthur, semble-t-il, bien qu'il ne puisse pas entrer à l'intérieur de la chapelle, fait partie de la seconde catégorie. Il est gratifié d'un miracle qui atteste la Présence Réelle du Christ dans le pain consacré, et les larmes qui lui montent aux yeux attestent sa conversion intérieure.

Mais que dire, à partir de là, du spectacle auquel le même Arthur assiste juste après ? Que penser des deux démembrements des chevaliers noirs et des morceaux de chair itinérants – et encombrants – qu'ils disséminent dans le roman ?

La critique a montré que le brouillage subtil des frontières de l'espace miraculeux les rattachait eux aussi à l'imaginaire du miracle eucharistique et que, par le jeu de l'écriture fantastique, les bras, jambes, pieds et mains coupés pouvaient apparaître comme échappés des frontières de l'hostie miraculeuse et disséminés dans l'espace du roman[27]. Ainsi décontextualisées, ces *choses* eucharistiques encore frappées au coin de la Présence Réelle, importeraient dans l'espace de la diégèse la matérialité scandaleuse qui les portait dans l'écriture du miracle : n'ayant plus la « forme d'un enfant », d'un « homme [...] en propre figure » ou d'un « roi coroné clauchifié en une crois »[28], elles traduisent littéralement et concrètement le mystère de la transsubstantiation comme elles le faisaient dans les récits de miracles eucharistiques pour la plus grande terreur des mécréants. En l'absence de solution de continuité, leur *réalité* eucharistique est mise sur le même plan que la réalité de l'univers arthurien sans que cette intrusion soit le moins du monde présentée comme problématique. Seul l'intertexte des récits de miracles révèle la *hautesce* de ces *réalités* dont la brutalité – au sens où elles apparaissent sous la forme la plus brute – est paroxystique.

Dans la chair ainsi manifestée, comme lorsque le miracle eucharistique accuse le mécréant, la littéralité scandaleuse de l'eucharistie (manger le fils, manger la chair) s'exhibe dans toute son horreur charnelle et fait *remembrance* à celui qui aurait *mis Dieu en obli*, qu'il y a dans ces « membres une autre loi qui s'oppose à celle de [l']Esprit et qui [conduit l'homme] comme un prisonnier sous la loi du péché, laquelle se trouve dans [ses] membres »[29]. Et cette loi n'est pas tant celle des païens, des juifs ou des sarrasins, mal différenciés dans le *Perlesvaus*, que celle de celui qui vit – ou a vécu – selon la chair, qu'il soit devenu mauvais chrétien, comme Arthur avant son pèlerinage, et qu'il faille le convertir par une rhétorique puissante ; qu'il soit pécheur comme la jeune fille chargée de ramasser les membres épars de ceux qu'elle a mutilés ; ou qu'il soit précurseur[30], comme Gauvain qui partage chez Gurgaran une communion de chair bouillie, sans le sang – autrement dit sans la Grâce –, une communion que l'on pourrait presque qualifier de vétéro-testamentaire.

Le sang à la lettre

Dans le *Perlesvaus*, l'auteur s'attache à redonner au sang, comme pour la chair, la matérialité la plus concrète. Deux lignes de faîte se dégagent : d'abord le roman joue de la resémantisation d'expressions topiques pour en réveiller la lettre ; ensuite, il travaille l'écriture du sang sur un mode hypnotique qui ne va pas sans rappeler, avec quelque anachronisme, la vision de Chimène dans le *Cid*[31] ou celle, plus contemporaine, de Joséphé dans la grande scène de l'Arche de l'*Estoire del Saint Graal*[32].

Récurrente dans tout le roman, l'image du bain de sang ou de l'épée assoiffée de sang, héritée de la tradition épique, fait l'objet d'un traitement particulier. Discrètement revivifiée lors du combat d'Arthur contre le chevalier à la lance enflammée (« Jamés mes glaives ne fust estanchiez d'ardoir s'il ne fust *beigniez en vostre sanc*[33] »), elle n'est pas neutralisée par l'hyperbole comme elle peut l'être dans le combat contre Brien des Îles (« Il consui Brien des Illes a lui prendre si durement qu'il fist *boire s'espee el sanc* de son chef, si que la plaie fu granz[34] »). Dans le premier exemple, *beignier* est à prendre dans son sens littéral de « plonger entièrement dans un liquide », le sang d'Arthur en l'occurrence, et participe de la fascination hémorragique qui caractérise ce roman où le goût du sang va jusqu'à l'ivresse. Le paroxysme est atteint avec la mise à mort par le héros du Seigneur des Marès :

> Il fait aprester une grant cuve en mi la cort et amener les .xi. chevaliers ; il lor fait les chiés couper en la cuve et tant sainier con il peurent rendre de sanc et les cors oster ariere et les chiés, si que il ne n'ot que le sanc tot pur en la cuve ; aprés fait desarmer le Segnor des Mores et amener devant la cuve ou il avoit grant fuison de sanc. Il li fait les mains lier et les piez molt estroit. Aprés il li dist : « Sire des Mores, vos ne peustes onques estre *saoulez del sanc* as chevaliers ma dame ma mere, mais *ge vos saolerai del sanc* as vostres ! » Il le fait pendre en la cuve par les piés, si que la teste fu el sanc dusque as espaules, puis le fait tant tenir que il fu noez et estainz[35].

La seule répétition du mot *sanc* dans un barbare polyptote – à six reprises en quelques lignes – aurait suffi à montrer toute la cruauté de la scène, mais l'auteur du *Perlesvaus* ne s'en tient pas là et met en place un jeu de mot subtil dans lequel l'expression *saouler de sang* est à prendre, d'abord, dans un sens métaphorique – « onques ne peüstes estre *saolez* del sanc as chevaliers ma mere » –, puis dans un sens littéral – « je vos *saoleré* del sanc as vos ». Dans le premier cas, le sang doit être envisagé comme une désignation (euphémistique ou métonymique) de la mort (pour dire l'insatiable cruauté de l'ennemi de sa mère), tandis que, dans le second, il s'agit de rassasier, au sens propre, le seigneur des Marés avec le sang de ses hommes.

Ce qui fait la force de la cruauté dans le *Perlesvaus*, c'est la capacité qu'a le roman à réveiller la lettre pour rendre présente l'image. Le travail du contexte, avec ses détails cruels (la cuve de sang, la potence, les chevaliers saignés, etc.), fait le reste. Toute la séquence s'applique à faire voir la scène cruelle en découpant le sens littéral de l'expression (*saouler de sanc*) en traits visibles disposés judicieusement autour de l'action[36]. Par ce procédé hérité de la rhétorique antique, l'abstraction de l'ivresse prend à son tour l'épaisseur des choses, tandis que le sang envahit peu à peu le centre de la scène, focalisant le regard sur la cuve remplie et laissant dans les marges la chair désormais secondaire[37].

Dans la suite de l'épisode, le romancier ne joue plus seulement de la lettre mais de l'image :

> Aprés fait porter son cors et les autres et toz les chiés as chevaliers en un charnier anchien qui iert dejoste une viés chapele en la forest, et le cuve a tot le sanc, fist jeter en la riviere, *si que li aigue fu tote sanglente*[38].

Et la scène de la mise à mort de la femme de Marin le Jaloux fonctionne sur le même modèle :

> Il s'arme tot errant et fait amener son cheval, puis fait la dame despoillier en pure sa chemise, qui li crioit merchi en plorant molt douchement. Il monte sor son cheval et prent son escu et son glave, et fait le nain prendre la dame par les tresches et le fait mener aprés li en la forest, et areste desor un lac d'une fontaine et le fait entrer la u l'iauge sordoit plus parfont et descent et quiolt grans verges et chinglans en la forest ; et le conmenche a batre et a ferir tres par mi le dos et les mameles, *si que li ruissiaus de la fontaine estoit tos sanglans.* Et ele comencha a crier molt haut merchi[39].

Grâce à l'emploi du participe présent *sanglans*, la rivière, de même que le *ruissiaus de la fontaine* – l'eau qui s'écoule de la source –, se colore de sang. La conjonction *si que*, qui souligne le lien logique de conséquence, pourrait neutraliser la visibilité de la scène en effaçant toutes les traces d'une mise en scène merveilleuse. Toutefois, le participe présent (*sanglans*) donne à l'événement (la coloration de l'eau) le pouvoir de réveiller l'image du fleuve de sang qui circule dans le roman et vient frapper l'imagination de Gauvain – spectateur de l'assassinat de la dame – ou du lecteur.

Ici encore, le romancier amène son lecteur à se rendre compte que, derrière le confort de la narration des événements et de la chronologie, autre chose affleure qui vient perturber la norme syntaxique, logique et sémantique, et placer sous ses yeux une autre scène qui sollicite la temporalité spécifique de l'hypotypose, pour sortir du déroulement narratif et psychologique du roman, pour rendre le sang *visible* (au sens fort), pour lui donner, enfin, l'épaisseur et la matérialité d'une *chose*. L'essence de cette représentation n'est, par conséquent, ni la narration d'un événement, ni la discussion d'une théorie ou d'une théologie, ni la représentation de la vie telle qu'elle apparaît de l'extérieur, mais un fait dont la réalité est instantanée, un fait qui se caractérise par son être-là fascinant[40]. Pour le lecteur, la linéarité du langage et du récit est sapée ; la perception de ce qui est désormais un tableau est instantanée et globale. La vision ne se développe pas sous les yeux : c'est un phénomène toujours présent, non pas hors du temps, mais toujours actuel, caractérisé, faute de déroulement, par une continuelle présence[41].

Pour comprendre le fonctionnement du passage, il convient de prendre en compte les conditions de la *présence* ou plutôt de la *représentation* du sang dans le texte, autrement dit les indices linguistiques de sa visibilité heuristique. On remarque alors que, par le retour à la lettre comme par le passage par l'image, le sang se donne à voir, comme la merveille, qu'il se prête à l'admiration du lecteur grâce à une écriture qui impose sa *présence*, mais que, là où la merveille utilisait un personnage médiateur dont l'étonnement déclenchait une démarche herméneutique (questionnement et interprétation)[42], la représentation du sang en appelle directement au lecteur, sans médiation, pour le toucher dans sa sensibilité par le spectacle de ce sang théâtralisé et le faire accéder à une forme de connaissance immédiate. Débordée par l'image, la syntaxe du récit laisse place à un autre régime de signification qui laisse possible un fonctionnement iconique du texte.

De l'eucharistie à l'eschatologie : la *devine escripture* du Graal

Dans la matérialité de la chair comme dans celle du sang, le roman donne à voir la *chose* sous sa forme la plus brutalement matérielle et la plus visiblement dysphorique, dans une forme de *réalisme présent* (comme on parlerait de Présence Réelle) qui envahit le roman bien au delà des scènes du Graal. Le texte porte semble-t-il les ornements de la cruauté de la même façon que le crucifix, placé à l'entrée du Château du Graal, porte les gemmes flamboyants qui attirent le regard de Gauvain[43] :

> Aprés esgarde la porte contremont et voit Nostre Seignor
> escrit si com il fu mis en la crois, et sa mere d'une part et saint

Jehans d'autre, de quoi les ymages estoient totes d'or a riches pieres precieuses qui *flambioient comme fus*[44].

La comparaison avec le feu désigne la merveille de ce crucifix *ardent*[45] qui captive le regard de Gauvain et le retient dans la temporalité suspendue de l'imparfait (aspect sécant). Ainsi animées, les pierres précieuses rendent l'image de la Passion *présente* et signalent la *réalité* latente du tableau qui s'offre à la vue du chevalier. Pour l'œil mondain du neveu d'Arthur, pourtant, les pierreries restent des ornements matériels, intransitifs, dont la beauté et la richesse arrêtent le regard, empêchent l'approfondissement de la vision, et annoncent la vision christique focalisée sur les trois gouttes de sang qu'il recevra au-dessus du Graal[46].

Il en sera en effet de même lorsqu'il sera gratifié de la vision du Graal :

> Atant es vos les .ii. damoiseles ou issent fors de la chapele et revienent devant monseignor Gauvain, et li samble qu'il voit .iii. angles la u il n'avoit avant veü que .ii. et li samble qu'il voit en mi le Greal la forme d'un enfant ; li maistres des chevaliers somont monseignor Gauvain ; mesire Gauvain esgarde devant lui et voit chaïr .iii. gotes de sanc desor la table. Il fu tos esbahis del esgarder et ne dist mot. Atant passent outre les damoiseles et li chevalier sont tot effreé, et regarde li uns l'autre. Mesire Gauvain ne peut oster ses eus des .iii. gotes de sanc, et quant il les volt baisier, se li eschivent, dont il est molt dolent, car il n'i pout metre sa main ne chose que de lui soit a tochier. Atant es vos les .ii. damoiseles ou revienent devant la table et sanble monseignor Gauvain qu'il i en ait .iii. et esgarde contremont, et li samble estre li Greaus tos en air, et voit, ço li est vis, par deseure un roi coroné clauchifié en une crois, et li estoit la glave fichie el costé. Mesire Gauvain le voit si en a grant pitié et ne li sovint d'autre chose que de la dolor que chis rois soefre. Et li maistres des chevaliers le resemont del dire, et li dist, se il atent plus, que ja mais n'i recovera. Mesire Gauvain se taist, qui pas n'entent al chevalier et regarde contremont, mais les damoiseles s'en revont en la chapele et reportent le saintisme Greal et la lanche[47].

Ce ne sont pas des gemmes qui le laissent, cette fois, *esbahis* et muet, mais les gouttes de sang tombées sur la table au moment où la vision se *réalise*. Les balises de la merveille sont partout dans ce passage (*li samble, li est vis, esgarde, voit, esbahis,…*), mais Gauvain ne s'en arrêtera pas moins à la surface de la chose qu'il essaye de baiser et de toucher. Son geste rétablit ainsi les frontières entre l'ici-bas de l'univers arthurien et l'au-delà de la merveille, rappelle que la *semblance réalisée* des gouttes de sang, aussi matérielle qu'elle puisse paraître, est de nature spirituelle, et dénonce son œil charnel qui devra désormais se contenter de « regarder vers le ciel », autrement dit d'accepter la condition de chevalier désespérément terrestre. Il n'est pas étonnant, dans ce contexte, de voir apparaître, dans le troisième volet de la vision de Gauvain, non pas un Homme de Douleurs venu répandre sur l'Humanité son sang rédempteur comme dans la vision d'Arthur, mais un Crucifié couronné (frappé dans sa chair mais sans effusion de sang) venu sanctionner son échec devant le Graal. Le montage de la scène joue par « déplacement et condensation »[48] de ses modèles : d'un côté le sang, de l'autre le crucifié et, dans l'intervalle, l'irruption inattendue – et presque ludique – de l'intertexte du sang sur la neige[49] qui renvoie la *semblance* trinitaire à ses origines romanesques et profanes, car sous les yeux de Gauvain, le sacrement ne s'actualisera pas.

Dans cette scène qui thématise l'éviction de celui qui n'est pas l'élu, les *muances* du Graal présentées devant Gauvain rejoignent donc la chair et le sang du Christ montrés dans la scène eucharistique de la chapelle Saint-Augustin et disséminés plus largement dans tout le *Perlesvaus*, comme si le roman explorait, autant dans son contenu que dans son écriture, toutes les modalités de la représentation de la Passion, de la plus eucharistique à la plus eschatologique. Ici la merveille est thématisée par le regard du personnage ; ailleurs elle se livre immédiatement à l'œil du lecteur ; mais partout la chair et le sang sont portés à la surface du texte par le *réalisme présent* et se donnent comme les ornements de la *haute escripture* du *Perlesvaus*. Comme les gemmes flamboyants du crucifix, ils dénoncent une transitivité latente, en attente de l'œil qui saura soulever le voile qu'ils posent sur la vérité du Graal, et donnent à l'écriture la force d'un sublime paradoxal adossé à la figure du Christ. Le roman s'écrit donc *en samblance* du Christ et, s'il est si « horrible à regarder » pour le lecteur, c'est précisément parce que, même lorsque le texte présente le Christ *en propre figure*[50], c'est encore pour montrer *tot apertement* le juge venu rappeler dans son corps martyrisé aux chrétiens un peu tièdes la voie de charité. Livre de chair et de sang, le *Haut Livre du Graal* s'authentifie par son écriture spectaculaire dans la personne du Christ et vient y puiser la vérité de sa *haute estoire* qui s'inscrit, du même coup, dans l'économie du Salut. Et si le romancier choisit de présenter la forme *esperitel* du sacrement (non pas le pain et le vin mais le corps et le sang ; non pas l'hostie miraculeuse mais le morceau de chair fraîchement découpé), c'est parce que c'est la seule capable de faire advenir les *paours*[51] nécessaires à la révélation et l'angoisse métaphysique indispensable à la conversion. Pour autant, son écriture relève moins du sacrement, qui révèlerait la chose de Dieu comme l'hostie sanglante atteste la Présence Réelle, que du style d'apocalypse, qui dévoile la vérité de l'homme, sa *dissemblance* dans une veine proche de celle des miracles eucharistiques terrifiants. Avec le *Perlesvaus*, donc, se dessine une autre forme de *haute escriture*, proche mais différente de celle de l'*Estoire* et de la *Queste*, en ce qu'elle vient *en samblance* du corps militant d'un Christ moins eucharistique qu'apocalyptique. En cela, elle prend la forme d'une « devine escriture »[52] capable de dire « li jugement Nostre Seignor [qui] sont si repost que cuers mortels nes puet savoir ne mortel langue nes porroit dire »[53], et de rappeler que l'époque où Dieu se donne à voir dans l'hostie est aussi celle de la naissance du Purgatoire[54].

Catherine Nicolas
Université Paul-Valéry, Montpellier 3
CEMM

NOTES

[1] Sur la définition de ce corpus, voir J.-R. Valette, *La pensée du Graal. Fiction littéraire et théologie (XIIe - XIIIe siècle)*, Paris, Champion 2008, p. 25-27.

[2] « Li hauz livres du Graal commence o non du Pere e du Fill e du Saint Esperit. (...) il iert molt porfitables a toz cex qui de cuer l'orront » (*Le Haut Livre du Graal [Perlesvaus]*, désormais abrégé en *HLG*, éd. A. Strubel, Le Livre de Poche (« Lettres Gothiques »), 2007, p. 126 (nous soulignons).

[3] J.-R. Valette, *La pensée du Graal*, op. cit., p. 287.

[4] Pour la définition des notions de *senefiance* et de *demostrance*, voir J.-R. Valette, *La pensée du Graal*, op. cit., p. 280-302. J'emprunte la notion de « brutalité » à Stéphane Lojkine (*La Scène de roman*, Armand Colin, 2002, introduction).

[5] *La Queste del Saint Graal*, éd. A. Pauphilet, Paris, Champion, 1984 [2e tirage], § 224-225 [désormais abrégé en *QSG*]. *L'Estoire del Saint Graal*, éd. J.-P. Ponceau, Paris, Champion, 1997, vol. 1, § 64-87 [désormais abrégé en *ESG*].

[6] Sur cette notion de transparence, voir notre article sur le style d'apocalypse : tout semble normal dans le *Perlesvaus*, rien n'est donné *a priori* comme problématique (C. Nicolas, « Retour sur la définition du style d'apocalypse : le sublime augustinien dans les Hauts Livres du Graal », *Кентавр / Centaurus. Studia classica et mediaevalia*, 7 (2010), p. 74-85).

[7] Voir aussi, sur la notion d'évidence (*evidentia*), l'article d'Armand Strubel, « Senefiance, évidence. La représentation du sacré dans la *Queste del Saint Graal* et les *Voies de Paradis* », dans *Les Écrivains et le sacré ; la vigne et le vin dans la littérature*, actes du XIIe Congrès de l'Association Guillaume Budé (Bordeaux, 17-21 août 1988), Paris, Les Belles Lettres, 1988, p. 331-332.

[8] A. Bourreau, *L'événement sans fin. Récit et christianisme au Moyen Âge*, Paris, Belles Lettres, 1993, p. 39.

[9] *HLG*, p. 134, l. 5-6.

[10] *HLG*, p. 712-716 (demoiselle du Château des Barbes) ; p. 258 (demoiselle orgueilleuse) ; p. 376-382 (coutume et serviteurs du Château des Barbes).

[11] De Dante à Antonin Artaud, la tradition critique n'a pas laissé la notion de « cruauté » indemne. Faute de rester seulement le substantif associé au sang, elle s'est chargée d'une dimension métaphysique et spirituelle. Voir à ce sujet la théorisation qu'en a faite Franco Tonelli dans son ouvrage intitulé *L'esthétique de la cruauté. Étude des implications esthétiques du "Théâtre de la cruauté" d'Antonin Artaud*, Paris, Nizet, 1972.

[12] Les deux manuscrits qui portent la croix liminaire (Paris, BnF fr. 117-120 et Paris, Arsenal 3479-3480) sont des manuscrits du *Lancelot-Graal* dans lesquels la première branche du *Perlesvaus* est insérée juste avant la *QSG*. Sur la croix liminaire et la lecture herméneutique qu'elle propose, voir notre article intitulé « De la lecture du texte à la lecture du livre : le surplus de l'image. L'exemple de la croix liminaire dans quelques manuscrits de la *Queste del Saint Graal* », dans P. Victorin (dir.), *Lire les textes médiévaux*

aujourd'hui. Historicité, actualisation, hypertextualité, Paris, Champion, 2011, p. 227-238. L'image de la croix reprend le modèle de la croix liminaire du Canon de la messe, autrement dit de la prière qui ouvre le moment où le célébrant va prononcer les prières eucharistiques.

[13] Michel Zink, *Poésie et conversion au Moyen Âge*, PUF, 2003, p. 253. Les autres citations sont de J.-R. Valette dans sa définition des Hauts Livres du Graal (voir *supra*, note 1).

[14] « Li estoires du saintisme vessel que on apele Graal, o quel li precieus sans au Sauveeur fu receüz au jor qu'il fu crucefiez por le pueple rachater d'enfer : *Josephes le mist en remenbrance* par la mencion de la voiz d'un angle, por ce que la veritez fust seüe par son escrit e par son tesmoignage, de chevaliers e de preudomes, coment il voldrent soffrir painne e travaill de la loi Jhesu Crist essaucier, que il volst renoveler par sa mort e par son crucefiement » (*HLG*, incipit).

[15] L'écriture des Hauts Livres se fait dans la mouvance du quatrième concile du Latran (1215) qui repense l'eucharistie jusque dans sa forme liturgique en instaurant l'élévation de l'hostie au moment de la consécration.

[16] Sur les définitions du sacrement qui avaient cours à l'époque du roman, voir J.-R. Valette, *La Pensée du Graal, op. cit.*, p. 309-327, en particulier, p. 310 (place et sens du mot *sacrement* dans les Hauts Livres), p. 315 (saint Augustin : « le sacrement est un signe sacré d'un objet spirituel », *De Civitate Dei*, X, 5), p. 323 (Hugues de Saint-Victor : « Le sacrement est un élément corporel ou matériel, extérieurement proposé aux sens, et qui représente par une ressemblance, signifie par une institution, et contient par une sanctification une grâce invisible et spirituelle », *De sacramentis christianae fidei*, P.L. 176, col. 317d), et p. 327 (Thomas d'Aquin, « Un sacrement est donc un signe qui, tout à la fois, remémore la cause passée, la Passion du Christ ; manifeste l'effet de cette Passion en nous, la grâce ; et qui annonce la gloire future », *Somme théologique*, Tertia Pars, Quaestio 60, Articulum 3, Paris, Éd. Du Cerf, 1999 [1945], p. 21).

[17] « Le rapport *semblance/demostrance* conduit l'observateur à considérer moins le signe que la chose. C'est la chose qui s'y trouve, en effet, dévoilée, manifestée – sans la médiation du signe – en sa vérité, ce que traduit parfaitement l'expression *vraie semblance* » (J.-R. Valette, *La Pensée du Graal, op. cit.*, p. 297. Sur la *vraie semblance*, voir plus généralement les p. 297-302).

[18] Sur la notion de « matière », voir l'ouvrage de Richard Trachsler, *Disjointures-Conjointures. Étude sur l'interférence des matières narratives dans la littérature française du Moyen Âge*, Tübingen, A. Francke Verlag, 2000. Nous nous appuierons en particulier sur les personnages qui font la matière bretonne et sur les motifs que le *Perlesvaus* reprend et revivifie.

[19] Voir en particulier les chapitres 5 (« Signes et révélation : la manifestation du sens »), 6 (« Les discours de *senefiance* ») et 7 (« Le désir de voir »).

[20] On pourrait ajouter à cette liste les pierreries placées sur les reliquaires ou sur les objets de culte (ostensoir, vaisselle liturgique), qui matérialisent l'image du sang pour montrer la dignité de l'objet. Voir l'ouvrage de J.-C. Schmitt, *Le corps des images. Essais sur la culture visuelle au Moyen Âge*, Paris, Gallimard, 2002.

Sur l'hostie qui saigne pour attester l'authenticité de la Présence Réelle, voir l'introduction de Nicole Bériou à l'ouvrage qu'elle a co-dirigé avec B. Caseau et D. Rigaux, *Pratiques de l'Eucharistie dans les Églises d'Orient et d'Occident (Antiquité et Moyen Âge)*, Paris, Institut d'Études Augustiniennes, 2009.
[21] Sur la question de la grâce dans la *QSG*, voir l'article désormais célèbre d'É. Gilson, « La mystique de la grâce dans la *Queste del Saint Graal* », *Romania*, 51 (1925), p. 321-347.
[22] *HLG*, p. 162, l. 14-18.
[23] Voir, sur cet épisode, le commentaire d'Edina Bozoky dans « La Beste glatissant et le Graal : les transformations d'un thème allégorique dans quelques romans arthuriens », *Revue de l'Histoire des Religions*, 186 (1974), p. 127-148.
[24] *HLG*, p. 152, l. 2-20. La scène du Graal qui se déroule sous les yeux de Gauvain est dans la branche VI (*HLG*, p. 348, l. 14 à p. 350, l. 26).
[25] Cet imaginaire du « morceau » vient tout droit des récits de miracles eucharistiques diffusés massivement depuis l'époque patristique. Dans son article intitulé « Eucharistic tradition in the *Perlesvaus* », William Roach replace la vision eucharistique d'Arthur à la chapelle Saint-Augustin dans la tradition des récits de miracles eucharistiques pour comprendre le traitement particulier qu'en fait le roman. Il explique notamment les spécificités des récits du XIIe siècle et remarque que la vision de la chair horrible ou du sang est réservée, à cette époque, à la punition des mécréants ou des infidèles, tandis que la vision d'une figure humaine apparaît plutôt dans les vies de saints comme une récompense (*Zeitschrift für Romanische Philologie*, 59 (1939), p. 10-56).
[26] Sur l'iconographie des miracles eucharistiques, voir l'article de Dominique Rigaux, « Miracle, reliques et images dans la chapelle du Corporal à Orvieto (1357-1364) », dans N. Bériou, N. Caseau et D. Rigaux (éds), *Pratiques de l'Eucharistie, op. cit.*, p. 201-245.
[27] Voir F. Dubost, *Aspects fantastiques de la littérature narrative médiévale (XIIe-XIIIe siècles). L'Autre, l'Ailleurs et l'Autrefois*, Paris, Champion, 1991 ; voir aussi notre article sur l'espace eucharistique dans le *Perlesvaus* : « The definition and boundaries of eucharistic space in the Grail prose romances : focalization and dissemination », dans M. Cohen et F. Madeline (éds), *Medieval Constructions of Space : Practice, Place, and Territory from the 9th to the 15th century*, Ashgate, 2011, p. 219-232.
[28] *HLG*, p. 350, l. 12 ; p. 152, l. 14-16 ; p. 350, l. 23-24.
[29] Saint Paul, *Épître aux Romains*, 7, 23.
[30] Mondain invétéré dans les romans arthuriens, Gauvain est attaché, dans le *Perlesvaus*, à la conquête de l'épée de Jean-Baptiste qui fait de lui une sorte de précurseur des chevaliers du Graal. Voir l'article d'Anne Berthelot, « L'épée qui décolla saint Jean-Baptiste dans *Perlesvaus* : le Haut Livre du Graal », *Jean-Baptiste : le précurseur au Moyen Âge*, CUERMA, *Senefiance*, 48 (2002), p. 17-28.
[31] « Ce sang qui tant de fois garantit des murailles / Ce sang qui tant de fois vous gagna des batailles / Ce sang qui tout sorti fume encore de courroux » (Corneille, *Le Cid*, II, 9).

[32] *ESG*, § 105 à 114.
[33] *HLG*, p. 160, l. 17-18.
[34] *Ibid.*, p. 920, l. 27-28.
[35] *Ibid.*, p. 612, l. 23 à p. 614, l. 6.
[36] C'est précisément ce que fait Quintilien lorsque, pour définir l'*enargeia*, il s'interroge, en orateur, sur les moyens de convaincre le tribunal de la culpabilité d'un assassin : « L'essentiel est donc que prévale auprès de nous ce que nous voulons voir prévaloir chez le juge, et que nous soyons touchés nous-mêmes avant d'essayer de toucher les autres. Mais comment faire pour l'être ? (...) Ce que les Grecs appellent *fantasia* (nous pouvons bien l'appeler *visio*), la faculté de nous représenter les choses absentes (*imagine rerum absentium*) au point que nous ayons l'impression de les voir de nos propres yeux et de les tenir devant nous. (...) C'est à vrai dire un pouvoir qu'il nous sera au reste facile d'acquérir si nous le voulons. Dans le désœuvrement de l'esprit ou les espoirs chimériques et ces sortes de rêves, que l'on fait tout éveillés, nous sommes hantés par les visions dont je parle et nous croyons voyager, naviguer, combattre, haranguer les peuples (...). Nous n'avons pas l'impression que nous rêvons, mais que nous agissons : ne pourrons-nous pas mettre à profit ce désordre de l'esprit ? Je me plains qu'un homme a été tué : ne pourrais-je me représenter tout ce qui a dû vraisemblablement se produire dans la réalité ? Voir l'assassin bondir brusquement ? La personne traquée pâlir, crier, demander grâce ou fuir ? Ne verrais-je pas l'assaillant frapper, la victime tomber ? N'aurais-je pas présent à l'esprit le sang, et la pâleur, et les gémissements, et enfin la bouche ouverte, pour la dernière fois, de l'agonisant ? » (Quintilien, *L'Institution oratoire*, éd. J. Cousin, Paris, Les Belles Lettres, 2003, VIII, 3, 63, p. 78). De là procèdera l'*enargeia* (clarté) que Cicéron appelle *illustratio* (illustration) et *evidentia* (évidence), qui nous semble non pas tant raconter que montrer, et nos sentiments ne suivront pas moins que si nous assistions aux événements eux-mêmes.
[37] « Puis fet les cors oster et les chiés, si que il n'ot que le sanc tot pur en la cuve » (*HLG*, p. 612, l. 26).
[38] *HLG*, p. 614, l. 6-10.
[39] *Ibid.*, p. 244, l. 15-25.
[40] Voir l'ouvrage de Franco Tonelli, *L'esthétique de la cruauté, op. cit.*, p. 16.
[41] Ces lignes, bien que portant sur un sujet tout autre, sont inspirées par la lecture des travaux de Stéphane Lojkine et du groupe de recherche TIGRE (Texte et Image, Groupe de Recherche à l'École normale supérieure) et du centre de recherches « la Scène » (Université de Toulouse – Le Mirail), en particulier S. Lojkine (dir.), *L'écran de la représentation*, l'Harmattan, 2001.
[42] Voir J.-R. Valette, « La merveille et son interprétation dans le *Lancelot propre* », *Revue des Langues Romanes*, C/2 (1996), p. 163-208.
[43] Les prières de dévotion à la Croix jouent couramment de l'image d'une croix couverte, par intermittence, de gemmes ou de sang pour montrer l'éminence de l'ornement que lui apporte le Christ et surtout, la transitivité de l'image de la Passion portée par la prière.
[44] *HLG*, p. 340, l. 11-15.

[45] Le terme *ardent* revient très régulièrement dans l'*ESG* pour désigner les êtres spirituels, en particulier le Christ et les anges de la scène de l'Arche.

[46] De la même façon, les gouttes de sang qui perlent sur les « tenailles *toz senglent* de coi li clou furent osté » découvertes dans la tombe ouverte de Joseph d'Arimathie, rappellent la *hautesce* de la relique de la Passion et rejouent, dans le présent fascinant du participe, le sacrifice du Christ (*HLG*, p. 600, l. 20).

[47] *HLG*, p. 350, l. 20 à p. 352, l. 5.

[48] Voir le commentaire qu'Armand Strubel donne de la scène dans la note 2 de la p. 351 de son édition.

[49] Dans cet intertexte, le romancier donne du jeu à la vision de Gauvain par l'intrusion imprévue du romanesque et de la symbolique profane au cœur de la semblance trinitaire insaisissable. Nous remercions Francis Dubost pour les remarques stimulantes qu'il nous a faites à la lecture de cette troisième partie.

[50] *HLG*, p. 152, l. 16.

[51] J'emprunte ce terme à l'*ESG* où il définit la seconde partie du roman (« Chi commencent les paours »), celle où se produisent les grandes révélations aux rois nouvellement convertis (§ 295).

[52] *Lancelot, roman en prose du XIIIe siècle*, éd. A. Micha, Genève, Droz, 1978, t. 1, p. 48.

[53] *Ibid.*

[54] Nous empruntons ici le titre de l'ouvrage magistral de Jacques Le Goff, *La Naissance du Purgatoire*, Paris, Gallimard, 1981.

L'angle et la branche : autorité et déliaison dans *Le Haut Livre du Graal*

« A ! fet li rois, est ce dont songes ? – Oïl, sire, fet il. Mes il m'est molt ledement averez (Branche I, p. 140).

Josephes nos tesmoigne que les samblances des illes se muoient por les diverses aventures qui par le plaisir de Dieu i avenoient. Et si ne plout mie as chevaliers tant la queste des aventures s'il nes trovassent si diverses, kar quant il avoient esté en une forest ou en une ille ou il avoient trové aucone aventure, se il i revenoient autrefoiz, si troveroient il recés ou chastiaus et aventures d'autre maniere, que la paine ne li travaus ne lor anuiast, et por ce que Dieus voloit que la tere fust confermee de la Novele Loi et il furent li chevalier del mont qui plus eurent peine et travail por querre aventures et por tenir ço que il avoient en covent (Branche IX, 732, 734)[1].

Il y a toujours une ambiguïté à parler de mélancolie à propos du Moyen Âge. Le mot lui-même semble quelque peu anachronique, d'autant que son origine grecque et son utilisation latine renvoient directement aux théories antiques du génie et à leurs interprétations humanistes et romantiques. Et sans doute la mélancolie est-elle, depuis la fin du XVIIIe siècle, tellement liée à l'affirmation du sujet divisé du génie romantique qu'il est difficile de la percevoir ailleurs et autrement que dans son lien au génie – lien dont il faut bien convenir que la pensée médiévale s'accommode assez mal. Il faudrait attendre la grande réhabilitation d'Aristote ou même la fin du Moyen Âge et Charles d'Orléans ou Pétrarque pour que le terme soit complètement acceptable dans le contexte médiéval[2]. Pourtant, si l'on consent à distinguer mélancolie et génie et, surtout, à ouvrir la mélancolie au contexte du christianisme, d'autres termes, proches, font sens beaucoup plus tôt. Pour la théologie, la tristesse est un péché capital ; le combat contre l'abattement ou le découragement est au centre de la théorie morale ; la tentation mélancolique est longtemps vivace derrière les murs des monastères sous cet autre nom, *acedia*[3]. Dans la littérature courtoise, l'amour chevaleresque, dont le ressort est la « joie » (avec toute la complexité de ce terme, hérité des troubadours), fait presque systématiquement l'épreuve de la « maladie d'amour » inscrite dans le nom même de Tristan. Quant aux auteurs du Moyen Âge finissant, accablé de désastres, qui, comme Charles d'Orléans, « l'escollier de Mérencolye », s'interrogent sur le sens de leur autorité, ils se placent explicitement sous le signe de la mélancolie[4]. Pourtant, c'est peut-être dans une autre perspective qu'il faut chercher l'originalité de la pensée de la mélancolie au Moyen Âge, là où destin individuel et risque collectif se rencontrent dans la question de l'autorité et de ses processus de légitimation.

Dans cette perspective la figure du génie n'est qu'un aspect, une réponse historique à une question plus large. Que cette réponse ne soit pas celle du Moyen Âge n'invalide pas la question. La psychanalyse, en faisant de l'inconscient une nouvelle figure du destin, a sans doute, elle aussi, contribué à figer « tempérament du génie » et « mal du siècle » dans le drame d'un sujet, mais elle a permis aussi d'appréhender la mélancolie dans un rapport plus large à la culture, contenu déjà dans le texte du pseudo-Aristote[5]. Freud lui-même considère la mélancolie comme une question de métapsychologie[6]. De manière plus générale, l'étude de la mélancolie porte la psychanalyse freudienne puis lacanienne[7] à considérer le lien entre éthique et esthétique qui existe au fondement de toute culture. Du côté de l'histoire comme de celui de la psychanalyse, émerge donc la complexité d'une figure qui depuis l'Antiquité est liée à la question du pouvoir et de l'autorité[8].

Considérée sous cet angle, la mélancolie est au centre de la littérature médiévale : on la trouve dans la déconstruction diabolique qui, reproduisant la tentation de Job[9], conduit la future mère de Merlin au désespoir. C'est elle qui permet la naissance du fils sans père dans un royaume en proie à la guerre civile. Le rapport de Merlin à l'autorité, on le sait, est très ambigu : d'une part le fils du diable établit Arthur et assure la loi chevaleresque ; d'autre part il garantit les conditions de l'écriture de son *roman*, ni dans la *translatio* d'un texte initial, comme Chrétien, ni sous l'autorité d'un ange, comme l'auteur du *Perlesvaus*, mais dans le dédoublement des fonctions – auteur et narrateur – accompli au cœur du désert que constitue la forêt de Northumberland : Merlin conte son histoire, Blaise l'écrit. Conçue comme risque culturel, la mélancolie fait encore écho dans le motif de la récréantise, dans le lai de Graelent ou dans les *Tristan* par exemple. Et on la trouve, depuis les romans d'Antiquité, dans le motif des terres gastes qui est lui-même au cœur du *Conte du graal* et que le *Perlevaus* reprend, à sa manière. Voyons comment.

Que *Le Haut Livre du Graal* présente au lecteur des territoires aussi sujets aux *muances* que les *semblances* des îles, l'abondante bibliographie dont le roman est l'objet en témoigne déjà suffisamment par la diversité des approches et des champs qu'elle mobilise : théologie, ethnologie, anthropologie, symbolisme, mythologie, psychanalyse et d'autres encore, certainement. On comprendra qu'il ne paraisse pas inutile, au énième commentateur sur le point de se lancer dans l'aventure peineuse et laborieuse, d'aborder la configuration du livre en revenant sur les quelques brisées qui permettent la reconnaissance de ce territoire incertain, d'autant qu'elles formeront les jalons, comme autant de *cernes*, si l'on peut dire, de son itinéraire.

Premier cerne : le livre et le graal
Commençons donc sous l'angle de quelques évidences, à défaut de quelque autorité plus haute. *Le Haut Livre du Graal* se situe, presque sans ambiguïté, dans un après du *Conte du graal*. Il rapporte les conséquences du silence de Perceval au château du Roi Pêcheur[10]. On retrouve le *nice* très exactement où Chrétien l'avait laissé, chez son oncle l'ermite, qui est ici devenu roi. Curieusement cette contiguïté ne renseigne guère sur le moment où le texte a été écrit[11], mais elle permet d'en cerner les premières *muances* qui, toutes, concernent la question des autorités – à commencer par celle qui change le conte en « haut livre » et l'oncle ermite en roi. La transformation se manifeste dans les quelques mots qui désignent d'abord le texte, « li hauz livres du Graal», quand Chrétien dit « contes do greal[12] ». Elle apparaît aussi dans la déclaration des autorités, puisque le « roman de Perceval » requiert, à travers la parabole

du bon grain puis dans la comparaison avec Alexandre, Philippe d'Alsace comme lecteur-donateur d'un livre dont Chrétien ne veut être que le rimeur, quand le *Perlesvaus* invoque Joséphé, à tort ou à raison confondu avec Flavius Josèphe, écrivant sous la dictée d'un ange. « Haut livre », « roi », « ange », le défilé des autorités est ouvert ; le roman, on le verra, le change en une danse macabre.

Mais l'écart entre le *Conte* et le *Haut Livre* se trouve encore, et d'emblée, dans le champ de référence du graal et dans son contexte. Dans le *Conte*, en effet, l'objet graal en lui-même n'est mystérieux pour aucun personnage ; les questions qu'aurait dû poser Perceval concernent sa finalité, celui que l'on sert du graal, et un autre objet du cortège dans lequel le graal est pris, la lance blanche qui saigne[13]. Ce cortège constitue le premier contexte connu du graal. Paradoxalement, c'est donc une question jamais posée qui donne une certaine consistance au graal en l'introduisant dans le champ sémantique du repas, motivation encore accentuée par le cadre dans lequel se déroulent les passages, celui du festin servi à Perceval et à son hôte, le roi invalide. On sait que, si le *nice* avait posé ses deux questions, la terre aurait retrouvé sa fertilité et le roi son autorité.

Le très fameux « échec » de Perceval au Château du Graal sera l'occasion, dans le roman de Chrétien, de trois discours : celui de la cousine, celui de la demoiselle à la mule rousse et celui de l'ermite. Parmi les trois, l'explication de l'ermite, qui apprend à Perceval l'identité de celui à qui est destiné le graal et son contenu, connaît un succès sans égal dans les Continuations : le graal, dit l'ermite, est servi au père du Roi Pêcheur, lui-même frère de l'ermite et tous deux oncles de Perceval ; il ne contient qu'une hostie car le vieux roi est si saint que cette nourriture lui suffit pour vivre depuis douze années. L'ermite a répondu à la question non posée et a identifié celui que l'on sert du graal, mais cette réponse a aussi changé le graal : l'hostie[14] transforme le plat à poisson en cette « chose sainte[15] », qui deviendra la relique des reliques, le calice de la Cène dans lequel Joseph d'Arimathie a recueilli le sang du Christ.

Dans la cabane de l'ermite, pourtant, la métamorphose n'est pas complète et le graal est toujours *in*-déterminé, en tant qu'objet, par *ce qu'il ne contient pas* dans le cadre d'un repas profane : « Ne ne cuide pas que il ait / Luz ne lamproies ne salmon » (v. 6346-

6347). Présenté sous l'angle du graal, le *Conte* rapporte donc ceci : une hostie dans un plat à poisson est servie à un hôte invisible par une accorte demoiselle dans la maison du roi invalide qui, incapable de chasser comme il sied aux seigneurs, pêche comme les manants... Un valet *gallois*, et qui comme tel « ne set mie totes lois[16] », aurait pu poser deux questions à propos du contexte de ce « graal » et remettre ainsi de l'ordre dans ce monde. Cet angle, cependant, présente un défaut de taille : il masque la composition du *Conte du graal*. Celui-ci traite en effet l'épisode au Château du graal comme un épisode dans une série, celle des gaffes de Perceval. Et les aventures de Perceval ne représentent elles-mêmes que le premier volet d'un diptyque dont le second est formé par les mésaventures de Gauvain. Le graal n'est pas au centre du *Conte*. Mais le défaut de l'autorité, oui.

Il en va tout autrement dans le *Perlesvaus*. Le contexte du « très saint Graal » y est assurément le miracle chrétien. Du point de vue de l'histoire de la littérature, si la dimension religieuse du graal est acquise, c'est qu'il est entré dans l'*estoire* dont Robert de Boron est l'initiateur – ce qui simplifie à peine les problèmes de datation mais change les données du récit, à commencer par le graal lui-même. Dans le *Conte*, il faut admettre que tout le monde (les personnages au moins) sait ce qu'est *un* graal, objet usuel sur lequel le narrateur s'arrête uniquement pour en signaler la richesse et la facture. Le Graal du *Haut Livre* a acquis un autre statut, il est maintenant devenu *le* Graal, la plus haute relique, la plus grande preuve, autrement dit, de la Nouvelle Loi. S'il n'est plus plat à poisson, il garde le souvenir de l'objet usuel qu'il était encore au début des récits chrétiens, coupe à boire dans laquelle Jésus a célébré le premier sacrifice (pas de mention, cependant, dans le *Perlesvaus*, de la Cène), récipient dans lequel le sang du Christ a été recueilli. Mais ce Graal est en *reste* sur la terre, son contact avec la divinité l'a rendu autre (comme le plat à poissons pour l'ermite de Chrétien), apte en cela à garantir les fonctions d'autorité les plus hautes.

Pourtant, dans ce contexte, l'indétermination du graal demeure. Lors du passage de Gauvain au Château du Graal, celui-ci a l'impression de voir *à l'intérieur* du « saintisme Greal » un calice « dont il n'iert gaires a icel tans » (p. 348)[17] ; le graal n'est donc pas le calice, ce qui n'aide guère à se représenter le

« vaissel » autrement que comme un récipient mais laisse déjà supposer la relation d'importance qui existe entre le Graal, objet *saintisme* dans son indétermination même, et les calices, qu'on ne voit guère en ces temps gastés : le graal, littéralement, porte le calice, garantit sa fonction. Au début de la branche X, le Graal « s'aparut el secret de la messe en .v. manieres que l'on ne doit dire mie ». Arthur en voit « totes les muances », « la daerraine si fu en galice » (p. 790). Un message, apparu sur la nappe d'autel, stipule que Dieu désire que l'on en fasse « ramenbrance » et, en effet, Arthur, profondément réjoui, « out en ramenbrance en son coer le non et la forme del saintisme galice ». Mais pas celle du Graal. Le passage, en outre, lie le calice à la cloche apportée de la Terre promise, promouvant ainsi les représentations de la refondation de l'ordre.

Dans le *Perlesvaus*, ces objets sont identifiés dans leur relation à un représentant de l'autorité plus élevé, le Graal, qui, lui-même, n'a pas de représentation fixe. Le contenant qu'est le Graal, dans ses *muances*, *figure* le calice : celui-ci assure donc la possibilité de la représentation, dans le monde des hommes, d'un objet en fonction de symbole, capable de les réunir, le graal. Le calice perpétue la mémoire du lien. Dans cette perspective, ce n'est pas la moindre des inventions du *Haut Livre* que d'avoir fait du graal le *patron* de tous les calices, dispersés dans le monde, avec les cloches, pour fonder églises et abbayes, autrement dit pour renouveler l'ordre et tisser le réseau des représentations. Dans le *Haut Livre*, le Graal n'est plus un objet usuel, il est au centre de la narration et au centre du monde qu'il contribue à vérifier.

Pourtant, lorsque Perceval conquiert le Château du Graal, rien ne change vraiment. C'est donc que le processus de validation est lui-même en crise, l'ordre remis en cause. De cela le conflit entre les deux lois n'est que le premier symptôme.

Deuxième cerne : la déliaison pour *conjointure*

Le *Perlesvaus* reprend les effets du silence de Perceval à travers le motif, bien connu lui aussi, de la terre gaste[18]. Les chevaliers sont traîtreusement tués, les demoiselles ne trouvent plus de mari, on n'écoute plus les prud'hommes, disait le *Conte*. Chacun de ces éléments est ici développé jusqu'à l'extrême. Le système « courtois » des représentations ne fonctionne plus. Le roi est pris dans des accès de mélancolie. Contrairement aux valeurs essentielles de la courtoisie selon le *Conte*, Arthur écoute « vilain gap » et « parole estoute » et chasse de la cour son meilleur chevalier. Non, comme on aurait pu s'y attendre et selon le motif tristanien, parce qu'on lui a rapporté que Lancelot aimait sa femme, mais parce qu'un losengier lui a raconté qu'il en voulait à sa souveraineté. D'ailleurs Guenièvre est morte. Mais l'indifférenciation touche tous les niveaux de la *creance*, religieuse autant que politique et courtoise. Les champs du miracle et de la merveille eux-mêmes sont contaminés l'un par l'autre comme l'a montré Francis Dubost[19].

Si le motif de la terre gaste induit la confusion au niveau de l'échelle des représentations selon laquelle fonctionnent – ou devraient fonctionner – les personnages, on retrouve aussi celle-ci au niveau de la construction romanesque. Dans le *Perlesvaus*, il semble même que la confusion soit érigée en modèle esthétique. La composition complexe du *Haut Livre du Graal* a donné lieu à des commentaires divers, du structuralisme au symbolisme ou à la psychanalyse avec Charles Méla. Aucun modèle, cependant, ne parvient à réduire les effets de cette confusion. Peut-être parce qu'en elle réside le principe de *conjointure* du texte. Cela est d'autant plus frappant dans un roman qui utilise un dispositif signifiant aussi contraignant en apparence que l'allégorie. Car *Le Haut Livre du Graal* se veut un roman de la *senefiance*, comme la *Queste*. Mais à la différence de la *Queste*, qui soumet la logique narrative à ce dispositif, *Le Haut Livre* le fait « de manière si périphérique, si rudimentaire et si discrète », pour reprendre les termes d'Armand Strubel, que soumettre l'interprétation à cette lecture allégorique « risquerait de fausser considérablement la lecture[20] ».

La composition en onze « branches » (et non pas douze même si l'édition que nous utilisons comporte une branche VI bis), qui s'ouvrent toutes, sauf une, au nom du Père, du Fils et du Saint Esprit (si l'on excepte le court prologue de la branche I et la branche VII, mais la formule apparaît au moment de la division de la branche VI), composition qui ne donne pas de classement numérique, ne satisfait pas vraiment, elle non plus, aux attentes du genre. L'unité de chacune des subdivisions n'est pas marquée et, si la coupure est formalisée sous la haute autorité de la Trinité, du point de vue de la logique narrative, elle semble, le plus souvent, arbitraire – sans parler de la grosseur respective de chacune de ces branches, la VIII étant remarquablement disproportionnée, par exemple, et les cinq premières beaucoup plus courtes. Les *incipit* comparables des branches I et VII suggèrent une composition en diptyque, mais c'est dans la branche IX, une fois le château du Graal conquis, qu'une distinction *presque* nette s'opère entre le travail de convertisseur de Perlesvaus et le déclin du royaume arthurien. C'est dans la branche IX aussi que l'on trouve la seconde cour plénière, la scène des deux soleils et la voix qui exige le second pèlerinage d'Arthur – au château du Graal reconquis cette fois. Les effets de répétition, de multiplication, de reprise, de spécularité se situent à tous les niveaux de la composition (personnages, aventures, objets, lieux…) et brouillent considérablement le déploiement des branches. La structure de la phrase privilégie la parataxe sur la syntaxe, juxtapose plus qu'elle n'ordonne. L'omniprésence du verbe *sembler* contribue encore à l'indétermination logique des propositions. Comme dans un kaléidoscope, la division permet la figure, mais la figure ici se donne soit pour incomplète, soit en excès de sens. La remembrance entre en concurrence avec la *senefiance* et aucune des deux ne conduit sûrement le lecteur sur le chemin du sens – d'un sens du moins, qui serait, expressément, désigné comme celui de la vérité.

Le livre que Joséphé « mist en remenbrance » sous la haute autorité de la voix d'un « angle », pour dire la vérité « par son escrit e par son tesmoignage » sur les chevaliers et les preudomes, et « coment il voldrent soffrir painne et travaill de la loi Jhesu Crist essaucier[21] », semble donc bien avoir choisi, pour accomplir cette haute mission, la déliaison pour *conjointure*. On trouve de cela un autre signe dans l'effet de lecture le plus marquant du *Haut Livre du Graal* – ce qui permet de proposer une lecture de cet effet dans cette *conjointure* déliée.

Troisième cerne : violence et *covenance* ou le dérangement

L'élément le plus représentatif du *Perlesvaus*, celui que même les étudiants connaissent sans l'avoir encore lu, est sans aucun doute ce qu'il est convenu d'appeler son extrême violence, qui a conduit la plupart des critiques à invoquer la folie ou, à tout le moins, les puissances obscures de l'inconscient. L'auditeur médiéval ressentait-il cet effet ? Dans une certaine mesure, les idées clunisiennes ou cisterciennes ou l'actualité de la Croisade pouvaient bien, de fait, avoir légitimé le recours à une violence inacceptable pour le lecteur moderne et démocrate, celle du massacre systématique de ceux qui refusent la conversion par exemple. Selon une autre perspective, sur laquelle revient Francis Dubost, la confrontation entre des traditions celtiques encore présentes et un christianisme conquérant pourrait expliquer, dans une certaine mesure aussi, la multiplication des têtes coupées dont on sait bien l'usage très répandu qu'en avaient les Celtes.

Mais il est difficile, contrairement à ce que pensait Thomas Kelly[22], de croire que l'*effet* produit par cette violence tient uniquement au décalage historique avec lequel tout lecteur des textes du Moyen Âge est familier, même si, bien sûr, ce décalage existe et qu'une contextualisation est évidemment nécessaire. Il faut bien, en effet, inscrire le *Perlesvaus* dans le roman arthurien où la violence est, certes, présente mais jamais à ce point. Le premier résultat d'une contextualisation est donc d'inscrire la violence du *Perlesvaus*, à proprement parler comme un effet *littéraire* ou, si l'on préfère, poétique, demandant à être analysé comme tel, même si (ou surtout *parce que*), du point de vue de la littérature et des histoires littéraires, cette violence a longtemps été inadmissible et que, à certains égards, elle l'est encore.

La représentation de la violence est banale dans la littérature médiévale. Les érudits du XIXe siècle y voyaient un signe de la barbarie des âges obscurs et, s'ils n'invoquaient pas l'inconscient, ils trouvaient tout de même quelque chose de pathologique dans l'exubérante célébration des mutilations diverses que recèlent les chansons de geste ou les fabliaux. Une faute de goût certaine, imputable, au mieux, à l'archaïsme des textes dans lesquels, comme l'explique Gustave Lanson par exemple, il convenait de trier, afin d'entendre plus clairement les premiers balbutiements de l'esprit français. Entendre dans le Moyen Âge ce qui nous constitue, telle est bien la démarche ordinaire, et si des travaux plus récents ont reconnu que fabliaux et chansons de geste étaient inséparables des romans appelés « courtois » ou des chansons des troubadours et des trouvères, c'est souvent pour y trouver non plus, certes, les traces du génie national (encore que…), mais celles de la constitution du psychisme. Toujours archaïque, la littérature médiévale laisserait plus aisément venir à l'expression ce que l'avancée de la civilisation a refoulé. La violence du *Perlesvaus* relèverait de cela.

Cette conviction repose sans doute sur une lecture rapide de l'idée freudienne selon laquelle les phénomènes psychiques les plus archaïques sont les plus signifiants pour un sujet. Mais Freud parle là des phénomènes psychiques, non de la littérature. La valeur signifiante d'un texte ne se mesure pas pour lui à son ancienneté. Les exemples qu'il prend pour étayer ses thèses le montrent bien qui vont de Sophocle à ses contemporains : c'est dans l'effet *esthétique* qu'il produit que le texte est à même de fournir au psychanalyste une représentation possible du fonctionnement du psychisme. Et on pourrait ajouter que c'est seulement à propos de cet effet que la psychanalyse a quelque chose à dire de la littérature. Il n'y pas d'inconscient du texte, il n'y a d'inconscient que d'un sujet. Si la violence du *Perlesvaus* dérange, ce n'est pas plus (ni moins d'ailleurs) le résultat d'une représentation inconsciente du psychisme – les scènes de cannibalisme ont volontiers été interprétées ainsi – que d'un décalage historique. Ce *dérangement* est un effet littéraire, autrement dit construit, et il faut donc admettre que l'auditeur médiéval le ressentait aussi, même si d'une manière sans aucun doute différente. C'est donc en tant que procédé qu'il doit être analysé.

Qu'est-ce qui rend cette violence si dérangeante ? Ses manifestations – massacres, batailles, mutilations et, principalement et de manière omniprésente, décapitations – mais, surtout, le fait que ces manifestations ne sont pas relevées par une signification dans leur *contexte* – c'est-à-dire, en premier lieu, comme on l'a vu, le roman arthurien, qui n'est pas coutumier du fait et, plus encore, le roman arthurien qui vise la *senefiance* chrétienne. Malgré la tentative du château de l'Enquête dont les limites interprétatives soulignent justement l'incapacité de l'allégorie à assumer la relève signifiante, la violence n'est pas traitée comme une *semblance* qu'il suffirait d'interpréter pour en dissiper les effets dérangeants. La violence est en reste de l'entreprise allégorique.

Ainsi que l'écrit Francis Dubost, il y a là comme un effet de dissonance persistant dans lequel il a magistralement relevé l'opérativité *fantastique* du texte[23]. Or le fantastique, c'est bien connu, se construit sur l'indécidabilité : impossible de savoir si le phénomène décrit participe du réel ou de l'imaginaire. Le rêve de Cahus, qui ouvre le texte, en acquiert une dimension programmatique.

À l'aide de ces trois premiers cernes, résumons-nous : *Le Haut Livre du Graal* représente les effets du silence de Perceval au château du Roi Pêcheur. Il figure un monde dans lequel le système des valeurs ne fonctionne plus et pour lequel aucun modèle de lecture n'est totalement opérant. Dans ce cadre, il produit un texte dont le principe de composition est la déliaison, conduisant le lecteur (ou l'auditeur) à éprouver, comme premier effet de lecture, la dissonance permanente qui résulte du décalage entre la représentation des événements, de l'aventure, et sa prise en charge signifiante. Le monde représenté dans le *Perlesvaus* et l'effet que cette représentation produit chez le lecteur répondent tous deux à ce qu'on pourrait appeler une esthétique de la mélancolie. Il est possible que cela induise une information sur la structure psychique de l'auteur du texte, mais nous n'en savons rien. Il est évident, en revanche, que cette esthétique vise un *sen* qui concerne les valeurs courtoises dans leur ensemble.

Au delà de la composition en branches, la *conjointure* mise en œuvre, comme le signale déjà, dans un autre contexte, Charles Méla, repose en grande partie sur la tension entre la muance, renvoyée au principe de plaisir des chevaliers, et la répétition, renvoyée, elle, à la peine et à la souffrance, voulues par le Dieu[24] de la Nouvelle Loi car, ainsi que le constate Perlesvaus au moment de conquérir le Château du Graal, Dieu, qui pourrait en une heure vaincre tous les hommes du monde, « vielt que on se travalt por li autresi con il soufri travail por le pule[25] ». Il retrouve par là le prologue de Josephé. C'est pour maintenir la répétition de la peine, en une sorte de mémoire sans lien avec l'avenir ou le désir, que Dieu introduit la muance, pour que « la tere fust confermee de la Novele Loi et il furent li chevalier del mont qui plus eurent peine et travail por querre aventures et por tenir ço que ils avoient en covent[26] ».

La *covenance*, l'accord, la parole donnée, est le fondement même de la société médiévale. *Covenance* entre Dieu et les hommes, que représente la Nouvelle Loi ; *covenance* entre les hommes et les différentes instances de la société, que représente le système féodal. Le fondement de la *covenance* est la *creance*. Or, dans *Le Haut Livre du Graal*, la *creance* est en crise à tous les niveaux : celui du rapport du suzerain à son vassal comme celui du rapport de la *senefiance* à la *semblance*. Le défaut de parole de Perceval a eu pour conséquence explicite un défaut dans l'ordre de la garantie du monde ; ce n'est pas la stérilité de la terre qui a gasté le monde mais l'impossibilité de la *creance*, sa fausseté. Et, parce que la *creance* ne fonctionne pas, chacun, pris au piège de la pulsion de mort, est voué à vérifier toujours la validité de la Loi dans la répétition de la souffrance. La violence en est l'indice le plus évident. D'autant que cette loi se manifeste alors sans relais, de manière absolue et terrifiante. Le défaut de *creance* est alors, comme dans la mélancolie clinique d'ailleurs, le symptôme principal de la mélancolie.

L'angle de la mélancolie

La *creance* est au fondement de toute société et en particulier de la société médiévale qui est fondée sur la parole donnée. Au Moyen Âge, la *creance* régit plusieurs niveaux de signification. Elle est croyance ou foi ; elle est *fiance*, confiance, et, par extension, crédit et crédibilité. Le même mot engage donc la croyance, la dette et l'autorité, signifiant ainsi les données du partage qui assurent la possibilité de la vie sociale et la hiérarchie des valeurs.

C'est en premier lieu la déliaison des trois aspects de la croyance, de la dette et de l'autorité, que le *Perlesvaus* ne cesse de représenter. Ainsi s'explique le caractère binaire de la construction du roman et le fait que, le château du Graal conquis, rien ne soit réglé. Quelques exemples suffisent à le montrer. Prenons le défaut de la *creance* dans sa dimension courtoise, incarné au premier chef dans la figure d'Arthur.

Pour qui se souvient du prologue du *Conte du graal*, il semble qu'Arthur se soit mué en cette figure d'Alexandre que Chrétien compare à celle de Philippe d'Alsace pour l'en démarquer totalement. Les deux fondements de la culture courtoise selon Chrétien, la largesse et l'indifférence aux ragots, lui sont, en effet, bien étrangers. Au début du *Perlesvaus*, Arthur a perdu « le talent des largesses ». Il en a bien conscience mais, saisi qu'il est d'une étrange langueur, la réalité de la relation courtoise est pour lui comme désactivée, il ne peut que

constater la muance de son désir de largesse en faiblesse de
cœur, comme en témoigne sa réponse à Guenièvre qui se
souvient de la splendeur d'antan.

> Certes, dame, dist li rois, ge n'é volenté de fere largesce
> ne chose qui tort a honeur ; ainz m'est mes talenz muëz en
> floibece de cuer, e par ce sé ge bien que ge per(t) mes
> chevaliers e l'amor de mes amis[27].

La mélancolie d'Arthur est déjà représentée dans le *Conte du
graal*, mais elle y est référée à la menace que représente le
Chevalier Vermeil. Il s'agit ici d'autre chose : la ré-créantise du
roi. Le motif n'est pas particulier à notre roman, on le trouve
par exemple dans le lai de Graelent, ou encore dans la
conversation entre Tristan et Iseut à la fontaine, que surprend
Marc caché dans le pin. Mais le *Perlesvaus* lui donne une
dimension nouvelle en le décrivant d'une part comme l'absence
de volonté d'Arthur – qui prend alors l'aspect de l'acédie[28] – et
en le renvoyant explicitement au défaut de parole de Perceval
d'autre part, c'est-à-dire à une faute commise par un autre mais
qui engage l'ordre collectif. Arthur souffre, pour utiliser les
mots de la clinique mélancolique d'aujourd'hui, d'un déni
d'intention. La langueur du Roi Pêcheur sera elle aussi, dans la
branche II, renvoyée au silence de Perceval, comme les guerres
qui dévastent le royaume.

Figure du roi récréant qui a perdu le talent des largesses,
Arthur est désormais aussi celui qui écoute « vilain gap et
parole estoute » pour reprendre les termes du prologue de
Chrétien : il croira Brien des Îles et jettera Lancelot en prison,
victime de la losenge, comme le premier venu.

Et peut-être faut-il encore ajouter à tout cela le fait que le roi
parte à l'aventure, comme un chevalier, incognito ou en trichant
sur son nom.

Le défaut du roi est aussi celui de ses chevaliers – là encore, le
motif est bien connu : l'impuissance du Roi Pêcheur en fait le
souverain d'une terre gaste. Dans le *Perlesvaus*, les dettes de
reconnaissance et de ressentiment sont infinies ; elles constituent
même le principal moteur des aventures. Le motif du don
contraignant est un autre ressort du dérèglement de la *creance*.

Mettre fin aux mauvaises coutumes – tâche chevaleresque s'il en est – a ici des conséquences presque toujours néfastes...

Bref, le code chevaleresque qui régit les actions des chevaliers n'est plus valide. Le Chevalier Couard représente ainsi une chevalerie qui n'a plus de sens. Lancelot force un chevalier à épouser une demoiselle qu'il n'aime pas et celle-ci se retrouve à manger avec les serviteurs. Keu tue Lohot, le fils d'Arthur, et s'approprie sa victoire sur le géant. Brien est, lui, doublement *recreant* puisqu'il change de camp plusieurs fois.

La parole ne compte plus. Gauvain n'existe pour Marin le Jaloux que figé dans sa réputation de séducteur et cette réputation suffit à rendre mortelles les lois de l'hospitalité. Le meurtre de la dame a lieu malgré les dénégations du chevalier. La démesure de la punition, gratuite puisque la dame n'est pas coupable, et la complaisance du texte à décrire la scène excèdent largement l'explication qu'en donnera le maître des prêtres au Château de l'Enquête qui garde l'entrée de la terre du Roi Pêcheur. La culpabilité que se partagent tous les personnages atteint désormais Gauvain et elle le poursuivra, lui aussi, tout au long du roman, en faisant de lui un chevalier tout « pensis », si « pensis » qu'il reproduit au château du Graal, en voyant tomber sur la *table*[29] trois gouttes de sang, le silence de Perceval dans l'épisode du *Conte*.

La grâce elle-même n'a plus cours et les demandes des vaincus ne sont pas respectées. Le châtiment infligé par Perlesvaus au seigneur des Mores n'a plus rien de chevaleresque, c'est le moins qu'on puisse dire : noyé dans une cuve emplie du sang de onze de ses chevaliers dans laquelle sa tête est plongée, tandis qu'il est pendu par les pieds...

Si la *creance* courtoise est en défaut, la *creance* religieuse ne trouve pas non plus un système *covenant* et cela pas uniquement parce qu'elle doit combattre une « fausse creance » qui n'est jamais bien définie dans le texte malgré son omniprésente menace.

On a déjà souligné à plusieurs reprises combien les *senefiances* proposées au Château de l'Enquête satisfaisaient peu. L'histoire du fils de Gurgaran, dans la branche VI est, à cet égard, exemplaire. Le pays du roi païen est en grande douleur car un géant, qui ravage le pays, a enlevé son fils. Gauvain part à sa recherche, combat contre le géant mais ne peut empêcher celui-ci de tuer le fils du roi. Gauvain rapporte au roi le cadavre du fils et la tête du géant. L'étrange scène de cannibalisme qui suit est suffisamment célèbre pour qu'il ne soit pas besoin d'y insister beaucoup : le cadavre du fils est bouilli, découpé en morceaux et partagé entre les hommes du roi. À la suite de quoi le roi se convertit. L'interprétation au Château de l'Enquête entérine sans autre forme de procès la référence presque explicite au sacrifice du fils. Si le roi a voulu faire manger le cadavre de son fils aux habitants de sa terre, c'est qu'il avait « déjà offert son corps au Seigneur » et qu'il désirait que ses sujets partagent sa *creance*...

Si les autorités sont défaillantes, les objets sacrés, à commencer par le Graal, restes de la présence et preuves de la *creance*, sont eux aussi impuissants à assurer la légitimité de celui qui les possède ou du lieu où ils se trouvent. Aussi nous représente-t-on la valse des reliques qui passent d'un lieu à un autre, voire même d'une Loi à une autre : l'épée qui a servi à décapiter saint Jean, la croix, la couronne d'épines dans le cercle d'or... et leurs doubles infernaux comme la lance qui brûle.

Les saints hommes n'obéissent guère aux principes qu'ils enseignent. Il faut mentionner le personnage de Joseus, le jeune ermite, qui se bat au Château du Graal avec Perlesvaus, contredisant ainsi l'idéal de paix qu'il est supposé incarner. Et Francis Dubost, enfin, a suffisamment montré l'ambiguïté des personnages noirs et des lieux de l'Enfer vis-à-vis de la blanche merveille pour que l'on puisse se contenter de les évoquer ici. Il faut encore ajouter à tout cela l'utilisation des automates au château de l'enquête, au Château Tournoyant, au Château de la Tour, au Château du Taureau de cuivre... Comme la courtoisie, qui se donne pour fonction de représenter l'idéal féodal en réglant la hiérarchie des valeurs, la religion, « la Nouvelle Loi » devrait avoir pour fonction de distinguer entre la vie et la mort, le bien et le mal. Mais elle ne le fait pas.

Ainsi, la logique du kaléidoscope, la tension entre *muance* et répétition qui conduit la *conjointure* du livre ne fait que reprendre la nécessité de la douleur et les flots de sang que ressasse le *Haut Livre*, comme il ressasse le sacrifice de tous les fils rencontrés dans le roman. Tous sauf un : Perlesvaus.

L'incertitude est ainsi étendue à la différence entre la vie, la mort et le mécanique. Dans un tel contexte le personnage lui-même se donne comme *autre*. Freud analyse un tel effet esthétique dans un article de 1919 concernant un conte d'Hoffmann[30]. L'expression française, « inquiétante étrangeté », utilisée dans la traduction de l'article, rend mal l'idée d'*Unheimliche* car elle masque ce qui constitue le principe fondamental de l'angoisse : la reconnaissance, au plus intime de soi, de l'étranger, qui n'est plus alors une donnée du monde extérieur mais agit au lieu même de l'identité, dans la répétition du même[31]. Dans la littérature, le motif est traditionnellement associé à l'apparition du double. Mais la spécificité de la construction du personnage dans la littérature médiévale et le principe de transfictionnalité[32] qui l'anime, permettent un autre traitement du motif.

Il est représenté, à l'entrée du roman, dans l'épisode du rêve de Cahus mais il marque tous les personnages, à des degrés divers.

Inquiétante étrangeté

La construction des personnages est elle-même, en effet, contaminée par le défaut de *creance*. *Le Haut Livre du Graal* ne raconte pas seulement les aventures de Perceval et il ne s'achève d'ailleurs pas avec la conquête du Château du Graal. Il suit les trois meilleurs chevaliers du monde et le roi Arthur : comme la presque totalité des personnages secondaires, ils viennent des romans arthuriens et essentiellement de Chrétien de Troyes. Comme c'est toujours le cas dans la littérature médiévale, chacun des personnages est marqué par la figure qu'il incarne dans les textes précédents, et qui peut se concevoir comme un rapport au monde ou, si l'on veut utiliser les termes de la psychanalyse, comme une « relation d'objet » : ainsi Gauvain est le bien appris, le favori des dames ; Lancelot est celui qui n'aime qu'une seule femme, la Reine ; Arthur est le roi… La déconstruction qu'ils subissent dans le *Perlesvaus* s'effectue en fonction de cette figure ou de ce rapport au monde : altérité et altération peuvent alors être considérées comme les principes de composition des personnages dans le roman.

Dans ce système, Perlesvaus est le seul personnage à avoir changé de nom. Il ne s'appelle plus Perceval. Le personnage de Chrétien a déjà bien du mal à découvrir son nom. Juste après l'épisode au Château du Graal, celui que le *Conte* a toujours appelé « le valet », a, littéralement, la révélation[33] de son nom alors qu'il converse avec une demoiselle qui tient sur ses genoux la tête de son amant. Il dit se nommer « Perceval le Gallois ». Mais celle qui se révèle être sa cousine change immédiatement ce nom en Perceval *li chaitif*. Dans le *Haut Livre*, les choses sont autrement complexes.

Perlesvaus est à la fois le Bon Chevalier et celui qui s'est tu au Château du Graal, dont chacun rappelle à Gauvain qu'il ne doit pas faire comme lui. Ce que celui-ci fera de toutes façons, abîmé dans la contemplation des visions. Clamados, dans la Branche VII, accuse clairement Perlesvaus du meurtre de son père, le Chevalier Vermeil du *Conte* : « […] il ocist mon pere en la Forest Soutaine sans deffiance et lancha d'un gavelot par mi le cors conme traitre […][34] ».

Perlesvaus dissimule son identité de multiples façons, ainsi dans la branche VIII, lorsqu'il exige que Gauvain ne lui demande pas son nom jusqu'à ce qu'il lui ait demandé le sien (p. 521). Il reste introuvable alors que sa mère risque de perdre son fief et que sa sœur le cherche par tous les royaumes. Le Roi Pêcheur ignore jusqu'à la branche VII l'identité de celui qui s'est tu devant le Graal. C'est Lancelot – qui ne verra pas le graal à cause de son amour pour Guenièvre dont il refuse de se repentir – qui le lui apprend. Au début de cette même branche VII, le livre réunit enfin tous les aspects du personnage en renouant explicitement, là encore, avec le *Conte*.

> Chis haus estores profitables nos temoigne que li fius a la Veve Dame sejornoit encore avoec son oncle, le roi Pellés, en l'ermitage, et par la destreche del mal qu'il out eü puis qu'il issi de la maison le Roi Pescheor, fu il confés a son oncle, et li dist de queil lignage il estoit et qu'il avoit non Perlesvaus. Mais li bons hermites, li bons rois, li avoit mis a non Par Lui Fait, et por cho qu'il s'estoit fais par lui meesmes[35].

Les scènes de reconnaissance manquées se multiplient dans le roman, avec Gauvain, avec Dandrane. Perlesvaus change d'armes et de couleurs. À la fin du roman, il porte un écu blanc. « [I]l est li plus divers chevalier del mont et li mieldres chevalier qui vive », s'écrie, dans la branche VIII (p. 532), la demoiselle qui se promène avec le cadavre d'un chevalier qu'elle ne peut enterrer avant qu'il soit vengé, entérinant ainsi le paradoxe dans la *conjointure* du « divers » et du « meilleur ». La raison pour laquelle l'ermite lui attribue ce nom de Par-Lui-Fait – ou pourquoi il estime que Perlesvaus s'est fait lui-même – semble assez obscur. On sait, par contre, que son père l'a baptisé Perlesvaus, à cause des vaux qu'il a perdus. Le nom du nouveau Perceval est donc initialement marqué par la perte. En ce sens le sobriquet de l'ermite est signifiant : marqué par la perte de son père (double, celle des vaux et celle du père lui-même), Perlesvaus n'a pu que se faire tout seul. Il n'a reçu que la perte en héritage. Aussi, lorsque le texte tente d'identifier le « Bon chevalier », cela revient parfois à résumer toute l'histoire comme le fait la demoiselle au chevalier mort pour Lancelot dans le passage déjà évoqué de la branche VIII. Perlesvaus, comme Arthur ou Gauvain mais autrement, est lui aussi un modèle de dé-construction mélancolique.

Une dernière fois, résumons-nous. Le roman présente un système de représentation en déroute dont les figures d'autorité sont toutes en mal d'assurance et de garantie. Il a pour héros un personnage éclaté dont l'identité est pour le moins problématique, qui change d'armes tout le temps, refuse de parler et de dire son nom, même à sa sœur, et qui est la cause du mal-être général de tout le système. Son identité est confirmée à sa mère seulement lorsque s'ouvre le tombeau qui est devant son château. Et il faut enfin en venir à toutes ces images de la mort qui hantent le texte : char rempli de têtes coupées, tombeaux qui s'ouvrent, cadavres transportés d'un lieu à un autre, dans des boîtes, des litières, etc. La mort envahit l'espace des vivants ou, pour le dire autrement, le monde du *Haut Livre du Graal* semble se situer dans l'espace de l'entre-deux-morts tel que l'ethnologie ou la psychanalyse l'appréhendent. Arrêtons-nous un instant sur cette idée.

Dans le séminaire intitulé *L'éthique de la psychanalyse*, Jacques Lacan constate que l'idée d'infliger une mort plus radicale que la mort physique est sans doute à ramener aux fondements de la civilisation, dont les rites funéraires constituent l'acte de naissance pour une grande partie de l'anthropologie moderne. Priver quelqu'un de ces rites constitue une condamnation radicale à l'oubli : l'exclusion de l'humanité, l'anéantissement total sans relève aucune, ni par le sacré, ni par l'imaginaire. Tel est le destin que les bourreaux réservent à certaines de leurs victimes dans le monde du Marquis de Sade et tel est celui auquel Créon condamne Antigone qui entre vivante au tombeau. Une telle condamnation sanctionne (ou vise à faire éprouver, dans le cas de Sade) un acte qui met en question l'échelle des biens et donc bouleverse l'ordre établi. Antigone, refusant de faire la distinction entre ses deux frères – c'est-à-dire entre le traître et le héros – met Thèbes en péril. Elle se situe hors de la logique de la cité et de l'imaginaire des biens qui en fait le ciment. Au-delà de la chaîne des biens et dans l'approche de la mort symbolique, entre deux-morts, donc, Lacan relève, dans la description que le chœur donne de l'entrée d'Antigone au tombeau, l'effet esthétique par excellence qu'il appelle « l'effet de beau » ou « l'effet de beauté », hors limite et capable, par sa double proximité, de renouer la chaîne signifiante. Sa conclusion est donc que l'échelle des biens repose sur un effet de beau ou que, pour le dire autrement, l'effet esthétique fonde l'éthique. Ainsi est marquée la fonction de l'œuvre d'art pour la civilisation en même temps que sa proximité avec l'horreur. La méduse est l'autre face du graal[36].

Or le prologue du *Perlesvaus* pose très exactement la question de l'entre-deux-morts et la rapporte au héros initial de la chevalerie, Joseph d'Arimathie, faisant ainsi de la victoire sur l'entre-deux-morts, la fonction première de la chevalerie.

> E por ce li fist Pilates le don du cors au Sauveeur, qu'il cuida qu'il le deüst vilainement traïner parmi la cité de Jerusalem qant il l'eüst osté de la croiz, e lessier le cors hors de cité en aucun vilain leu ; mes li buens soudoiers n'en ot talent, ainz ennora le cors au plus qu'il pot e cocha o saint monument, e garda la lance, de coi il fu feruz o costé, e le saintisme vessel, en coi cil qui le creoient pooureusement recueillirent le sanc qui decoroit de ses plaies qant il fu mis en la croiz[37].

Non seulement le bon soldat n'abandonne pas le corps du Christ et lui offre un monument, mais il garde les signes par lesquels la relève de la mort dans l'effet de beau pourra être assurée, et la nouvelle loi fondée : la lance et le graal. Et c'est bien le rôle que leur assigne aussi Chrétien, mais dans un autre système de représentations : si le *nice* avait posé les questions, l'ordre du monde aurait été retrouvé.

Mais dans le monde en défaut de *creance* du *Perlesvaus*, le graal n'assure plus la fonction qu'il avait chez Chrétien. Lancelot est le seul à avoir une quelconque certitude sur ce qui fonde sa propre échelle des valeurs. La Reine lui tient lieu de graal[38]. Et c'est très précisément ce qu'il répond au Roi Ermite dans la branche VIII (p. 480) :

> « – Sire, fait Lancelot, la roine desir ge a veoir por apprendre sens et cortesie e valor ; aussi doivent faire tuit chevalier, kar ele a totes les onors en lui que dame puist avoir ».

Mais son système n'est pas partageable – ou ne l'est plus – et, comme si la démonstration n'était pas suffisante, Guenièvre, de toutes façons, meurt. La seule fois où les amants seront en présence dans le roman, Lancelot pleure sur le tombeau de Guenièvre en prétextant prier une statue de la Vierge qui se trouve là.

C'est alors dans l'effet produit par le graal ou, plus justement, dans l'effet qu'il *aurait pu* produire dans son contexte au moment de son *invention* par Chrétien, que l'on peut finalement, peut-être, comprendre la dissonance introduite par *Le Haut Livre* dans son effet d'inquiétante étrangeté. Là encore l'angle de la mélancolie permet de mieux comprendre la *conjointure* du roman.

Dans le traitement de la mélancolie clinique, Marie-Claude Lambotte[39] a mis en lumière le fonctionnement, toujours provisoire, d'un objet usuel, déplacé sans intention et qui, soudainement, pris dans un autre *angle* permet au mélancolique de reconstruire ce qui l'entoure, de lui conférer un ordre, un sens. Cet objet *esthétique* – c'est le nom qu'elle lui donne pour le différencier de l'œuvre d'art qui suppose une dimension universelle – représente assez bien le fonctionnement du graal. Comme lui, il est un objet usuel déplacé, décalé de son usage. Comme lui encore, il sert de point de focalisation pour réorganiser la réalité. Mais, à la différence de l'objet esthétique, le graal doit assumer cette fonction pour tous, c'est-à-dire qu'il doit assurer, au sens fort du terme, une fonction *symbolique*.

Si l'objet esthétique peut, pour un temps, soulager le mélancolique, c'est qu'il intervient à la place de ce que Freud appelle le « représentant de la représentation » (Henri Rey-Flaud[40]) ou la « chose » (Lacan[41]), signifiant premier qui contient, pour un sujet, la possibilité de la chaîne des signifiants et celle de la représentation tout entière (et du transfert et du désir) – *représentant* dont le fonctionnement n'est garanti qu'à être toujours déjà perdu. C'est lui qui assure, pour chacun, le fonctionnement du système et le rapport aux autres. Dans la mélancolie, le fonctionnement de l'échelle des représentations n'a pas été assuré par cette perte et l'image du sujet n'a pas pu se construire dans les modalités du transfert qui sont celles de tous, c'est pourquoi le monde lui semble indifférencié. Le mélancolique présente toujours une identité morcelée, en défaut, incapable de reconnaissance spéculaire. Il n'y a pas entre lui et le monde de possibilité de médiation. La loi, le rapport à l'autre, est alors, comme pour le capitaine Achab, une menace mortelle qui se solde, en général, par le suicide.

Dans le *Perlesvaus*, le graal a perdu sa fonction symbolique. Il est considéré comme une relique parmi d'autres, la plus importante, certes, mais une relique qu'il suffit de posséder, un « talisman de royauté » pour reprendre l'expression d'Armand Strubel. En ce sens, d'ailleurs, il participe de la représentation : si l'on ne peut exactement le dupliquer, il est possible d'en fabriquer des représentants, ces calices qu'Arthur va disperser dans tout le royaume avec les cloches, tissant ainsi le réseau des paroisses, au début de la branche X. Mais si la fonction du graal n'est plus assurée, la Loi devient mortelle. Et c'est bien ce qui se produit dans le roman où le graal, plutôt que le symbole que devrait être la relique des reliques, semble un fétiche.

Cahus et les deux Gallois

Il existe bien, pourtant, un objet en dehors de la représentation dans le roman, c'est le candélabre de Cahus. Il a été déposé, au début du livre, dans la cathédrale Saint-Paul, car celle-ci a été nouvellement établie et le texte relève, dans cette remarque, le caractère fondateur de l'objet en même temps qu'il le traite comme une relique. Mais relique, reste de quoi ?

Le candélabre est le seul objet en effet, avec le couteau qui a tué l'écuyer, à venir d'un au-delà de la représentation puisqu'il vient du rêve. Francis Dubost a signalé l'étrange comportement du couteau qui, planté dans le côté droit de l'écuyer, se retrouve dans son côté gauche, signalant ainsi la dimension spéculaire du monde « réel ». Le candélabre que Cahus veut absolument donner au roi, qu'il rapporte depuis l'autre côté du miroir, signale peut-être le déplacement de la fonction du graal, sa fétichisation en quelque sorte qui fige tout le système dans la recherche et la matérialisation d'une garantie suprême derrière les choses. D'autant qu'il est peut-être un écho du cortège du graal chez Chrétien où la lance, le graal avec le tailloir sont accompagnés de deux candélabres d'or pur, finement niellés, et qu'il annonce cette scène étrange où Perlesvaus couché entre quatre candélabres revient de l'au-delà – où il retournera à la fin du livre, laissant derrière lui un château *gasti* qui abrite non plus le Graal mais son envers peut-être, à l'effet *médusant*.

La fin des aventures ouvre en effet un singulier temps de la fin : les personnages réunis dans le « saintisme chastel » avec leurs morts et les reliques sacrées meurent un à un, il ne reste que Perlesvaus ; seuls les ermites qui vivent à proximité du château viennent recevoir ses conseils. Un jour, une voix lui ordonne de répartir entre eux les reliques. Étrangement, lorsqu'elle se tait, il se produit comme une résurrection ratée : tous les cercueils se mettent à grincer effroyablement mais ne s'ouvrent pas. En revanche, munis de leurs reliques, les ermites « edefierent eglises e mesons de religion q'on voit es terres e es illes » (p. 1048), assurant ainsi le réseau signifiant. Et puis Perlesvaus lui-même disparaît, emporté avec ses cadavres par le navire « a la blanche voile e a la croiz vermeille ». Après lui demeure encore Joseus ; lorsqu'il meurt le château se délabre peu à peu. Seule la chapelle dure « en son buen point » (p. 1050). Finalement, quand le château « *agasti* », les gens se « mervelloient que ce pooit estre en cel manoir ». Mais ceux qui y pénètrent disparaissent. Jusqu'à ce qu'arrivent un jour deux jeunes *Gallois* qui « estoient molt bel bacheler, e molt juene e envoisié ». *Deux* Perceval, plein de gaieté comme le valet au début du *Conte*, qui entrent par plaisanterie, disparaissent à leur tour et puis réapparaissent, ayant fini de rire, menant une vie très dure, ermites « par les forez » – victimes de quelle rencontre dans le Château du Graal gasté ?

On peut se demander, manière de conclure, de quelle autorité se prévaut cet *angle* qui dicte son livre en latin, les branches du Graal, à Joséphé, l'historien. Le modèle évangélique ou apocalyptique est évident, mais la Révélation n'est pas tant celle de la Nouvelle Loi que celle des risques que présente la transformation de la fonction symbolique de l'objet, qui rassemble et suppose le partage, en fétiche qui fige le système de valeurs, ou en moule à avatars, débris imaginaires d'une *conjointure* perdue.

Le *Perlesvaus*, contrairement à la majeure partie des romans arthuriens, semble ne pas avoir eu de continuateur, direct du moins. Les problèmes posés par la datation du texte et, en conséquence, son intégration dans la genèse du cycle arthurien, témoignent toujours, aujourd'hui, non seulement de la difficulté de lecture d'un texte aussi sujet aux *muances* que l'espace qu'il se propose de *convertir*, mais aussi de l'embarras qu'il y a à lui attribuer une place dans l'histoire littéraire.

T. S. Eliot, lui même à l'origine de l'une des plus grandes réécritures modernes du cycle du graal, dit que l'advenue d'une grande œuvre change non seulement l'avenir de la littérature mais qu'elle en modifie aussi le passé. Tel est peut-être le sens de l'a-venir du *Haut Livre du Graal* qu'il permet de mieux comprendre les enjeux du *Conte* mais aussi ceux du contexte historique d'une époque où les liens entre l'autre, l'ailleurs et l'autrefois – pour reprendre les termes du titre d'un haut livre des études médiévales – ne sont jamais donnés mais se présentent comme toujours à *éprouver*.

Et en ce sens le *Perlesvaus* reste un livre à venir, car la question du lien et du partage, comme celle de la fonction esthétique, est bien au cœur de notre propre contexte historique – et la raison pour laquelle, peut-être, on a recommencé à lire ce texte. Aussi terminerons-nous sur la formule de la dernière *muance* de Perceval, les deux jeunes ermites : « Alez [...] si savrez le porcoi ».

Marie Blaise
Université Paul-Valéry, Montpellier 3
CRISES

NOTES

[1] « Joséphé nous témoigne que la configuration des îles se transformait selon la diversité des aventures qui s'y produisaient selon le bon plaisir de Dieu, et la quête d'aventures n'aurait pas plu autant aux chevaliers s'ils n'y avaient trouvé quelque variété. En effet, quand ils avaient passé du temps dans une forêt ou dans une île où ils avaient trouvé quelque aventure, s'ils y revenaient une autre fois, ils pouvaient y trouver des refuges, des châteaux ou des aventures d'une nouvelle sorte, afin que les efforts et les souffrances ne leur pèsent pas, car le but de Dieu était que la Nouvelle Loi fût établie fermement sur la terre ; ils furent les chevaliers au monde qui subirent le plus d'épreuves et de souffrances pour trouver des aventures et tenir leurs engagements » (*Le Haut Livre du Graal*, texte établi, présenté et traduit par Armand Strubel, Le Livre de poche, « Lettres gothiques », Paris, 2007 (désormais *HLG*), p. 733, 735).
[2] Les choses ne sont pourtant pas si simples. Voir Raymond Klibansky, Erwin Panofsky, Fritz Saxl, *Saturne et la mélancolie*, Paris, Gallimard, 1989.
[3] Le mal se serait déclaré en Orient, parmi les religieux qui choisissent le désert pour vivre leur séparation d'avec le monde. L'acédie est un péché en perpétuelle transformation, parfois confondue avec la tristesse, autre péché capital, parfois distingué d'elle. Voir Carla Casagrande et Silvana Vecchio, *Histoire des péchés capitaux au Moyen Âge*, [2000], Paris, Aubier, 2003.
[4] Voir Jacqueline Cerquiglini-Toulet, *La couleur de la mélancolie*, Paris, Stock, 1993.
[5] « Pourquoi tous les hommes qui furent exceptionnels en philosophie, en politique, en poésie ou dans les arts étaient-ils manifestement mélancoliques, et quelques-uns au point d'être pris des accès causés par la bile noire, comme il est dit d'Héraclès dans les [mythes] héroïques ? […] » (Pseudo-Aristote, *Problemata*, XXX, 1, dans *L'Homme de génie et la mélancolie : problème XXX, 1*, trad., présentation et notes par Jackie Pigeaud, Paris-Marseille, Rivages, 1991).
[6] Ce qu'il fait en comparant la mélancolie et le deuil dans son article de 1915, « Deuil et mélancolie », *Métapsychologie*, Paris, Gallimard, folio essais, 1968 [pour la traduction]. Voir aussi : Freud, *Au-delà du principe de plaisir*, [1920], *OCF* XV, 1996 ; *Le Moi et le Ça* [1923], *OCF* XVI, 1991 ; *Le Malaise dans la culture* [1930], *OCF* XVIII, 1994. Jacques Lacan, *L'Éthique de la psychanalyse, Le Séminaire*, VII (1959-1960), Paris, Seuil, 1986 ; *Le Transfert, Le Séminaire* VIII (1960-1961), Paris, Seuil, 1991 ; *L'angoisse, Le Séminaire* X (1962,63), Paris, Seuil, 2004.
[7] Travaux poursuivis aujourd'hui en France par Marie-Claude Lambotte.
[8] Le terme a traversé deux mille ans d'histoire au moins mais, comme il a été pris dans des systèmes de pensée différents à des moments différents, cette continuité n'est qu'apparence. Que ce soit synchroniquement ou chronologiquement, on se trouve donc avec la mélancolie en territoire aussi mouvant que peut l'être celui des Îles du *Perlesvaus*. Quelques références cependant : Jackie Pigeaud, *De la mélancolie, fragments de poétique et d'histoire*, éditions Dilecta, Paris, 2005 ; Marie-Claude Lambotte, *Esthétique de la mélancolie*,

Paris, Aubier, 1999 ; ead., *La mélancolie*, études cliniques, Economica, Anthropos, 2007. Marie Blaise, *Terres gastes, fictions d'autorité et mélancolie*, Presses de l'Université Montpellier III, 2005.

[9] La figure de Job est sans aucun doute essentielle. Que l'on songe à l'exposition littérale sur le Livre de Job de Thomas d'Aquin.

[10] « N'estoit pas bauz de parler, e ne sanbloit pas a sa chiere qu'il fust si corageus. Mes, par molt poi de parole qu'il delaia a dire, avindrent si granz meschaances a la Grant Breteingne que totes les illes e totes les terres en chaïrent en grant doleur [...] » (*HLG*, p. 128).

[11] Nous ne reviendrons pas sur les questions posées par la datation du *Perlesvaus* : bon nombre d'analyses, beaucoup plus autorisées que celle-ci ne pourrait l'être à ce sujet, l'ont tentée, sans parvenir à résoudre les incertitudes qui lui sont liées. Le fait que le problème ne soit pas résolu, par contre, est d'autant plus intéressant que le texte se donne dans la continuité d'un autre et pourrait bien participer de l'effet de lecture que, c'est l'une des thèses de cet article, le texte construit.

[12] *HLG*, p. 126, l. 10. Chrétien de Troyes, *Le Conte du graal*, édition et traduction Charles Méla, Le Livre de Poche, collection « Lettres Gothiques », 1990, v. 64. Les références à ce texte seront dorénavant données dans cette édition avec l'indication du vers cités.

[13] « *Un* graal » dit le *Conte*, sans autre détermination, un parmi d'autres, d'usage courant. On sait que le mot « graal » a sans doute son origine dans l'ancien provençal, mais si le terme a été utilisé avant Chrétien dans le domaine francien, il n'a pu l'être que de manière fort rare. Chrétien en ferait, en quelque sorte, un usage *précieux*. Le recours à l'article indéfini ou, plus justement « particularisant » pour les linguistes guillaumiens, lui permet de faire apparaître le mot « graal » comme une unité préalablement catégorisée qui se matérialise alors par l'intermédiaire du contexte discursif (c'est la scène du repas, en effet, qui vient suppléer au défaut de signification) et narratif (tous les personnages, même Perceval, savent ce qu'est un graal). « Un graal entre ses .II. meins/ Une damoisele tenoit » (v. 3159-3160) ; certes il est « de fin or esmeré » et « pierres precïeuses avoit/ El graal de maintes menieres,/ des plus riches et des plus chieres/ Qui en mer ne an terre soient » (v. 3171-3175) ; mais il est d'autres objets ainsi décrits dans les romans, le procédé est courant et n'engage pas nécessairement l'ordre du merveilleux, encore moins celui du miracle. La grande clarté qui se fait dans la pièce quand la demoiselle qui porte le graal entre, est la seule manifestation qui pourrait relever du merveilleux et elle n'est même pas explicitement référée au graal : « Quant ele fu leianz antree/ Atot lo graal qu'ele tint,/ Une si grant clartez i vint/ Qu'ausin perdirent les chandoilles/ Lor clarté comme les estoilles/ Quant li solaus luist o la lune. » (v. 3162-3167). Le graal est « trestot descovert » (v. 3239) et, à l'exception de Perceval, ne semble faire mystère pour personne. D'ailleurs, si Perceval « s'émerveille », au sens médiéval du terme, c'est bien plutôt à propos de la lance : « Li vallez voit cele mervoille/ Qui lo soir fu leianz venuz/ Si s'et do demander tenuz/ Commant cele chose venoit. » (v. 3140-3143). Les

questions qu'aurait dû poser le valet concernent l'identité de celui qui est servi du graal et la raison pour laquelle la lance saigne « et si n'i a ne char ne vaine » (v. 3488). Le cortège est composé, chez Chrétien, de cinq différents porteurs : celui de la lance est suivi par deux porteurs de candélabres, puis vient la demoiselle du graal et enfin la porteuse du tailloir. Rappelons que le cortège repasse devant Perceval à chaque fois qu'un nouveau plat est servi et que toute la scène se passe, véritable spectacle, sous les yeux de l'assemblée réunie dans la salle. Aucune question sur le tailloir d'argent, dernier élément du cortège, notons-le, mais on retrouve celui-ci lors du repas servi à Perceval et au Roi Pêcheur, lorsqu'un valet découpe sur lui la hanche de cerf au poivre qui est servie aux convives (v. 3222-3225). Rien sur les candélabres – mais, peut-être, comme un écho, dans le *Perlesvaus*.

[14] Lieu et principe, faut-il le rappeler, de la *muance* par excellence que constitue, pour le Moyen Âge, la Transsubstantiation. Mais le calice n'est pas le seul avatar du graal dans les *Continuations*. Pour Wolfram, il est une pierre où s'inscrivent les noms des rois légitimes – autre principe de refondation de l'autorité.

[15] *Le Conte du graal*, v. 6351.
[16] *Ibid.*, v. 230.
[17] Même remarque p. 790.
[18] Voir Marie Blaise, *Terres gastes, fictions d'autorité et mélancolie*, op. cit.
[19] Voir Francis Dubost, *Aspects fantastiques de la littérature narrative médiévale (XIIe-XIIIe siècles). L'Autre, l'Ailleurs, l'Autrefois*, Champion, 1991, 2 vol., chapitre 22, troisième partie « *Perlesvaus*, ou la *senefiance* submergée ».
[20] *HLG*, introduction, p. 77.
[21] *Ibid.*, branche 1, p. 126.
[22] Thomas E. Kelly, *Le Haut Livre du Graal. Perlesvaus. A structural study*, Genève, Droz, 1974.
[23] Voir Francis Dubost, *Aspects fantastiques de la littérature narrative médiévale*, *op. cit.*, en particulier le chapitre « *Perlesvaus*, ou la senefiance submergée ».
[24] Voir Charles Méla, *La Reine et le graal*, Paris, Seuil, 1984, p. 206 *sq.*
[25] Traduction d'Armand Strubel : Dieu « veut qu'on souffre pour lui de la même façon qu'il a enduré le supplice pour l'humanité » (*HLG*, p. 686, 687).
[26] « […] le but de Dieu était que la Nouvelle Loi fût établie fermement sur la terre ; ils furent les chevaliers au monde qui subirent le plus d'épreuves et de souffrances pour trouver des aventures et tenir leurs engagements » (*HLG*, p. 734, 735).
[27] « En effet, dame, reprit le roi, je n'ai plus la volonté de pratiquer la largesse, ni de ne rien faire qui rapporterait de l'honneur : mon désir de largesse s'est transformé en faiblesse de cœur, et je suis bien conscient que cela me fait perdre mes chevaliers et l'affection de mes amis » (*HLG*, p. 134, 135).
[28] Voir Carla Casagrande et Silvana Vecchio, *Histoire des péchés capitaux au Moyen Âge*, *op. cit.*
[29] Il y aurait beaucoup à dire sur la transposition de l'épisode depuis le paysage de la lande enneigée sur laquelle tombent trois gouttes de sang du col d'une oie blessée par un faucon jusqu'au Château du Graal. De Perceval, qui « s'apoia

desus sa lance/ Por esgarder cele senblance [...]/ Et panse tant que toz s'oblie [...] » (*Le Conte du graal,* v. 4131-4132 et v. 4136) à Gauvain qui « fu tos eshablis del esgarder e ne dist mot » (p. 350), le symptôme est le même mais le contexte très différent. Le motif de l'amant sourd aux réalités du monde lorsqu'il songe à son amie est un topos de la littérature amoureuse. On le trouve par exemple chez Bernard de Ventadorn : « Empero tan me plai/ can de leis me sove,/ que qui·m crida ni·m brai, /eu no·n au nula re. / Tan dousamen me trai / la bela·l cor de sê,/ que tals ditz qu'eu sui sai,/ et o cuid' et o cre,/ que de sos olhs no·m ve.» (Appel, Carl, *Bernart von Ventadorn, seine Lieder, mit Einleitung und Glossar,* Max Niemeyer Verlag, Halle, 1915, n° 36 : « Pois preyatz me, senhor », P-C. 70.36, str. III). Ce qui doit pouvoir se traduire par « Mais je prends tant de plaisir à me souvenir d'elle que, si quelqu'un crie ou hurle à mes oreilles, je n'en entends absolument rien. La belle m'enlève avec tant de douceur le cœur de la poitrine que tel dit que je suis là, le pense et le croit, sans que ses yeux me voient ». Le mélange des registres, comme pour le fantastique, est un autre indice de cette *conjointure* de la confusion.

[30] Freud, *Das Unheimliche,* [1919, 1933 pour la traduction française], dans *L'inquiétante étrangeté et autre essais,* OCF IV, 1985.

[31] Le double sens du mot « identité » dit cela. Mon identité est à la fois ce qui me constitue comme unique et ce qui me fait *identique.*

[32] Voir Marie Blaise, « 'Et Percevaus redit tot el' : *translatio* médiévale et transfictionnalités modernes », dans René Audet et Richard Saint-Gelais (dir.), *La fiction, suites et variations,* Éditions Nota bene (Québec), Presses Universitaires de Rennes, 2007, p. 29-49.

[33] « Commant avez-vos non, amis ?/ Et cil qui son non ne savoit/ Devine et dit que il avoit/ Percevaus li Gualois a non/ Ne ne set s'il dit voir o non,/ Mais il dit voir, et si no sot » (*Le Conte du graal,* vers 3510-3515).

[34] *HLG,* p. 430. Le motif est déjà présent chez Chrétien et diversement repris dans les *Continuations.*

[35] « Selon le témoignage de cette histoire noble et instructive, le fils de la Veuve Dame séjournait encore auprès de son oncle, le roi Pellés, dans son ermitage. Sous le coup de la détresse causée par le mal dont il souffrait depuis son départ de la maison du Roi Pêcheur, il se confessa à son oncle et lui révéla à quel lignage il appartenait, et qu'il s'appelait Perlesvaus. Mais le saint ermite, le bon roi, l'avait surnommé Par-Lui-Fait, et cela pour la raison qu'il s'était fait tout seul » (*HLG,* p. 396, 397).

[36] Voir Marie Blaise, *Terres Gastes...*, *op. cit.*

[37] « La raison pour laquelle Pilate lui fit cadeau du corps du Sauveur, c'est qu'il imaginait que Joseph allait le traîner ignominieusement à travers la ville de Jérusalem, une fois qu'il l'aurait enlevé de la Croix, puis abandonner le corps à l'extérieur de la cité, en quelque lieu infâme ; mais le bon soldat n'en avait nullement l'intention, et au contraire, traita le corps avec tous les honneurs qu'il put lui rendre et le déposa dans le Saint-Sépulcre, en gardant la lance par laquelle il avait été frappé au côté, ainsi que le très saint récipient dans lequel ceux qui

croyaient en lui et le craignaient avaient recueilli le sang qui coulait de ses plaies quand il fut crucifié » (*HLG*, p. 128-129).

[38] C'est ce que lui dit l'ermite d'ailleurs : « Se vos fussiés en autreteil desirrier longuement de veir le Graal comme vos estes de veoir la roine, vos l'eüssiés veü ! » (*HLG*, p. 480).

[39] Voir note 3.

[40] Henri Rey-Flaud, *Comment Freud inventa le fétichisme et réinventa la psychanalyse*, Paris, Payot, 1994, ou *L'éloge du rien*, Paris, Seuil, 1996.

[41] Jacques Lacan, *L'Éthique de la psychanalyse, Le Séminaire*, VII, *op. cit.*

Onirisme et pulsion de mort dans le *Perlesvaus*

> To die, to sleep.
> To sleep, perchance to dream.
> (Shakespeare)

« Je suis vivant et vous êtes morts ». Cette phrase est, on le sait, la clé du roman qui est sans doute le chef-d'œuvre du plus troublant des écrivains de science-fiction du XXe siècle : *Ubik* de Philip K. Dick. Rappelons que ce récit fameux, alpha et oméga des amateurs de mondes parallèles, nous raconte une expédition périlleuse qui tourne mal, puisque son chef y meurt presque dès le début : les survivants avancent dès lors dans un monde étrange où des signes et des messages leur apparaissent de loin en loin, le plus emblématique étant justement la phrase que l'on vient de citer, laquelle ne décrit, en fait, que la pure vérité, puisque le chef, loin d'être mort, est en réalité le seul survivant de l'expédition et qu'il guide les autres membres en recréant autour d'eux un monde factice leur donnant l'illusion d'être encore en vie. Ce récit vertigineux me revient à l'esprit, je l'avoue, chaque fois que je relis le *Perlesvaus*, et la présente communication s'est donné pour but de développer ce parallèle en tentant de voir s'il est possible de dépasser l'intuition de départ qui me l'a suggéré.

Je m'appuie par ailleurs sur l'enquête que je mène depuis plusieurs années sur l'onirisme médiéval, collectionnant les récits de rêve pour tenter d'y retrouver la logique qui guiderait leur inscription dans les divers genres littéraires constitutifs de la littérature en ancien français. Si des régularités s'observent (dominance animalière et prophétique dans les chansons de geste, prédominance des apparitions angéliques dans les vies de saints, méfiance voire rejet dans les romans en vers, retour du rêve par la grande porte, par l'intermédiaire des personnages de sages comme Merlin ou les ermites, dans les récits en prose, dérision matérialiste dans les fabliaux, parodie narquoise dans les branches renardiennes), elles ne vont pas sans exceptions et subtils infléchissements. Un examen attentif montre en particulier que la monotonie et la répétitivité dont on a longtemps accusé les récits de rêve de la littérature médiévale ne sont dans bien des cas qu'une façade trompeuse. L'idée en particulier qu'ils seraient toujours prémonitoires doit être sérieusement infléchie : outre les cas, certes assez peu nombreux, observables dans la littérature comique, dont les conteurs – si l'on ose dire – ne s'en laissent pas conter, bien des textes qui ne remettent apparemment pas en cause les prestiges du songe jouent plus subtilement qu'on ne le croit avec les effets de vérité et de dévoilement dont ils sont porteurs.

Le *Perlesvaus* comprend deux récits de rêve : l'un dont on parle toujours, le fameux rêve de Cahus qui, à peu de choses près, ouvre le roman et l'autre, dont on ne parle guère, attribué à Lancelot, au centre presque exact du texte. Certes, le rêve de Cahus est à tous points de vue plus frappant que celui, assurément plus conventionnel, de Lancelot, et la focalisation de la critique sur lui n'a rien que de normal. Il m'a néanmoins semblé qu'il ne fallait pas dissocier trop abruptement ces deux songes qui participent, à l'instar de très nombreux autres éléments du roman, d'un système concerté de réduplications et de constructions en miroir qui constituent l'un des modèles structurants essentiels de cette vaste machine à déstabiliser le lecteur, pour ne pas dire de cette machine infernale toujours prête à lui exploser à la figure, qu'est le *Perlesvaus*.

Les spécialistes de la littérature allemande attribuent généralement la palme de l'étrangeté, au sein du roman médiéval, à la *Crone*, la *Couronne*, d'Heinrich von dem Türlin. C'est assez dire qu'ils ne connaissent pas le *Perlesvaus* ! Certes la *Crone* est déconcertante, mais son axiologie est bien loin d'être aussi brouillée que celle du *Haut Livre du Graal* et les éléments inquiétants s'y organisent avant tout par accumulations ponctuelles, à travers ces « chaînes de merveilles » (*Wunderkette*) qui laissent effectivement le lecteur quelque peu hagard. Or il faut bien comprendre que l'originalité du *Perlesvaus* est moins dans la présence d'éléments inquiétants et inexplicables, dont on pourrait montrer, à tout prendre, que presque aucun, pris séparément, n'est totalement sans répondant dans la littérature médiévale, que dans l'agencement de ces motifs : au-delà du fait que leur nombre dépasse toute mesure, ils participent, comme le lecteur en a très vite l'intuition diffuse, d'une systématique qui, toute médiévale – c'est à dire, pour nos yeux cartésiens, désordonnée – qu'elle est, n'en possède pas moins une logique et une efficacité suffisantes pour nous faire rapidement perdre tous les repères auxquels les autres textes graalesques nous avaient habitués. Comme tous ces textes narratifs médiévaux que l'on estime volontiers labyrinthiques, faute de saisir les logiques qui les sous-tendent, le *Perlesvaus* fonctionne en rhizome : tel élément discret, passé presque inaperçu dans une scène, réapparaît souterrainement dans une autre jusqu'à former des chaînes associatives hautement signifiantes que le lecteur, ou l'auditeur, médiéval identifiait sans doute plus facilement que nous, trop habitués que nous sommes à la linéarité et à une logique narrative qui fait de la redondance explicative son principe organisateur.

Il est difficile, à ce stade de notre exposé, de ne pas tenter de proposer sinon une solution du moins une opinion sur l'insoluble problème de la datation du texte. Évidemment, la tentation est grande d'attribuer au *Perlesvaus* une date ancienne, à laquelle tous les éléments celtiques qu'il contient n'auraient pas encore passé par le filtre niveleur de la réinterprétation chrétienne ; je résisterai néanmoins à cette pente qu'il faut bien appeler romantique, car elle rabat une cohérence réputée introuvable sur une vigueur primordiale censée venir du fond des âges. C'est peut-être là se débarrasser à trop bon marché de l'épineuse question de la responsabilité du narrateur, dont on a souligné la forte présence tout au long du texte[1], dans les « bizarreries » propres au *Perlesvaus*. Que l'on n'y polémique pas explicitement avec des œuvres comme la *Queste del Saint Graal* ou les suites de Manessier ou de Gerbert de Montreuil ne signifie pas nécessairement l'antériorité du premier texte sur les seconds. Et j'avoue être séduit – tout en confessant que je n'ai nulle preuve décisive à apporter à cette hypothèse – par l'idée que le *Perlesvaus* n'est si original que parce qu'il se démarque consciemment de tout ce qui s'est fait avant lui en termes de continuations et de réécritures du *Conte du graal* de Chrétien de Troyes. De fait, une telle mise en question de l'orthodoxie chrétienne, sous couvert d'une atmosphère de croisade relevée par bien des commentateurs, me paraît participer à sa manière de cette tendance typique du XIIIe siècle aristotélicien à écrire, en « science » comme en littérature, des livres-sommes après lesquels il n'est plus guère possible d'ajouter grand-chose sur la matière traitée. Assurément cette « somme » est bien différente de la majestueuse cathédrale à cinq nefs qu'est le *Lancelot-Graal*, et il nous faut accepter, si nous retenons ce terme à propos du *Perlesvaus*, qu'une « somme » médiévale puisse être, dans son principe même, déroutante, défective et, à bien des égards, déceptive. Unité il y a cependant dans le *Haut Livre du Graal* et c'est à la recherche de ce qui l'organise et que j'aimerais subsumer sous l'étiquette du rêve avéré, que je vais maintenant m'atteler.

Revenons un instant sur le récit de rêve. *La Chanson de Roland* et la *Queste del Saint Graal* nous ont trop habitués à l'idée d'une correspondance parfaite entre l'imagerie du rêve et les événements à venir. En réalité, beaucoup de rêves, sans pouvoir pour autant être classés parmi les songes insignifiants, s'avèrent d'assez piètres annonciateurs de la suite du récit.

Dans le *Roman d'Alexandre*, le rêve du héros enfant est tout d'abord interprété négativement : le serpent et l'œuf signifieraient un destin avorté. Arrive Aristote qui assimile l'œuf au monde et prédit une glorieuse destinée au futur conquérant. Philippe, évidemment plus séduit par l'interprétation du Stagirite que par celles de ses mages officiels, offre à Aristote l'éducation d'Alexandre. En apparence, l'interprétation glorieuse est celle qui advient, mais l'interprétation négative, surtout dans l'optique moralisante que le roman médiéval ne se prive pas d'adopter, se révèle en fin de compte tout aussi pertinente. Il est clair qu'Aristote, en l'occurrence, doit davantage sa fortune au fait qu'il a habilement flatté le souverain qu'à la vérité de sa lecture d'un songe dont l'ambiguïté reste inentamée.

Dans le *Tristan* de Béroul, Iseut fait un rêve que l'on ne peut raisonnablement pas dire prémonitoire : cette situation de l'héroïne tiraillée entre deux lions qui la convoitent (évidemment Marc et Tristan) ne fait pas tant référence au futur qu'au présent, voire au passé dans la mesure où la vie dans le Morois a représenté pour les amants un moment d'oubli des angoisses qu'ils subissaient à la cour de Marc : Iseut voit dans son rêve se rejouer la rivalité de ses deux « rentiers », comme dit Chrétien de Troyes, et l'absence de solution dont témoigne le rêve annonce tout au plus que nous sommes encore loin du dénouement du récit !

De manière générale, il conviendrait de relire nombre de rêves médiévaux en clé – disons le mot prudemment mais disons-le quand même – « psychologique », à savoir comme des projections des craintes des personnages que les narrateurs n'endossent pas forcément.

Ainsi, soumise au chantage du traître Bérenger, Aye d'Avignon, dans la chanson éponyme, se met à rêver que son mari Garnier l'outrage, ce qui, évidemment, ne s'avérera pas :

> La dame ert en sa chanbre, ou estoit endormie,
> E ot songié .i. songe dont moult ert effreïe :
> Que Karles revenoit e s'ost iert departie ;
> Devant li en sa chanbre entroit Garniers ses sire,
> E elle li tendoit une rose florie ;
> Li dus, par mautalent, n'en voloit prendre mie,
> .I. anel li toloit e son chief li deslie,
> Si la voloit ferir d'une espee forbie[2].

Comme l'a bien vu Jean-Daniel Gollut, le rêve médiéval est par ailleurs parcouru par des formules propitiatoires ménageant « des issues possibles au nom d'une Providence qui peut toujours influencer le cours des choses[3] ». Ainsi, dans *Girart de Vienne*, lit-on à propos de Charlemagne :

> esmaiez fu del songe durement,
> de sa mein destre se sengna erraument,
> et prie Deu, le Pere onipotant,
> c'a bien atort ce fort songe pesant[4].

Souvent, enfin, le prémonitoire et le psychologique se mêlent, comme dans le rêve d'Erec dans l'étrange roman en prose qui constitue l'une des branches tardives du *Tristan en prose* : son rêve lui advient alors qu'il ne se fait plus trop d'illusion sur son destin, et si la première partie qui fait de lui un loup tuant une agnelle annonce en effet qu'il va bientôt tuer sa propre sœur, la suite le montrant lui-même tué par un autre loup est trop vague pour annoncer davantage qu'une mort à laquelle il est déjà presque résigné. Le décalage est d'ailleurs rendu patent au moment où il rencontre une recluse qui lui explique la première partie de son rêve, au moment où celui-ci est déjà advenu (!), et qui reste impuissante à en éclaircir la seconde moitié. L'*Erec en prose* nous ramène au *Perlesvaus* dont il partage l'atmosphère lourde et tourmentée. Comme ceux de l'*Erec*, les personnages du *Perlesvaus* semblent se diriger au hasard d'un destin qui menace sans arrêt de leur être fatal. Et l'on ne peut aborder le fameux rêve de Cahus sans se souvenir de l'interprétation qu'en faisait Michel Zink, lequel y lisait très pertinemment l'expression des incertitudes intérieures, voire du sentiment de culpabilité, du personnage. Nous sommes cependant, pour le coup, totalement sortis du rêve prémonitoire, ne serait-ce déjà que parce que le temps matériel à une quelconque effectuation n'est tout simplement pas laissé au héros : nous voyons ainsi à l'œuvre dès l'orée du roman une tendance à l'accélération panique des événements caractéristique du tempo particulier du *Perlesvaus*. Même si on tentait de rationaliser le récit en disant que le rêve ne fait que réagir à une agression extérieure subie par le rêveur (mais de quelle main ?), le rêve ne décrirait au mieux que le présent du rêveur. Quant à la proposition de Philippe Ménard d'évacuer carrément le rêve pour n'y voir qu'une scène de somnambulisme, elle se heurte à des difficultés insurmontables, ne serait-ce que parce qu'elle néglige le « détail » de l'inversion du côté où a porté le coup mortel.

L'idée que le monde du rêve serait l'inverse, en miroir, du monde réel nous est devenue, depuis Lewis Carroll et Cocteau, tout à fait familière, pour ne pas dire évidente. Rappelons toutefois que le *Perlesvaus* est, à notre connaissance, le seul texte médiéval qui la suggère clairement. Et cela alors même que la notion de miroir est très présente dans la pensée du XIIIe siècle (que l'on songe à l'œuvre de Vincent de Beauvais !), et qu'elle est d'ailleurs appuyée par un développement célèbre de la *Première Épître aux Corinthiens* :

> Aujourd'hui nous voyons au moyen d'un miroir, d'une manière obscure, mais alors nous verrons face à face ; aujourd'hui je connais en partie, mais alors je connaîtrai comme j'ai été connu (1 Cor. 13 :12).

Notons cependant que l'apôtre n'évoque pas ici le fait que le miroir inverse la réalité, mais insiste simplement sur la mauvaise qualité de l'image qu'il renvoie. Comme le rappelle une note de mon édition de 1979 de la version de Segond, témoignant d'une sorte de positivisme protestant qui est la rançon de la scrupuleuse fidélité de la traduction : « autrefois les miroirs faits de métal poli rendaient une image imparfaite ».

Autrement dit, l'image paulinienne serait à lire comme une variante du mythe platonicien de la caverne, d'ailleurs confirmée par une expression courante voulant que l'ici-bas ne soit qu'un « pâle reflet » de l'au-delà.

Léon Bloy avait pourtant une autre lecture de ce verset biblique, et même s'il n'était pas un auteur médiéval, il offre sur cette question des vues autrement plus troublantes que les exégètes protestants. Il se réfugie d'ailleurs derrière une intuition de sa propre fille pour proposer ce qu'il appelle lui-même une « idée effrayante », qui me semble s'appliquer de manière frappante au *Perlesvaus* :

> Les plaisirs de ce monde pourraient bien être les supplices de l'enfer vus *à l'envers*, dans un miroir[5].

D'où notre soupçon : si le monde du rêve est l'inversion d'un monde réel qui n'a rien à lui envier pour la monstruosité, qui nous garantit que le vrai monde est bien celui dans lequel on croit se réveiller ?

Mais Bloy suggère aussi ailleurs l'idée que l'image paulinienne, qui, décidément, le hante, « serait la lucarne pour plonger dans le vrai *Gouffre*, qui est l'âme humaine[6] ». Et là nous rejoignons Philip K. Dick : la dichotomie du monde réel et du monde sensible se double de celle de l'intérieur et de l'extérieur, du récit distancé et du pur fantasme auctorial, avec la possibilité constante que les deux formes de ces réalités concurrentes s'intervertissent subrepticement.

En d'autres termes, si le rêve de Cahus semble se poursuivre sans solution de continuité dans le monde diurne, c'est peut-être qu'il se situait, pour le rêveur, dans un monde plus réel que celui qu'il va se voir forcé de quitter aussitôt réveillé. Comme l'a fait remarquer Karin Ueltschi dans une communication du récent colloque arthurien de Bristol, le fait qu'il mette le chandelier volé dans ses chausses nous renvoie au symbolisme complexe de la chaussure dans la tradition indo-européenne, instrument par excellence du passage dans l'autre monde en même temps qu'élément surnuméraire, – *supplémentaire* dirait Derrida – qui complique précisément le transfert d'un monde à l'autre. Au-delà du symbolisme apparemment évident du chandelier, lumière orphique ou instrument christophore destiné à traverser les enfers sans encombre, le fait qu'il soit dérobé transforme Cahus en un Prométhée voleur de feu passible de la vengeance divine. Si le rêve se bouclait parfaitement sur lui-même, une telle interprétation serait possible, faisant figure de condamnation de l'*hybris* d'un chevalier *outrecuidant*. Mais le *reste* emblématisé par la blessure brouille irrémédiablement les pistes. Freud parle, on s'en souvient, des « restes diurnes » : on est paradoxalement ici face à un « reste nocturne » qui vient nous dire l'impossibilité de considérer comme étanche la frontière de l'éveil, comme si cet éveil était lui-même plongée dans un gouffre autrement plus terrible, celui peut-être de « l'âme humaine », comme le suggère Léon Bloy.

Si l'on se tourne maintenant vers le second rêve contenu dans le *Perlesvaus*, qui se situe, on l'a rappelé, au centre presque exact du récit, on constate qu'il brouille lui aussi, quoique de manière moins spectaculaire, les limites du sommeil et de la veille :

> Endementres qu'ele le cherkoit ensi, Lancelot se dormoit, qui ne s'en prendoit garde, et li estoit avis en dormant c'uns petis mastins venoit la dedens et amenoit .v. grans broons qui li corurent seure de totes pars, et une levriere autresi le mordoit avoeques les autres ; li brohon le tenoient si cort qu'il ne s'en pooit partir. Il voit que la levriere tenoit s'espee et avoit mains conme feme, si le voloit ochire. Il li ert vis qu'il li toloit s'espee, si en ochioit la levriere et le maistre des .v. brohons et le petit mastin. Il s'effrea del songe ou il estoit, si s'estendi et esveilla un poi et senti le fuerre de s'espee dejoste lui, que la damoisele i out laissie tout vuid, qu'il ne se perchust. Il s'en rendormi tantost[7].

Un mâtin, des « brohons », une levrette : on est renvoyé ici au bestiaire onirique courant des chansons de geste, et en

particulier de *La Chanson de Roland*, texte dans lequel le mot
« brohon » a suscité une abondante discussion[8]. Le symbolisme
du rêve est assez simple, mais, comme dans plusieurs songes
déjà évoqués plus haut, il renvoie davantage à la situation
présente de Lancelot qu'à son avenir : les brohons ce sont les
brigands qui le menacent, le petit chien le nain qui est (on pense
au *Tristan* de Béroul) leur complice, la levrette la jeune fille qui
vient de subtiliser son épée à Lancelot pour l'assassiner.
L'ironie est que celui-ci croit précisément toujours avoir son
épée et que, s'étant rassuré en tâtant le fourreau vide, il se
rendort, si bien qu'en dépit du fait que l'un des éléments
canoniques de la topique du récit de rêve, le réveil en sursaut,
soit bel et bien présent, il est aboli par ce rendormissement
inattendu. Mais le texte semble se contredire quelque lignes
plus loin en précisant, au moment où ses assaillants arrivent,
que « Lancelot estoit esveilliez tot effreés de cho qu'il avoit
songié[9] ». Faut-il comprendre que le narrateur a oublié que
Lancelot s'était rendormi ou que Lancelot a fait une deuxième
fois le même rêve ? Ni l'un ni l'autre sans doute : il se pourrait
que nous nous situions en fait ici dans une anticipation de ce
que les auteurs de science-fiction appelleront une faille
temporelle, un moment de flou où le statut de Lancelot entre le
sommeil et la veille devient indécidable, expression
supplémentaire du motif de l'inversion qui s'exemplifie ici à
travers l'indécibabilité des plans de conscience successivement
évoqués. De fait, le rêve n'a pas joué un rôle de révélateur, mais
simplement d'avertisseur, un peu à la manière du rêve de
Chantecler dans la deuxième branche du *Roman de Renart*,
qu'Armand Strubel évoque avec pertinence[10] à propos de notre
passage : le « roux pelisson » que Chantecler voit en rêve n'est
pas l'annonce de la menace renardienne, mais la simple trace
d'une perception inconsciente du renard rôdant autour de lui
par le coq endormi. Si le rêve du coq fonctionne, dans
l'économie propre au texte satirique renardien, comme un
dégonflage de l'hypertrophie exégétique qui caractérise
l'interprétation des rêves dans le corpus, si l'on ose dire,
« officiel » du graal (et en premier lieu dans la *Queste del Saint
Graal*), l'absence de toute interprétation du rêve de Lancelot
dans le *Perlesvaus* montre bien que le narrateur de notre roman
ne s'intéresse pas tant à la mise à plat des signifiances du rêve

qu'au télescopage de ce dernier avec une réalité qu'il double plus qu'il ne l'anticipe. Comme dans le cas de Cahus, on serait en effet bien en peine de trouver un moment à consacrer à l'explication du rêve, puisque, précisément, la menace qui pèse sur Lancelot exige une réponse immédiate dont l'enjeu n'est rien de moins que la vie du héros. Dans le cas de Chantecler, certes, c'est aussi la vie du protagoniste qui est en jeu, mais le narrateur renardien met à profit l'indolence feutrée et, si l'on ose dire, tout animale d'une après-midi oisive dans le poulailler pour mettre en scène, avec un délicieux irréalisme, le discours à la fois docte et insignifiant de la poule savante. Le fait que le rêve double inutilement le réel montre bien qu'il n'y a aucun risque que le premier ne se substitue au second.

La frénésie et l'emballement constant du *Perlesvaus* sont, en revanche, propices à la confusion des modes et des mondes ; mieux : ils en sont proprement la condition. Que Lancelot soit éveillé par l'effroi résultant du rêve ou par la menace extérieure qui pèse réellement sur son corps endormi, le résultat est le même : il doit lutter pour sa vie contre des ennemis dont il est parfaitement oiseux de se demander à quel monde ils appartiennent. Non moins impliqué dans son combat que ne l'était Cahus dans son désir d'échapper à son poursuivant onirique, il se montre en même temps quelque peu empêtré dans le monde diurne, comme si celui-ci peinait à se différencier complètement du monde nocturne. Ainsi, à son réveil, on l'a vu, il ne se rend pas tout de suite compte que le fourreau de son épée est vide, élément qui ne manque pas d'entrer en résonance avec les chausses curieusement encombrées de Cahus à sa sortie du songe : l'étui et les chausses se répondent ainsi, au-delà des connotations sexuelles qu'ils suggèrent, comme deux contenants inadéquatement fournis. Certes, si le mystère de l'apparition du chandelier de Cahus dans le monde réel reste insoluble, l'absence de l'épée de Lancelot à son réveil a une explication toute simple ; elle n'en génère pas moins une suite d'événements dramatiques dont le moindre ne sera pas le pur et simple assassinat de la voleuse par Lancelot, qui trahit ainsi son vœu de défense envers et contre tout des « pucelles desconseillées » :

Il l'enpaint en sus de lui et li .iiii. chevalier li revienent. Il hauche l'espee si en quide l'un ferir ; la damoisele se lance entre deus et quide Lancelot aerdre ; si conme li cols dut descendre desor l'un des chevaliers, il consivi la damoisele tres par mi le chief et l'ochist, de quoi il fu molt dolans, comment qu'ele eüst esploitié envers lui[11].

Si la semblance du rêve est bel et bien avérée (puisque Lancelot s'y voyait tuant la levrette), il n'en reste pas moins qu'elle l'est pour ainsi dire avant même que le rêveur en ait pris conscience, comme en témoignent son regret et son embarras. Quoique sur un plan quelque peu imagé, l'idée du somnambulisme ne semble pas ici tout à fait déplacée, dans la mesure où Lancelot paraît agir de manière plus instinctive que réfléchie, ce qui se vérifie encore lorsque, croyant se diriger vers son cheval, il ne le trouve pas là où il l'avait laissé la veille. Encore une fois, le mystère s'explique facilement : c'est le nain qui lui a subtilisé sa monture. Mais l'impression d'un Lancelot titubant dans un monde partiellement irréel n'en est pas amoindrie. Ainsi ce rêve apparemment banal se trouve-t-il receler une richesse et une complexité insoupçonnées. Au premier rang des artifices propres aux romans du graal que l'auteur du *Perlesvaus* récuse absolument figure donc visiblement le refus de confier aux éléments oniriques le soin de guider la quête des personnages.

Même s'il n'atteint pas la profondeur de celui de Cahus, le rêve de Lancelot nous transporte également au cœur de la psyché du personnage ; mais cette fois-ci, au lieu du sentiment de culpabilité qui taraude Cahus, c'est l'insouciance et la fausse confiance en lui de Lancelot qui s'y trouvent illustrées.

Le rapide survol des deux scènes oniriques suffit donc à montrer que la frontière entre les mondes, dans le *Perlesvaus*, est poreuse. Soit que des « restes nocturnes » viennent encombrer le réel, soit que les personnages se retrouvent décentrés de leur point d'équilibre habituel, on constate que le rêve joue, dans l'économie narrative, un rôle déstabilisateur essentiel. Le narrateur aurait pu jouer davantage sur cet usage – pour le moins original en contexte médiéval – de l'onirisme et le lecteur féru d'Edgar Poe ou d'Hoffmann sera peut-être déçu de ne trouver en tout et pour tout que deux rêves dans le *Perlesvaus*. En même temps, il apparaît assez vite que l'auteur de ce déroutant ouvrage a trop d'imagination pour abuser des effets dont il a déjà éprouvé l'efficacité. De surcroît, multiplier les rêves dans un récit qui se veut à tous égard une anti-*Queste del Saint Graal* serait revenu à tomber dans ce que notre auteur considère à n'en pas douter comme l'un des travers de l'avant-dernier volet de la vulgate arthurienne : sa tendance légèrement totalitaire à la systématisation des matrices narratives.

À vrai dire, l'auteur du *Perlesvaus* a aussi ses obsessions et ses procédés (quel grand écrivain n'en a pas ?), mais il prend soin de ne pas les rendre trop immédiatement repérables. En particulier, il affectionne, comme on l'a dit, les constructions en doublets, mais prend grand soin d'en disséminer les éléments et d'en proposer des variantes narrativement et sémantiquement très disparates afin de couper court à toute impression de systématisme. Qui soupçonnerait à première lecture la parenté des deux scènes oniriques, la première exhibant presque indécemment son originalité, la seconde cachant la sienne sous des atours beaucoup plus conventionnels ?

Ainsi le motif du double s'actualise-t-il, au moins théoriquement, sous quatre espèces. Il peut consister :

1) en éléments qui exhibent en eux-mêmes une forme de dualité.

2) en réduplication de scènes.

3) en reprises d'éléments discrets qui courent d'un épisode à un autre.

4) en grandes articulations conceptuelles qui structurent l'idéologie du récit.

Le premier cas est celui des rêves mais aussi de ce qui ressortit à ce que la physique aristotélicienne subsume sous le nom de « météores », à croire que les songes pourraient eux-mêmes former une sorte de pendant mental, métaphysique, aux étranges événements célestes narrés dans le récit. On songe à la scène, presque comique, que l'on pourrait dire des « micro-climats » :

> Sire Gauvains s'esmerveille molt de cho que il ploet en sa voie si durement, et en la pree ou li chevaliers chevauche et la demoisele luist clers solaus et raie, et li tens est clers et seri, et les voit chevauchier envoisiement[12].

L'allusion au thème biblique des deux chemins semble ici évidente : à la voie facile des amoureux mondains correspond le cheminement difficultueux du véritable chercheur d'absolu, en l'occurrence le chevalier errant. Cette leçon que la *Queste del Saint Graal* aurait illustrée par un songe dûment expliqué par un ermite appartient ici au régime diurne du récit, qui procède à ce que Mireille Demaules appelait très judicieusement, à propos de Chrétien de Troyes, et en une formule paraphrasant Nerval, « l'épanchement du rêve dans la fiction[13] ». Cependant, contrairement à ce que cette propension à utiliser le merveilleux en lieu et place du songe signifie chez le romancier champenois, à savoir la mise à l'écart pure et simple des prestiges de l'onirisme dans un monde en voie de rationalisation, cet usage ne représente, tout à l'inverse, pour l'auteur du *Perlesvaus*, que l'une des modalités d'expression d'une incertitude fondamentale du partage entre rêve et réalité dans son récit.

On pense bien sûr aussi à l'étonnante scène des deux soleils :

> Li rois esgarda a fenestres de la sale a destre et a senestre, et vit que dui rai de soleil luisoient la dedens et espernoient tote la sale de clarté. Il s'en esmerveilla molt et envoia par defors la sale veoir que ce pooit estre ; on revint ariere, se li dist on que dui soleil s'apoient el ciel, l'uns en oriant et l'autre en occident. Il s'en esmerveilla molt et proia a Nostre Seignor que il li laissast savoir par coi cil doi soleil s'aparoient el ciel en itel maniere. Une voiz s'aparut a une des fenestres de la sale qui li dist : « Rois, ne vos esmerveilliez mie se li doi soleil s'aperent el ciel, kar Damnedieus en a bien pooir ![14]

Comme dans la scène des microclimats, l'interprétation chrétienne est évidente ; elle est même explicitement suggérée. On constatera cependant que la voix qui authentifie le miracle n'est attribuée à aucune instance certaine et ne s'attribue elle-même aucune origine ; par conséquent, la possibilité que l'on soit face à une semblant d'origine diabolique n'est pas écartée (l'intervention d'un ermite eût, en l'occurrence été beaucoup plus décisive). Le miracle peut certes renvoyer, à travers le brouillage temporel qu'il instaure, à celui du soleil arrêté, dans le livre de *Josué* (10 : 13-14), auquel *La Chanson de Roland* avait déjà fait un sort particulier[15], mais il peut tout autant, sinon mieux désigner, voire mettre en abyme, la fondamentale indécision du texte qui ne cesse de nous confronter à des manifestations surnaturelles dont l'origine est indécidable. Comme le dit Francis Dubost, « le mal [dans le *Perlesvaus*] n'a pas d'assignation stable et définitive[16] ».

Pour reprendre la typologie que je proposais, les réduplications de scènes peuvent s'entendre au sens formel – ainsi des deux rêves insérés – ou au sens thématique, comme avec les passages successifs dans des villes gastes : que le dernier passage au Château du Graal, image sur laquelle se clôt le roman, constitue lui-même l'une de ces scènes a ainsi de quoi faire réfléchir sur la dynamique même de la narration, plus involutive qu'évolutive, en dépit de l'aboutissement de la quête. Plus exactement, les réduplications de scènes semblent avoir pour but de contrebalancer par une pulsion régressive ou pour le moins piétinante l'acheminement du récit vers une résolution des énigmes et des conflits. Tout se passe comme si la quête, apparemment couronnée de succès, de l'objet graal se faisait au détriment d'une amélioration d'autres paramètres censés régir les mondes traversés. Là aussi – et nous allons y revenir – les dualités narratives nous renvoient à des dualités plus fondamentales mettant en cause le sens même du roman.

La frontière entre ma deuxième et ma troisième catégorie est, pour sa part, assez floue : décider si certains éléments constitutifs de l'intrigue sont centraux ou secondaires dans l'identification d'un motif n'est pas toujours chose aisée. Il semble pourtant possible de distinguer les diverses scènes où apparaissent des lions (qui, d'ailleurs, pour le coup, ne se réduisent pas à deux : on en dénombre au moins cinq), et où cet animal joue un rôle moteur, incarnant d'ailleurs tour à tour – nouvelle dualité – les pendants positif (christique) et négatif (diabolique) du roi des animaux, et celles, plus anecdotiques, où apparaît un chien, ce dernier animal faisant davantage figure de comparse dans ses diverses actualisations, tout en dessinant avec les lions, dans le même mouvement, un nouveau couple complexe d'oppositions – animal domestique mais potentiellement inquiétant *versus* animal sauvage mais récupérable dans une axiologie chrétienne – , ce qui montre bien toute la difficulté, et même l'arbitraire, de dissocier rigoureusement le macro- et le microstructurel dans la reconnaissance de ces paires structurantes.

On aura garde d'oublier, dans ce relevé, le cas des objets qui traversent les scènes et génèrent une circulation intense des signes et des semblants à l'intérieur du texte, procédé d'unification narrative typiquement médiéval, ressortissant davantage à la « pensée sauvage » (au sens lévi-straussien) qu'à la pensée rationnelle, mais dont l'efficacité dans la fascination qu'exerce encore sur nous cette littérature n'est plus à prouver[17]. L'usage qu'en fait le *Perlesvaus* est particulièrement riche, puisque la récurrence des objets renforce encore l'isotopie dualiste qui gouverne tout le roman. L'un des exemples les plus évidents du procédé est donné par les retours, de loin en loin, de candélabres dont la prolifération semble directement générée par le rêve de Cahus. La description du tombeau de la reine, à la branche X, nous apparaît ainsi comme un carrefour particulièrement signifiant d'objets emblématiques :

> Il voit la dedens .iii. auteus molt biaus et molt bien aornés de riches dras de soie et de riches croiz d'or et de philatieres. Il voit les ymages et les crucefis tot novelement faiz et la chaele enluminee e riches colors a or ; il avoit en mileu de la chapele .ii. sarquieux, l'un dejoste l'autre et avoit as .iiii. chiés .iiii. estavaus ardans qui fichiés estoient en .iiii. chandelabres riches ; li sarquieu ierent covers de .ii. pailes, si verseilloient clerc et d'une part et d'autre[18].

Que le candélabre soit présent dans cette scène semble on ne peut plus normal, pour ne pas dire banal. Il suffit pourtant de rapporter cette scène aux très nombreuses autres qui présentent des gisants et de mettre en parallèle cette posture corporelle avec celle du dormeur pour comprendre ici encore le rôle véritablement matriciel du rêve de Cahus dans l'ensemble du roman : si Cahus meurt sur le lit où il s'est endormi, c'est aussi et peut-être d'abord parce que cette position de l'homme couché est celle des défunts et que le sommeil entretient avec la mort un lien profond dont tout le *Perlesvaus* déploie la démonstration à travers d'innombrables déclinaisons. Autour du mort, comme on vient de le voir, plusieurs objets forment un ostensible contraste par leur position verticale : au premier rang de ceux-ci, le candélabre et le crucifix, qui entrent ainsi en homologie.

Le crucifix et le motif de la crucifixion jouent d'ailleurs dans le *Perlesvaus* un rôle qui associe (on pourrait dire de manière assez attendue, mais cette évidence possède un double fond), et ce jusque dans la forme même de la croix, l'une des axiologies essentielles du texte en même temps que la propension de celui-ci à proposer une structure bâtie autour de quelques objets carrefours. Au tout début du roman, le roi Arthur est abruptement associé, dès sa première mention, à la Crucifixion du Christ :

> Li buens rois Artuz, aprés le crucefiement Nostre Seigneur, estoit si com ge vos di[19].

À la fin du récit, lorsque Perlesvaus parviendra au Château du Graal, c'est encore à cet événement que feront allusion les deux vieillards de la fontaine, prétendant avoir vu l'ancien possesseur de son bouclier « ainçois que Dieus fust crucefiez[20] ».

Mais le passage utilisant de la manière de loin la plus frappante le thème de la crucifixion est celui de l'arrivée de Gauvain au Château du Graal : comme fasciné par le cortège, le héros reste « pensis ; et li vient une si grant joie en sa pensee, que ne li membre de nule rien se de Dieu non[21] ». Détail troublant : il « li samble qu'il voit en mi le Greal la forme d'un enfant », dans lequel on est tenté de reconnaître Jésus enfant ; mais une telle inférence est-elle sûre ? Et l'« esbahissement » de Gauvain est encore augmenté par trois gouttes de sang qui tombent sur la table du repas : ces trois gouttes rappellent à l'évidence l'épisode du sang sur la neige du *Conte du Graal* de Chrétien de Troyes, et provoquent sur le héros le même effet pour ainsi dire d'hypnose. Que la victime de l'oubli soit ici Gauvain et non le prédisposé Perceval est évidemment très frappant : le solaire neveu du roi Arthur montre ici sa face sombre, non comme dans la plupart des romans du XIIIe siècle qui le mettent en scène, où ses faiblesses mondaines sont parfois cruellement stigmatisées, mais simplement au travers de cette perte de conscience qui l'annihile en tant que quêteur crédible. L'idée de Dieu qui lui restait seule face à la première apparition des demoiselles porteuses de flambeaux s'évanouit en effet à son tour, si bien que le texte nous fait lire une scène dont l'économie est implicitement blasphématoire :

> Atant es vos les .ii. damoiseles ou revienent devant la table et sanble monseignor Gavain qu'il en i ait .iii. et esgarde contremont, et li samble estre li Greaus tos en air, et voit, ço li est vis, par deseure un *roi coroné* [Nitze : « home »] clauchifié en une crois, et li estoit le glave fichie el costé. Mesire Gavains le voit si en a grant pitié, et ne li sovint d'autre chose que de la dolor que chis rois soefre[22].

On soulignera l'aspect onirique de cette narration, où le verbe « sembler » revient de manière obsédante et où on lit même le verbe « estre vis » qui marque traditionnellement l'entrée en songe. Mais ce qui est surtout remarquable, c'est le récit en focalisation interne du narrateur qui ne nous dit pas que Gauvain voit un crucifix : dans le manuscrit O édité par Nitze, ce n'est d'ailleurs même pas un « roi coroné », mais simplement un « home » qu'il distingue sur la croix[23], le narrateur usant ici, dans son détachement, d'une expression très semblable à celle utilisée par un héros qui semble à cent lieues de l'univers arthurien : Trubert qui, dans le long fabliau qui porte son nom, se livre carrément à une affirmation d'athéisme. Souvenons-nous de la scène inaugurale du passage chez le faiseur de crucifix : voyant l'une des œuvres de l'artisan, en format grandeur nature, Trubert croit assister à une crucifixion réelle et se scandalise que personne n'ait pitié du supplicié. Aux autres assistants qui, estomaqués par tant d'ignorance, lui demandent s'il sait bien ce qu'il a devant les yeux, Trubert répond imperturbable : « Bien voi que c'est un home mort[24] », constatation irréfutable qui signe en même temps la dénégation la plus absolue qui soit de la divinité du Christ[25].

Dans *Perlesvaus*, le moment de ravissement de Gauvain est bref, et se fait d'ailleurs à la faveur d'un profond mouvement de compassion, de *Mitleid* comme dira Wagner dans *Parsifal*[26]. Idéologiquement, il semble que nous soyons aux antipodes de *Trubert* ; cependant, tout se passe comme si était ici explicité le mouvement qui empêche ce dernier de reconnaître le crucifix : après tout, Trubert aussi remplaçait la compréhension par la compassion. En ressentant de la pitié pour ce qu'il prend pour un homme concret,

Gauvain semble, en l'occurrence, dire que la vérité de la souffrance humaine est plus immédiate que la compréhension du symbolique ; se trouve ainsi suggérée l'idée que l'attention immédiate à l'autre pourrait bien être plus profitable à l'humanité que la contemplation des mystères de la foi. Nous voyons ici exemplifié – et j'en arrive par là à ma conclusion, provisoire – le quatrième type de dualité que je distinguais plus haut : les dualités idéologiques qui font du *Perlesvaus* l'un des textes les plus ambigus et les plus subversifs du Moyen Âge français. Francis Dubost disait très justement que notre roman tendait « à promouvoir une mythologie parallèle à l'histoire de la Chute et de la Rédemption[27] ». Mais les choses sont encore plus compliquées que cela, car c'est à l'intérieur même du christianisme et de ses *semblants* les moins contestables que l'auteur du *Perlesvaus* essaie d'insinuer la possibilité d'une « mythologie parallèle ». L'obsession des gisants renvoie à la fois à la position du Christ mort (c'est-à-dire au moment où la croix, de verticale, devient horizontale) et à celle du dormeur, qui, perdu dans son rêve, n'est rien d'autre, lui aussi, qu'un mort en puissance. L'« épanchement du rêve dans la fiction », dans le *Perlesvaus*, enveloppe d'un soupçon généralisé d'imposture toutes les croyances trop affirmées : la voix de Dieu n'est plus distinguée clairement de celles des puissances de ténèbres, les morts se vengent sur les vivants, les rêves tuent et le Christ en croix n'est peut-être rien d'autre qu'« un homme mort », ne laissant pour toute ressource au chevalier errant que d'exercer à tâtons une compassion qui, du moins, l'empêchera parfois de basculer dans les pièges des faux semblants qui l'entourent de partout.

Alain Corbellari
Universités de Lausanne et de Neuchâtel

NOTES

[1] Voir *Le Haut Livre du Graal (Perlesvaus)*, éd. Armand Strubel, Paris, Le Livre de Poche, « Lettres gothiques », 2007, introduction, p. 95 (désormais *HLG*).

[2] *Aye d'Avignon* : chanson de geste anonyme, éd. critique par S. J. Borg, Genève, Droz, « Textes littéraires français » 134, 1967, v. 1181-1188.

[3] Jean-Daniel Gollut, « Songes de la littérature épique et romanesque en ancien français. Aspects de la narration », dans Alain Corbellari et Jean-Yves Tilliette (éds), *Le Rêve médiéval*, Genève, Droz, « Recherches et rencontres », 2007, p. 46.

[4] Bertrand de Bar-Sur-Aube, *Girart de Vienne*, éd. Wolfgang van Emden, Paris, « Société des anciens textes français » 17, 1977, v. 4790-4793.

[5] Léon Bloy, *Journal*, Paris, Laffont, « Bouquins », 1999, t. II (« Le Vieux de la Montagne »), p. 42.

[6] *Ibid.*, t. I (« Le mendiant ingrat »), p. 87.

[7] *HLG*, branche VIII, p. 546.

[8] Voir en particulier Herman Braet, « Le *brohun* de la *Chanson de Roland* », *Zeitschrift für romanische Philologie*, 89 (1973), p. 97-102.

[9] *HLG*, branche VIII, p. 548.

[10] *Ibid.*, p. 547. Voir A. Strubel, « À quoi rêvent les coqs : le songe et le *Roman de Renart* », *Perspectives médiévales*, Actes du colloque « Sommeil, songes et insomnies » (Rennes, 28-29 septembre 2006), organisé par Christine Ferlampin-Acher, Élisabeth Gaucher et Denis Hüe, Société de langues et de littératures d'oc et d'oïl, supplément au numéro 32 (juillet 2008), p. 73-88.

[11] *HLG*, p. 548-550.

[12] *Ibid.*, branche VI, p. 356.

[13] Voir Mireille Demaules, « Chrétien de Troyes ou l'épanchement du rêve dans la fiction », *Speculum Medii Aevi*, 3 (1997), p. 21-37.

[14] *HLG*, branche IX, p. 698.

[15] Voir mon article « Un problème de "littérature française générale". La lecture de la Bible en clé nationale », *Poétique*, 155 (septembre 2008), p. 283-94.

[16] Francis Dubost, *Aspects fantastiques de la littérature française médiévale (XIIe-XIIIe siècles). L'Autre, l'Ailleurs, l'Autrefois*, Paris, Champion, 1991, p. 778.

[17] Même si nous manquons encore d'études de fond sur la fonction structurante de ce que j'ai appelé ailleurs les « parcours symboliques » des « objets emblématiques » (voir Alain Corbellari, « Les jeux de l'anneau : fonctions et trajets d'un objet emblématique de la littérature narrative médiévale », dans Keith Busby, Bernard Guidot et Logan E. Whalen (éds), « *De sens rassis* ». *Essays in Honor of Rupert T. Pickens*, Amsterdam, Rodopi, 2005, p. 157-167).

[18] *HLG*, branche X, p. 824.

[19] *Ibid.*, branche I, p. 130-132.

[20] *Ibid.*, branche XI, p. 1000.
[21] *Ibid.*, branche VI, p. 350.
[22] *Ibid.*
[23] *Le haut livre du Graal : Perlesvaus*, ed. by William A. Nitze, Chicago, The University of Chicago Press, « The modern philology monographs of the University of Chicago », 2 vol., 1932-1937, branche VI, lignes 2434-35.
[24] Douin de Lavesne, *Trubert*, éd. par Guy Raynaud de Lage, Genève, Droz, 1974, v. 91. Je paraphrase ici mon article « Trubert Antéchrist », dans Patrizia Romagnoli et Barbara Wahlen (éds.), « Figures de l'Oubli », *Études de Lettres*, 2007/1-2, p. 161-77.
[25] Une version plus drolatique et innocente de cette méprise se lit dans le *Moniage Rainouart* dont le héros interpelle un crucifix pour qu'il prévienne les autres moines de sa venue : le fait que Rainouart ne s'aperçoive même pas que le personnage à qui il s'adresse est cloué sur une croix déréalise suffisamment la scène pour que l'impact en soit tout à fait différent de celui qui accompagne l'épisode de Trubert. Car si l'ignorance de Rainouart est l'envers souriant d'une évidente bonne volonté, celle de Trubert est une preuve manifeste de malignité.
[26] Ainsi peut-on constater que le déplacement de la problématique de la communication vers celle de la compassion qui, selon Cl. Lévi-Strauss (« De Chrétien de Troyes à Richard Wagner », dans *Le Regard éloigné*, Paris, Plon, 1983, p. 301-19), définit le passage du *Conte du Graal* de Chrétien de Troyes au *Parsifal* de Wagner est déjà à l'œuvre dans le *Perlesvaus*.
[27] Francis Dubost, *Aspects fantastiques…, op. cit.*, p. 156.

Bibliographie récente

Éditions et traductions

AGRATI, Gabriella et MAGINI, Maria Letizia, *La leggenda del Santo Graal*, Milano, Mondadori, 1995, 2 vol. [traduction *du Haut Livre du Graal* dans le volume 2, à partir de l'édition de Nitze].

BERTHELOT, Anne, *Perlesvaus, le haut livre du Graal, roman en prose du XIIIe siècle*, Greifswald, Reineke (Reinekes Taschenbuch-Reihe, 18), 1997.

BRYANT, Nigel (compilateur et traducteur), *The Legend of the Grail*, Cambridge, D. S. Brewer, 2004 [extraits].
— (trad.), *The Hight Book of the Grail : a translation of the thirteenth century romance of* Perlesvaus, Cambridge, D. S. Brewer, 2007.

EVANS, Sebastian (trad.), *High History of the Holy Grail*, Whitefish (MT), Kessinger publishing, 2003.

STRUBEL, Armand (éd. et trad.), *Le Haut Livre du Graal*, Le Livre de Poche (« Lettres gothiques »), Paris, 2007.

WILLIAMS, Robert (trad.), *Y Seint Graal : the Welsh Holy Grail*, Cribyn, Llanerch, 2002.

Articles et monographies

ANDRIEUX-REIX, Nelly, et BAUMGARTNER, Emmanuèle, « De semblance en veraie semblance ; exemple d'un parcours du *Merlin* à la *Queste* », dans D. Lagorgette et M. Lignereux *Comme la lettre dit la vie. Mélanges offerts à Michèle Perret*, LINX (Université de Paris X- Nanterre), numéro spécial (2002), p. 19-43.

BAUDRY, Robert, « La vertu nourricière du Graal », *Banquets et manières de table au Moyen Âge*, CUERMA, *Senefiance*, 38 (1995), p. 433-450.

BAUMGARTNER, Emmanuèle, « Retour des personnages et mise en prose de la fiction arthurienne au XIIIe siècle », *BBIAS*, XLIII (1991), p. 297-314.

BERTHELOT, Anne, « The Other-World incarnate : "Chastel Mortel" and "Chastel des armes" in the *Perlesvaus* », dans D. Poirion et N. Freeman-Regalado (éds), *Contexts : Style and Values in Medieval Art and Litterature, Yale French Studies* Special Issue, New Heaven (CT), Yale University Press, 1991, p. 210-222.

—, « Le Statut de l'énonciation dans le *Perlesvaus* », *Francographies : Bulletin de la Société des Professeurs Français et Francophones d'Amérique*, 1 (1992), p. 1-13.

—, « Sang et lèpre. Sang et feu », *Le sang au Moyen Âge*, Actes du quatrième colloque de Montpellier (novembre 1997), *Cahiers du CRISIMA* (Université Paul-Valéry, Montpellier), 4 (1999), p. 39-68.

—, « Violence et Passion, ou le christianisme sauvage dans *Perlesvaus* : Le Haut Livre du Graal », *La Violence dans le monde médiéval*, CUERMA, *Senefiance*, 36 (1994), p. 21-35.

—, « Du chevalier "nice" au chevalier sauvage : Perlesvaus, variante sanglante de Perceval », dans D. Buschinger et W. Spiewok (éds), *Perceval-Parzival : Hier et aujourd'hui et autres essais sur la littérature allemande du Moyen Âge et de la Renaissance*, Greifswald, Reineke, 1994, p. 15-23.

—, « L'imaginaire insulaire dans le *Perlesvaus* et l'*Estoire dou Graal* en prose », dans D. Buschinger and W. Spiewok (éds), *Nouveaux mondes et mondes nouveaux au Moyen Âge*, Actes du Colloque du Centre d'Études Médiévales de l'Université de Picardie Jules Verne, Amiens (mars 1992), Greifswald, Reineke Verlag, 1994, p. 1-9.

— « Bohort, Blanor, Blihobéris,... : à quoi sert le lignage de Lancelot ? », dans D. Buschinger et M. Zink (éds), *Lancelot-Lanzelet : hier et aujourd'hui, pour fêter les 90 ans d'Alexandre Micha*, Greifswald, 1995, p. 15-26.

—, « Le Graal nourricier », *Banquets et manières de table au Moyen Âge*, CUERMA, *Senefiance*, 38 (1996), p. 453-466.

—, « The atypical Grails, or the ravages of intertextuality in the thirteenth century », dans N. J. Lacy (éd.), *Text and Intertext in Medieval Arthurian Literature*, New York, Garland, 1996, p. 209-218.

—, « Sarrasins, juifs et païens dans les romans en prose », dans D. Buschinger and W. Spiewok (éds), *Toleranz und Intoleranz im Mittelalter / Tolérance et intolérance au Moyen Âge*, 8e Congrès annuel de la Société Reineke (Tolède, mai 1997), Greifswald : Reineke-Verlag, 1997, p. 15-23.

—, « *Perlesvaus* ou la fin du Graal », *Clore le récit : recherches sur les dénouements romanesques*, PRIS-MA, XIV/2, 28 (1998), p. 99-116.

—, « Quête, guerre et voyage initiatique : le parcours du Bon Chevalier dans *Perlesvaus : Le Haut Livre du Graal* », dans A. Labbé, D. W. Lacroix et D. Quéruel (éds), *Guerres, voyages et quêtes au Moyen*

Âge, Mélanges offerts à Jean-Claude Faucon, Paris, Honoré Champion (Colloques, congrès et conférences sur le Moyen Âge, 2), 2000, p. 19-29.

—, « L'épée qui décolla saint Jean-Baptiste dans *Perlesvaus* : le *Haut Livre du Graal* », *Jean-Baptiste : le précurseur au Moyen Âge*, CUERMA, *Senefiance*, 48 (2002), p. 17-28.

—, « Des fenêtres sur l'Autre-Monde », *Par la fenestre… Études de littérature et de civilisation médiévales*, CUERMA, *Senefiance*, 49 (2003), p. 33-42.

—, « Fortune est chauve derrière et devant chevelue : variations sur la chevelure féminine dans le contexte du Graal », *La chevelure dans la littérature et l'art du Moyen Âge*, CUERMA, *Senefiance*, 50 (2004), p. 23-33.

—, « Le Graal en archipel : *Perlesvaus* et les "illes de mer" », *Mondes marins du Moyen Âge*, CUERMA, *Senefiance*, 52 (2006), p. 57-67.

—, « Les cloches dans le *Perlesvaus* ou le Graal à l'origine du temps », dans F. Pomel (dir.), *Cloches et horloges dans les textes médiévaux*, Presses Universitaires de Rennes, 2012, p. 207-217.

BERMEJO LARREA, Esperanza, « Tiempo pasado y espacio hostil en *Le Haut Livre du Graal (Perlesvaus)* », *Viator*, 43 (2012), p. 97-115.

BLAISE, Marie, *Terres gastes, fictions d'autorité et mélancolie*, Presses de l'Université Montpellier III, 2005.

—, « "Et Percevaus redit tot el" : *translatio* médiévale et transfictionnalités modernes », dans R. Audet et R. Saint-Gelais (dir.), *La fiction, suites et variations*, Éditions Nota bene (Québec), Presses Universitaires de Rennes, 2007, p. 29-49.

BOGDANOW, Fanni, « L'amour illicite dans le *Roman du Graal* Post-Vulgate et la transformation du thème de "la Beste glatissant" », dans D. Buschinger et W. Spiewok (éds), *Sexuelle Perversionen im Mittelalter*, Greifswald, Reineke, 1994, p. 17-28.

—, « The Grail romances and the old law », dans Bonnie Wheeler (éd.), *Arthurian Studies in Honour of P. J. C. Field* (Arthurian Studies, 57), Cambridge : D.S. Brewer, 2004, p. 1-13.

BORTOLIN, Antonella, « La Répartition du *Perlesvaus* », *Francofonia : Studi e Ricerche Sulle Letterature di Lingua Francese*, 13/25 (Automne 1993), p. 91-107.

BOUGET, Hélène, « Des rivages d'Arthur à l'Ile des quatre cors : Perlesvaus au gré des flots », *Mondes marins du Moyen Âge*, CUERMA, *Senefiance*, 52 (2006), p. 69-78.

—, *Écritures de l'énigme et fiction romanesque. Poétiques arthuriennes (XIIe-XIIIe siècles)*, Paris, Champion (Nouvelle bibliothèque du Moyen Âge, 104), 2011.

BOZONNET, Camille, *La violence et le Graal dans la littérature arthurienne du XIIe et du XIIIe siècle*, Thèse de l'Université Paris-Sorbonne, 2004.

BOZOKY, Édina, « Les romans du Graal et le culte du Précieux Sang » [En ligne], *Tabularia*, 2009, mis en ligne le 8 juillet 2009, URL : http://www.unicaen.fr/mrsh/craham/revue/tabularia/print.php?dossier=dossier8&file=04bozoky.xml#mainTable

BRETEL, Paul, « L'âme pour enjeu : le motif de la dispute des anges et des démons et ses transformations dans les *Miracles de Notre-Dame* et dans un épisode de *Perlesvaus* », *Dialogues. Cahiers de l'université de Perpignan*, 29 (1999), p. 125-146.

CARLEY, James P., « A Glastonbury translator at work : *Quedam Narracio de nobili rege Arthuro* and *De origine gigantum* in their earliest manuscript contexts », dans J. P. Carley (éd.), *Glastonbury Abbey and the Arthurian Tradition* (*Arthurian Studies*, 45), Cambridge, D. S. Brewer, 2001, p. 337-345 [réimpression de *Nottingham French Studies* 30 (1991), p. 5-12].
—, « A fragment of *Perlesvaus* at Wells Cathedral Library », dans J. P. Carley (éd.), *Glastonbury Abbey and the Arthurian Tradition* (*Arthurian Studies*, 45), Cambridge, D. S. Brewer, 2001, p. 309-335 [réimpression de *Zeitschrift für romanische Philologie* 108 (1992), p. 35-61].
—, *Glastonbury Abbey : the holy house at the head of he moors adventurous*, Woodbridge, Boydell Press, 1998.
—, *Glastonbury Abbey and the Arthurian Tradition* (*Arthurian Studies*, 45), Cambridge, D. S. Brewer, 2001.

CHASSE, Dominique, *Discours et figures de la* remembrance *dans le* Perlesvaus, Thèse de l'Université de Montréal, 1994 [Compte rendu dans *Dissertation Abstracts International*, LVII (1996/1997), 1610A].

CIRLOT, Victoria, « El juego de la muerte en la cultura caballeresca », *Boletin de la Sociedad Castellonense de Cultura*, 77 (2001), p. 37-57.

COMBES, Annie, « Sens et abolition de la violence dans l'*Âtre périlleux* », *La violence au Moyen Âge*, CUERMA, *Senefiance*, 36 (1994), p. 151-164.

DAVIS, Christopher W., *How the Grail became holy*, Christopher William Davis, 2012.

DEMAULES, Mireille, « Gauvain et la sirène », dans M. Zink et D. Bohler (éds), *L'Hostellerie de pensée. Études sur l'art littéraire au Moyen Âge offertes à Daniel Poirion*, Presses de l'Université de Paris-Sorbonne, 1995, p. 129-39.

DUBOST, Francis, *Aspects fantastiques de la littérature narrative médiévale (XIIe-XIIIe s.). L'Autre, l'Ailleurs et l'Autrefois*, Paris, Champion, 1991.

—, « Procédures d'initialité dans la littérature du Graal », dans P. Rodriguez et M. Weil (dir.), *Topique des ouvertures narratives avant 1800*, actes du IVe colloque international SATOR (Montpellier, 25-29 oct. 1990), Montpellier, Publications de l'Université Paul-Valéry, 1991, p. 15-33.

—, « Le *Perlesvaus*, livre de haute violence », *La violence dans le monde médiéval*, CUERMA, *Senefiance*, 36 (1994), p. 181-199.

—, « Les nuits magnétiques du *Perlesvaus* », dans A. Labbé, J.-Cl. Faucon, D. Quéruel (éds), *Miscellanea Mediaevalia. Mélanges offerts à Philippe Ménard*, Paris, Champion, 1998, t. I, p. 429-446.

—, « La vie paradoxale : la mort vivante et l'imaginaire fantastique au Moyen Âge », dans Francis Gingras (dir.), *Une Étrange Constance. Les motifs merveilleux dans les littératures d'expression française du Moyen Âge à nos jours*, Presses de l'Université de Laval, 2006, p. 11-38.

FAURE, Marcel, « À propos des voies dans *Le Haut Livre du Graal* », dans C. Lachet (éd.), *L'œuvre de Chrétien de Troyes dans la littérature française. Réminiscences, résurgences et réécritures*, Actes du colloque (23-24 mai 1997), Université Lyon III, CEDIC, 1998, p. 99-106.

FERLAMPIN-ACHER, Christine, « Merveilleux et comique dans les romans arthuriens français (XIIe-XVe siècles) », dans K. Busby et R. Dalrymple (éds), *Comedy in Arthurian Literature* (*Arthurian Literature* 19), Cambridge, D. S. Brewer, 2003, p. 17-47.

—, « *Fausse creance, mauvaise loi* et conversion dans *Perlesvaus* », *Le Moyen Âge*, 111/2 (2005), p. 293-312.

FIELD, P. J. C., « Malory and *Perlesvaus* », *Medium Aevum*, 62/2 (1993), p. 259-269.

FRITZ, Jean-Marie, « *Perlesvaus* », dans G. Hasenohr et M. Zink (dir.), *Dictionnaire des lettres françaises : le Moyen Âge*, Paris, Fayard, 1992, p. 1130-1131.

GAGGERO, Massimiliano, « Enucleazione e palinsesto : *Le Haut Livre du Graal* e il *Conte du Graal* di Chrétien de Troyes », *Romania*, 129/1-2 (2011), p. 57-82.

GALLAIS, Pierre, « Le *Perlesvaus* et l'interdit de 1171 », dans P. Gallais et Y.-J. Riou (éds), *Mélanges offerts à René Crozet à l'occasion de son soixante-dixième anniversaire*, Poitiers, Société d'Études Médiévales, 1966, vol. II, p. 887-890.

GINGRAS, Francis, « La voie de Caïn. La trahison du sénéchal dans *Le Haut Livre du Graal* », dans M. Faure (éd.), *Félonie, trahison, reniement au Moyen Âge*. Actes du troisième colloque international de Montpellier, (nov. 1995), Presses de l'Université Paul-Valéry, 1997, p. 397-411.

—, *Érotisme et merveilles dans le récit français des XII*e *et XIII*e *siècles*, Paris, Champion, 2002.

—, « La triste figure des chevaliers dans un codex du XIII*e* siècle (Chantilly, Condé 472) », *Revue des Langues Romanes*, 110/1 (2006), p. 77-97.

—, « Décaper les vieux romans : voisinages corrosifs dans un manuscrit du XIII*e* siècle (Chantilly, Condé 472) », *De l'usage des vieux romans*, éd. Ugo Dionne et Francis Gingras, *Études françaises*, 42/1 (2006), p. 13-38.

—, « De branche en branche : aux racines des coupes romanesques », dans V. Fasseur, D. James-Raoul et J.-R. Valette (dir.), *L'Arbre au Moyen Âge*, Presses de l'Université Paris-Sorbonne, 2010, p. 183-195.

—, *Le bâtard conquérant : essor et expansion du genre romanesque au Moyen Âge*, Paris, Champion (Bibliothèque du Moyen Âge, 106), 2011.

GÎRBEA, Catalina, « La chevalerie et la *translatio* dans quelques romans arthuriens : les métamorphoses d'un mythe », dans A. Papahagi (éd.), *Métamorphoses*, Paris, Association des médiévistes anglicistes de l'enseignement supérieur, 2003, p. 121-149.

—, « Royauté et chevalerie célestielle à travers les romans arthuriens (XII*e*-XIII*e* siècles) », *Cahiers de Civilisation Médiévale*, 46 (2003), p. 109-134.

—, *La couronne ou l'auréole : royauté terrestre et chevalerie célestielle dans la légende arthurienne (XII*e*-XIII*e* siècles)*, Turnhout, Brepols, 2007.

—, *Communiquer pour convertir dans les romans du Graal (XII*e*-XIII*e* siècles)*, Paris, Classiques Garnier (Bibliothèque d'histoire médiévale, 2), 2010.

—, « L'avunculat et la crise familiale dans deux romans arthuriens du XIII*e* siècle : entre fiction et réalité sociale », dans M. Aurell (éd.), *La parenté déchirée : les luttes intrafamiliales au Moyen Âge*, Turnhout, Brepols, 2010, p. 359-377.

—, « Mémoire et emblématique dans le *Perlesvaus* », dans C. Gîrbea, A. Popescu et M. Voicu (éds), *Temps et mémoire dans la littérature arthurienne*, Éditions de l'Université de Bucarest (« Medievalia, 2 »), 2011, p. 175-187.

GORECKA-KALITA, Joanna, « La Vierge, la Veuve, la Mariée. Trois figures de la mère dans le *Perlesvaus* », dans C. Bel, P. Dumont et F. Willaert (éds), *Contez me tout. Mélanges de langue et de littérature médiévales offerts à Herman Braet*, Louvain, Peeters, 2006 p. 199-208.

GRAND, A. C., « Le Haut Livre du Graal, Perlesvaus : Jean de Nesle and *the terminus ante quem* », *Bulletin bibliographique de la Société Internationale Arthurienne*, 44 (1992), p. 233-235.

—, *A work in context. Towards a relative chronology and dating for the thirteenth century and Old French Prose Romance* Le Haut Livre du Graal. Perlesvaus, Thèse de l'Université de Manchester, 1998.

GRAND, Tony, « A time of gifts ? Jean de Nesle, William A. Nitze and the *Perlesvaus* », *Arthurian Literature*, 23 (2006), p. 130-156.

GRIFFIN, Miranda, « The Grail », dans W. Burgwinkle, N. Hammond, E. Wilson (éds), *The Cambridge History of French Literature*, Cambridge University Press, 2011, p. 76-83.

GUYÉNOT, Laurent, *La lance qui saigne. Métatextes et hypertextes du Conte du Graal de Chrétien de Troyes*, Paris, Champion (Essais sur le Moyen Âge, 44), 2010.

HALARY, Marie-Pascale, « La vision de Dieu dans quelques textes médiévaux : la "figuration" à la croisée du voilement et du dévoilement », *Littérature et révélation au Moyen Âge. I – Visible invisible*, actes du colloque de l'université Paris X Nanterre (oct. 2004) organisé par M. Demaules, J.-P. Bordier et J.-R. Valette, *Littérales*, 40 (2007), p. 217-233.

—, « La demoiselle déshéritée ou les signes du temps dans le *Perlesvaus* et la *Queste* », dans C. Gîrbea, A. Popescu et M. Voicu (dir.), *Temps et mémoire dans la littérature arthurienne*, actes du colloque de la branche roumaine de la Société Internationale Arthurienne organisé à Bucarest les 14 et 15 mai 2010, Bucureşti, Editură Universitaţii din Bucureşti, 2011, p. 299-308.

—, « "Ceste senefiance est bele et merveilleuse" : la beauté du merveilleux ou le plaisir de la *senefiance* dans le *Perlesvaus* et la *Queste del Saint Graal* », dans A. Gaillard et J.-R. Valette (dir.), *La Beauté du*

merveilleux, actes du colloque des 5 et 6 février 2009, Presses Universitaires de Bordeaux (« Mirabilia »), 2011, p. 157-177.
—, *La Question de la beauté. Modes d'écriture et modes de pensée dans le discours romanesque du début du XIIIe siècle*, à paraître aux éditions Champion.

HALASZ, Katalin, « L'Ange, Josephes, Merlin, Robert, Gautier et les autres : approche narratologique de quelques romans en prose », *La Forma e la Storia*, II, 1990, p. 303-314.

JACOBS, Nicolas, « *Fled Bricrenn* and *Sir Gawain and the Green Knight* », dans P. O'Riain (éd.), *Fled Bricrenn : reassessments*, Londres, Irish Texts Society, 2000, p. 40-55.

JEAY, Madeleine, « Sanguine inscriptions : mythic and literary aspects of a motif in Chrétien de Troyes's *Conte du Graal* », dans F. Canadé-Sautman et al. (éds), *Telling tales : medieval narratives and the folk tradition*, Basingstoke, Macmillan, 1998, p. 137-154.

KAEUPERD, Richard W., « Chivalry : fantasy and fear », dans C. Sullivan et B. White (éds), *Writing and Fantasy*, London, Longman, 1999, p. 62-73.
—, « The societal role of chivalry in romance : northwestern Europe », dans R. L. Krueger (éd.), *The Cambridge companion to medieval romance*, Cambridge University Press, 2000, p. 97-114.

KENNEDY, Angus, « Punishment in the *Perlesvaus* : the theme of the Waste Land », dans D. B. Mahoney (éd.), *The Grail : a casebook*, New York, Garland, 2000, p. 219-236.

KENNEDY, Edward D., « The Grail and French arthurian romance », dans H. Fulton (éd.), *A companion to arthurian literature*, Oxford, Wiley-Blackwell, 2009, p. 202-217.

KENNEDY, Elspeth, « Failure in Arthurian Romance », *Medium Aevum*, LX (1991), p. 16-32.
—, « Structures d'entrelacement contrastantes dans le *Lancelot* en prose et le *Perlesvaus* », dans A. Labbé, J.-C. Faucon et D. Quéruel (éds), *Miscellanea Mediaevalia. Mélanges offerts à Philippe Ménard*, Paris, Champion, 1998, p. 745-757.
—, « Pourquoi Moÿse ? Comment les romans en prose essaient de racheter le Moÿse qu'on trouve dans le *Joseph* de Robert de Boron », *Cahiers de recherches médiévales* (*XIIe-XVe siècles*), 5 (1998), p. 33-42.

KNIGHT, Stephen, « From Jerusalem to Camelot : King Arthur and the Crusades », dans P. Rolfe Monks et D. D. R. Owen (éds), *Medieval Codicology, Iconography, Literature and Translation : Studies for Keith Val Sinclair*, Leiden-New York-Köln, Brill (Litterae textuales), 1994, p. 223-232.

KOSTKA, Aurélie, « La ville, un autre monde ? Discontinuité de l'espace urbain dans les romans arthuriens », dans K. Busby, B. Guidot et L. E. Whalen (éds), *De sens rassis : Essays in Honor of Rupert T. Pickens*, Amsterdam, Rodopi, 2005, p. 353-363.

LACY, Norris J., « Linking in the *Perlesvaus* », dans F. Wolfzettel (éd.), *Artusroman und Intertextualität*, Giessen, 1990, p. 169-178.

—, « *Perlesvaus* and the *Perceval* Palimpsest », *Philological Quarterly*, LXIX (1990), p. 263-271.

—, « Motif Transfer in Arthurian Literature », dans D. Kelly (éd.), *The Medieval Opus : Imitation, Rewriting, and Transmission in the French Tradition*, Proceedings of the Symposium Held at the Institute for Research in Humanities (October 1995, the University of Wisconsin, Madison), Amsterdam, Rodopi, 1996, p. 157-168.

—, « The evolution and legacy of French prose romance », dans R. L. Krueger (éd.), *The Cambridge companion to medieval romance*, Cambridge University Press, 2000, p. 167-182.

—, « The ambiguous fortunes of Arthur : the *Lancelot-Grail* and beyond », dans N. J. Lacy (éd.), *The Fortunes of King Arthur* (Arthurian Studies, 64), Cambridge, D. S. Brewer, 2005, p. 92-103.

—, « Arthur and/or the Grail », dans N. J. Lacy (éd.), *The Grail, the Quest and the world of Arthur*, Cambridge, D. S. Brewer, 2008, p. 1-12.

LAMPERT-WEISSIG, Lisa, « "Why is this knight different from all other knights ?" : Jews, anti-semitism and the Old French Grail narratives », *Journal of English an Germanic Philology*, 106/2 (2007), p. 224-247.

LECCO, Margherita, « Arturi Regis ambages pulcerrime », dans M.-G. Capusso et F. Cigni (éds), *Materia arturiana : varietà di presenze nelle forme non romanzesche*, Atti della Giornata di Studio della Sezione italiana della S.I.A., (Pise, 2010), *Studi mediolatini e volgari*, 57 (2011), p. 115-129.

LEGROS, Huguette, « Le chevalier faé dans quelques romans des XIIe et XIIIe siècles », dans D. Hüe et C. Ferlampin-Acher (éds), *Le Monde et l'Autre Monde*, Orléans, Paradigme, 2002, p. 239-251.

LLOYD-MORGAN, Ceridwen, « French texts, Welsh translators » dans R. Ellis (éd.), *The Medieval Translator II*, London, Centre for Medieval Studies, Queen Mary and Westfield College, 1991, p. 45-63.
—, « Crossing the borders : literary borrowings in medieval Wales and England », dans R. Kennedy et S. Meecham-Jones (éds), *Authority and subjugation in writing of medieval Wales*, New York, Palgrave Macmillan, 2008, p. 159-174.

LECOINTRE, Marie-Noëlle, « L'empreinte des spiritualités dans *Parzival, Wigalois* et *Perlesvaus* : Islam, Bouddhisme et Christianisme », dans D. Buschinger (éd.), *Histoire et Littérature au Moyen Âge*, Actes du Colloque du Centre d'Études Médiévales de l'Université de Picardie (Amiens 20-24 mars 1985), Goppingen, Kümmerle Verlag, 1991, p. 225-234.

LUTRELL, Claude, « The upbringing of Perceval heroes », *Arthurian Literature*, 16 (1998), p. 131-169.

MAC CRACKEN, Peggy, « The poetics of sacrifice : allegory and myth in the Grail Quest », *Yale French Studies*, 95 (1999), p. 152-168.
—, « Damsels and severed heads. More on linking in the *Perlesvaus* », dans K. Busby and C. M. Jones (éds), « *Por le soie amisté* », *Essay in honor of Norris J. Lacy*, Amsterdam-Atlanta, GA, Rodopi, 2000, p. 339-355.
—, « Chaste subjects : gender, heroism, and desire in the Grail quest », dans G. Burger et S. Kruger (éds), *Queering the Middle Ages* (Medieval Cultures, 27), Minneapolis : University of Minnesota Press, 2001, p. 123-142.
—, « Maternity and chivalry after Chrétien : the case of Lot's wife », *Cahiers de Recherche Médiévale (XIIe-XVe)*, 14 (2007), p. 75-85.

MADDOX, Donald, *Fictions of identity in medieval France*, Cambridge University Press, 2000.

MÉNARD, Philippe, « Réflexions sur les coutumes dans les romans arthuriens », « *Por le soie amisté* », *Essay in honor of Norris J. Lacy*, Amsterdam-Atlanta, GA, Rodopi, 2000, p. 357-370.

MICHON, Patricia, *À la lumière du* Merlin *espagnol*, Genève, Droz, 1996.

MILLAND-BOVE, Bénédicte, *La demoiselle arthurienne. Écriture du personnage et art du récit dans les romans en prose du XIIIe siècle*, Paris, Champion (Nouvelle Bibliothèque du Moyen Âge, 79), 2006.

—, « Figures bibliques et fabrique du personnage dans quelques récits de fiction des XIIe et XIIIe siècles », *Façonner son personnage au Moyen Âge*, CUERMA, *Senefiance*, 53 (2007), p. 243-254.

—, « Les nouvelles des romans arthuriens du XIIIe siècle : narrations longues, narrations brèves ? », dans C. Croizy-Naquet, L. Harf-Lancner et M. Szkilnik (éds), *Faire court. L'esthétique de la brièveté dans la littérature du Moyen Âge*, Paris, Presses de la Sorbonne Nouvelle, 2011, p. 249-267.

—, « Le style des romans arthuriens en prose du XIIIe siècle : problèmes, méthodes, pratiques », *Effets de style au Moyen Âge*, CUERMA, *Senefiance*, 58 (2012), p. 47-57.

MORAN, Patrick, « La violence du *Perlesvaus* : un défi à la critique ? », *Violences médiévales*, *Questes*, 14 (2008), p. 8-21.

—, *Lectures cycliques : le réseau inter-romanesque dans les cycles du Graal du XIIIe siècle*, Thèse de l'Université de Paris-Sorbonne, 2011.

MORATO, Nicola, « Figure della violenza nel romanzo arturiano in prosa », dans M. Praloran, S. Romano et G. Bucchi (éds), *Figura e racconto : narrazione letteraria e narrazione figurativa in Italia dall'Antichità al primo Rinascimento*, atti del Convegno di studi (Losanna, 25-26 novembre 2005), p. 163-191.

NICOLAS, Catherine, *Cruor, sanguis : approche littéraire, anthropologique et théologique de la blessure dans les romans du Graal en prose (XIIIe siècle)*, Thèse de l'Université de Montpellier, 2007.

—, « Retour sur la définition du style d'apocalypse : le sublime augustinien dans les Hauts Livres du Graal », *Кентавр / Centaurus. Studia classica et mediaevalia*, 7 (2010), p. 74-85.

—, « *Dictionis granditate* : la conversion dans les romans du Graal en prose au XIIIe siècle », *Cahiers d'études du religieux. Recherches interdisciplinaires* [En ligne], 9, 2011, mis en ligne le 14 septembre 2011, URL : http://cerri.revues.org/867).

—, « The definition and boundaries of eucharistic space in the Grail prose romances : focalization and dissemination », dans M. Cohen et F. Madeline (éds), *Medieval Constructions of Space : Practice, Place, and Territory from the 9th to the 15th century*, Ashgate, 2011, p. 219-232.

OLIVIER, Isabelle, « Navigations dans le *Joseph d'Arimathie* et le *Perlesvaus* », *Mondes marins du Moyen Âge*, CUERMA, *Senefiance*, 52 (2006), p. 353-365.

—, « Les navigations aux confins du monde dans trois romans du Graal (XIIIe siècle) », dans H. Bouget et M. Coumert (éds), *Histoires des*

Bretagnes 2. Itinéraires et confins, Brest, CRBC, Université de Bretagne occidentale, 2011, p. 221-235.

PICKENS, Rupert T. ; BUSBY, Keith ; WILLIAMS, Andrea M. L., « Perceval and the Grail : the Continuations, Robert de Boron and *Perlesvaus* », dans G. S. Burgess and K. Pratt (éds), *The Arthur of the French. The Arthurian Legend in Medieval French and Occitan Literature,* Cardiff, University of Wales Press, 2006, p. 215-273.

PIOLETTI, Antonio, « Esercizi sul cronotopo 3. "Un grant cerne tot environ la maison". Il *Perlesvaus* », *Le forme e la storia,* 3/1 (2010), p. 11-29.

POIRION, Daniel, « Merveille architecturale et fiction narrative en France au Moyen Âge », dans *Écriture poétique et composition romanesque,* Orléans, Paradigme, 1994, p. 101-121.

RAMM, Ben, « Two for one ? A case of mistaken identity in the *Perlesvaus* », *French Studies Bulletin,* 23/85 (2002), p. 2-4.

—, « Locating narrative authority in *Perlesvaus : le Haut Livre du Graal* », dans K. Busby et R. Dalrymple (éds), *Arthurian Literature,* XXII, Cambridge, D.S. Brewer, 2005, p. 1-19.

—, « Barking up the wrong tree ? The significance of the *chienet* in Old French romance », *Parergon : Journal of the Australian and New Zealand Association for Medieval and Early Modern Studies,* 22/1 (2005), p. 49-69.

—, *A Discourse for the Holy Grail in Old French Romance,* Woodbridge, Brewer, 2007.

REMAKEL, Michèle, *Rittertum zwischen Minne und Gral. Untersuchungen zum mittelhochdeutschen* Prosa-Lancelot, Francfort, Peter Lang, 1995.

SALY, Antoinette, « Les nombres dans le roman de *Perlesvaus* », *PRIS-MA,* IX (1993), p. 101-118.

—, « L'image du sang dans le roman de *Perlesvaus* », *Image, structure et sens. Études arthuriennes,* CUERMA, *Senefiance,* 34 (1994), p. 161-169.

—, « La Demoiselle Hideuse dans le roman arthurien », *Travaux de littérature,* 7 (1994), p. 27-51.

—, « Le Graal et le Château du Graal dans le *Perlesvaus* », dans D. Buschinger et W. Spiewok (éds), *König Artus und der Heilige Graal. Studien zum spätarthurischen Roman und zum Graals-Roman im europäischen Mittelalter,* Greifswald, Reineke, 1994, p. 181-187.

—, « Perceval-Perlesvaux. La figure de Perceval dans le *Perlesvaus* », *Image, structure et sens. Études arthuriennes*, CUERMA, *Senefiance*, 36 (1994), p. 149-160.

—, « Peredur, Perceval, Parzival, Parceval, Percyvell, Perlesvaus », dans D. Buschinger et W. Spiewok (éds), *L'Unité de la culture européenne au Moyen Âge*, XXVIII Jahrestagung des Arbeitskreises Deutsche Literatur des Mittelalters Straßburg (23-26 September 1993), Greifswald, Reineke Verlag, 1994, p. 143-150.

—, « Le roi Arthur dans le *Perlesvaus* : le mauvais roi et la chauve au bras bandé », *PRIS-MA*, XI/2 (1995), p. 199-210.

—, « Les *Enfances* Perceval », *PRIS-MA*, XII/2 (1996), p. 221-235.

—, « Le *Perlesvaus* et Gerbert de Montreuil », dans J.-Cl. Faucon, A. Labbé et D. Quéruel (éds), *Miscellanea mediaevalia. Mélanges offerts à Philippe Ménard*, Paris, Champion, 1998, t. II, p. 1163-1182.

—, « L'Anachronisme et la question juive dans le roman de Perlesvaus », dans J.-Cl. Faucon (éd.), *Temps et histoire dans le roman arthurien*, Toulouse, Éditions Universitaires du Sud, 1999, p. 171-177.

—, « Roi Hermite, roi ascète », *Essais sur la perfection : le héros et le saint, III*, *PRIS-MA*, XVI/2 (2000), p. 289-301.

—, *Mythes et dogmes. Roman arthurien. Épopée romane*, Orléans, Paradigme, 2000.

SCAVONE, Daniel, « British King Lucius, the Grail and Joseph of Arimathea : the question of byzantine origins », *PMAM*, 10 (2003), p. 101-142.

SEGUY, Mireille, « Voir le Graal. Du théologique au romanesque : la représentation de l'invisible dans le *Perlesvaus* et la *Quête du Saint-Graal* », dans M. Gally et M. Jourde (éds), *L'inscription du regard. Moyen Âge – Renaissance*, Paris, ENS Éditions (Signes), 1995, p. 75-96.

—, *Les Romans du Graal ou le signe imaginé*, Paris, Champion (Nouvelle Bibliothèque du Moyen Âge, 58), 2001.

—, « Voir au-delà. L'esthétique du visuel dans le *Perlesvaus*, la *Queste del Saint Graal* et l'*Estoire del Saint Graal* », *Littérature et révélation au Moyen Âge. I – Visible invisible*, actes du colloque de l'université Paris X Nanterre (oct. 2004) organisé par M. Demaules, J.-P. Bordier et J.-R. Valette, *Littérales*, 40 (2007), p. 235-251.

SERP, Claire, « Mères, sœurs et oncles : le Graal, une histoire de famille ? », dans M. Aurell et C. Gîrbea (éds), *L'imaginaire de la parenté dans les romans arthuriens (XIIe-XIVe siècles)*, Colloque international, Centre d'Études Supérieures de Civilisation Médiévale de l'Université de Poitiers (juin 2009), Turnhout, Brepols (Histoires de famille : La parenté au Moyen Âge, 11), 2010, p. 141-153.

STANESCO, Michel, « Une merveille bien énigmatique ; le chevalier dans un tonneau de verre », dans D. Hüe et C. Ferlampin-Acher (éds), *Le Monde et l'Autre Monde*, Orléans, Paradigme, 2002, p. 359-368.

STRUBEL, Armand, « *Conjointure* et *senefiance* dans le *Perlesvaus* : les apories du roman-parabole », dans F. Gingras, F. Laurent, F. Le Nan et J.-R. Valette (éds), *Furent les merveilles pruvees / Et les aventures truvees. Hommage à Francis Dubost*, Paris, Champion, 2005, p. 599-618.

—, « Écrire le Graal en prose : l'exemple du *Perlesvaus* », *Écrire en vers, écrire en prose. Une poétique de la révélation*, *Littérales*, 41 (2007), p. 187-207.

—, « Corps martyrisés, corps sanglants, corps dépecés : le *Perlesvaus*, ancêtre du gore ? », *Séminaire du Collège de France*, Paris, 2009.

—, « Ancienne Loi et Nouvelle Loi dans le *Haut Livre du Graal* », *Littérature et révélation au Moyen Âge, III. Ancienne Loi, Nouvelle Loi*, *Littérales*, 43 (2009), p. 1321-1348.

UEDA, Hiroshi, « Perlesvaus, chevalier de l'Autre Monde », *The Journal of the Faculty of Letters*, Nagoya University, 53 (2007), p. 15-35 [en japonais].

—, « La mort de Loholt : la technique de l'entrelacement dans *Perlesvaus* », *The Journal of the Faculty of Letters*, Nagoya University (Literature), 55 (2009), p. 69-95 [en japonais].

UELTSCHI, Karin, « Les bottes de Cahus », *Cahiers de Civilisation Médiévale, X^e-XIIe siècles*, 56/1 (2013), p. 77-86.

VALETTE, Jean-René, « Personnage, signe et transcendance dans les scènes du Graal (de Chrétien de Troyes à la *Queste del Saint Graal*) », dans M.-É. Bely et J.-R. Valette (dir.), *Personne, personnage et transcendance aux XIIe et XIIIe siècles*, Presses de l'Université de Lyon, 1999, p. 187-214.

—, « Barbarie et fantasmagorie au début du XIIIe siècle : *Perlesvaus, le Haut Livre du Graal* », dans J.-Y. Debreuille et Ph. Régnier (dir.), *Mélanges barbares. Hommage à Pierre Michel*, Presses Universitaires de Lyon, 2001, p. 23-33.

—, « *Perlesvaus* », dans Claude Gauvard, Alain de Libera et Michel Zink (dir.), *Dictionnaire du Moyen Âge*, Paris, PUF, 2002, p. 1075.

—, « Le Graal, la relique et la *semblance* : le *Perlesvaus* et la *Queste del Saint Graal* », dans P. Nobel (dir.), *Formes et figures du religieux au Moyen Âge*, Presses Universitaires Franc-Comtoises, 2002, p. 141-163.

—, « Lumière et transcendances dans les scènes du Graal », *Clarté : Essais sur la lumière, III/IV, PRIS-MA*, XVIII/1-2 (2002), p. 169-196.

—, « Miracle et merveille dans les proses du Graal », dans F. Gingras, F. Laurent, F. Le Nan et J.-R. Valette (éds), *Furent les merveilles pruvees / Et les aventures truvees. Hommage à Francis Dubost*, Paris, Champion, 2005, p. 673-696.

—, *La pensée du Graal : fiction littéraire et théologie (XIIe-XIIIe siècle)*, Paris, Champion, 2008.

—, « Métamorphoses et transsubstantiation : les *nuances* du Graal », dans J. Ducos et G. Latrie (éds), *En un vergier... Mélanges offerts à M.-F. Notz*, Presses Universitaires de Bordeaux, 2009, p. 299-319.

—, « Robert de Boron et l'hybridation du Graal : discours laïque et discours clérical », dans H. Charpentier et V. Fasseur (dir.), *Les genres au Moyen Âge. La question de l'hétérogénéité, Méthode !*, 17 (2010), p. 133-145.

—, « La Nouvelle Loi et les enchantements de Bretagne dans les *Hauts Livres du Graal* », *Littérature et révélation au Moyen Âge. III. Ancienne Loi, Nouvelle Loi, Littérales*, 43 (2009), p. 149-174.

—, « La belle porteuse du Graal ou la beauté de signes », dans A. Gaillard et J.-R. Valette (dir.), *La Beauté du merveilleux*, actes du colloque des 5 et 6 février 2009, Presses Universitaires de Bordeaux (« Mirabilia »), 2011, p. 179-205.

—, « Qu'est-ce qu'un roman épique ? Le cas du *Perlesvaus* », dans M. Possamaï-Pérez et J.-R. Valette (dir.), *Chanter de geste. Hommage à J.-C. Vallecalle*, Paris, Champion, 2013, p. 457-472.

VINCENSINI, Jean-Jacques, « Temps perdu, temps retrouvé. Rythme et sens de la mémoire dans le *Haut Livre du Graal (Perlesvaus)* », *Le Moyen Âge*, 108/1 (2002), p. 43-60.

—, « Comprendre, décrire, interpréter un motif narratif : l'exemple de la "libération d'une femme immergée dans l'eau par un jaloux" », dans D. James et C. Thomasset (éds), *Dans l'eau, sous l'eau. Le monde aquatique au Moyen Âge*, PUPS, 2002, p. 387-411.

WALTER, Philippe, « Arthur, l'ours-roi et la Grande-Ourse. Références mythiques de la chevalerie arthurienne », dans M. Voicu et V.-D. Vladulescu (éds), *La chevalerie du Moyen Âge à nos jours. Mélanges offerts à Michel Stanesco*, Editură Universității din București, p. 40-51.

—, « L'enfance de Gauvain : un horoscope mythique », dans C. Ferlampin-Acher et D. Hüe (éds), *Enfances arthuriennes*, Orléans, Paradigme, 2006, p. 33-46.

WALTERS, Lori J., « Chantilly Ms. 472 as a cyclic work », dans B. Besamusca, W. P. Gerritsen, O. S. H. Lie et al. (éds), *Cyclification : The*

Development of Narrative Cycles in the Chanson de Geste and the Arthurian Romances, Amsterdam, North-Holland (Verhandelingen der Koninklijke Nederlandse Akademie van Wetenschappen. Afdeling Letterkunde, nieuwe reeks, 159), 1994, p. 135-139.

—, « The formation of a Gauvain cycle in Chantilly manuscript 472 », *Neophilologus*, 78/1 (1994), p. 29-43.

—, « Parody and moral allegory in Chantilly MS 472 », *Modern Language Notes*, 113/4 (1998), p. 937-950.

—, « The king's example : Arthur, Gauvain, and Lancelot in *Rigomer* and Chantilly, Musée Condé 482 (anc. 626) », dans K. Busby, B. Guidot et L. E. Whalen (éds), *De sens rassis : Essays in Honor of Rupert T. Pickens*, Amsterdam, Rodopi, 2005, p. 699-717.

—, « Dé-membrer pour remembrer. L'œuvre chrétienne dans le ms. Chantilly 472 », dans M. Mikhaïlova (éd.), *Mouvances et jointures. Du manuscrit au texte médiéval*, Orléans, Paradigme (Medievalia, 55), 2005, p. 253-281.

WILLIAMS, Andrea M. L., « Dreams and Visions in the *Perlesvaus* », dans B. Wheeler (éd.), *Arthurian Studies in Honour of P. J. C. Field*, Cambridge, D.S. Brewer, 2004, p. 73-80.

—, « The Rhetoric of the Aventure : The Form and Function of Homily in the French Grail Romances » dans C. Jones et L. Whalen (éds), *Li Premerains Vers : Essays in Honor of Keith Busby*, Amsterdam/New York, 2011, p. 533-44.

YOKOYAMA, Ayumi, « L'attribution de Josephes. Remarques sur les sources du *Perlesvaus* », *Études de langue et littérature française*, LX (1992), p. 3-16.

Catherine Nicolas
Université Paul-Valéry, Montpellier 3
CEMM

VARIA

Les glossaires d'éditions de textes occitans de la période moderne (XVIe, XVIIe, XVIIIe s.) : quelques recommandations pratiques

Nous ne connaissons pas de travail portant sur la méthode de rédaction des glossaires devant figurer dans une édition de texte en occitan de la période moderne[1]. C'est cette lacune de la bibliographie, certainement à mettre en rapport avec le niveau peu élevé des pratiques dans le domaine, qui justifie les recommandations proposées ci-dessous. Nous espérons que celles-ci pourront être utiles aux éditeurs de textes d'autres périodes. Ces recommandations prolongent et concrétisent les réflexions plus générales soumises aux occitanisants dans les mélanges offerts à Philippe Gardy (CHAMBON, 2014). Elles peuvent s'appliquer *mutatis mutandis* aux textes contemporains, voire aux textes médiévaux.

1 Introduction

Le glossaire d'une édition de texte poursuit deux objectifs : aider le lecteur en élucidant le sens des unités lexicales du texte dans leur contexte — c'est la fonction qui lui est traditionnellement dévolue —, mais aussi fournir des matériaux fiables et déjà plus ou moins élaborés à l'inventaire et à la description du lexique de la langue et de la période (et, plus généralement, à l'histoire globale de ce lexique). Si l'édition est pourvue d'une traduction, le second objectif devient la principale raison d'être du glossaire.

L'importance de l'objectif linguistique est encore accru si, comme c'est le cas de l'occitan de la période moderne et de toutes ses variétés, on ne dispose d'aucun ouvrage lexicographique de référence. Une responsabilité toute particulière incombe alors aux éditeurs de textes occitans des XVIe, XVIIe et XVIIIe siècles : les glossairistes doivent se concevoir comme les acteurs principaux du travail lexicographique[2], chaque glossaire étant l'une des pierres de fondation d'un Dictionnaire à venir (voir CHAMBON, 2014, 333-334). Un bon glossaire est un moyen de valoriser le texte, mais aussi un moyen de valoriser modestement la langue. Un glossaire minimaliste ou bâclé, un bon moyen de la desservir.

En vue de l'élaboration du glossaire d'un texte d'occitan moderne, on peut mettre utilement à profit les réflexions théoriques et pratiques accumulées au cours des dernières années à propos des glossaires de français médiéval, en particulier autour des expériences du *DEAF* et du *DMF*[3], ainsi que les comptes rendus critiques d'éditions françaises ou occitanes parus notamment dans la *Zeitschrift für romanische Philologie* ou la *Revue de linguistique romane* (en particulier par Kurt Baldinger, Jean-Pierre Chambon, Takeshi Matsumura, Volker Mecking, Frankwalt Möhren, Max Pfister et, *last but non least*, Gilles Roques). Ces développements ont conduit à la fois à un relèvement des exigences et à une évaluation plus positive du rôle des glossaires et des glossairistes dans le cadre de la lexicologie/lexicographie. On peut tenir compte également de différents bilans récents relatifs à la lexicologie/lexicographie occitane[4].

Comme exemples de bons glossaires, on se reportera à celui procuré par Albert HENRY (1981, 349-463, avec un « Index méthodique », 464-469) dans son édition du *Jeu de saint Nicolas* de Jehan Bodel et à celui de Helena HÄYRYNEN (1994, 283-390) dans son édition du *Traittié de Conseil* de Guillaume Fillastre. De manière générale, on pourra s'inspirer, pour la mise en pratique des diverses techniques et conventions lexicographiques, du *TLF*, des lexiques d'auteurs produits en vue du *DMF*, du *DMF* lui-même (voir MARTIN, 1997) et des ouvrages de Pierre RÉZEAU (2001, 2007).

2 Place du glossaire dans le dispositif de l'édition

Le glossaire est une composante obligatoire de toute édition ayant une ambition scientifique : « un glossaire soigneusement élaboré [...] doit accompagner les éditions de tous les textes aussi bien traduits que non traduits » (Georges Straka, discussion à la suite de TUAILLON, 1981, 21).

Il est recommandé de prévoir des sections séparées consacrées à la morphologie et à la syntaxe où seront données, notamment, les informations relatives aux flexions et à l'emploi des mots grammaticaux. Le glossaire pourra ainsi être mieux centré, selon le principe stratigraphique général de la séparation des niveaux dans la description des langues, sur son véritable objet : l'élucidation des aspects proprement lexicaux de la langue du texte.

La tradition qui consiste à traiter la « langue » (mais amputée du lexique et de l'onomastique !) dans une section spéciale de l'introduction et le lexique à part dans un glossaire ne paraît ni cohérente ni rationnelle. On doit préférer regrouper, après le texte édité, les parties linguistiques de l'édition, dans l'ordre Graphies/phonies, Morphologie, Syntaxe, Lexique (= glossaire), Onomastique (= index des noms propres de lieu et de personnes), Géolinguistique (= détermination et caractérisation de la variété employée). Cela n'empêche pas l'Introduction d'anticiper sur les principaux résultats de l'étude linguistique.

Le glossaire se base sur le texte établi de manière critique ET doit tenir compte de l'ensemble de la tradition, y compris des variantes recueillies dans l'apparat critique. Il n'est évidemment pas le lieu où proposer ou discuter des corrections.

Le glossairiste se montrera attentif à la répartition des nomenclatures entre glossaire et index des noms propres. Celle-ci n'est pas toujours aisée. Elle suscite, en tout cas, d'assez nombreuses erreurs : tout ce qui porte une majuscule dans l'édition n'est pas nécessairement un nom propre ! En outre, la distinction traditionnelle glossaire *vs* index peut être remise en cause : les noms propres peuvent être intégrés au glossaire, comme VATTERONI (2013) vient d'en donner l'exemple, et définis comme les autres unités lexicales (*Paris* n. pr. de l. "capitale de la France"). On ne rédige pas des glossaires spéciaux de noms communs ou d'adjectifs qualificatifs.

Enfin, toutes les informations lexicales doivent être réunies dans le glossaire (ou, du moins, être accessibles à partir du glossaire). En particulier, aucune information lexicale ne doit rester cachée dans les notes : le glossaire doit comporter des renvois aux notes qui discutent des problèmes présentant un intérêt lexical, et il doit accueillir lui-même les discussions d'ordre purement lexical.

3 Explicitation du programme lexicographique

Le glossaire doit nécessairement comporter une introduction méthodologique nourrie, dans laquelle le glossairiste fait connaître ses objectifs, ses options, ses procédures ainsi que sa bibliographie de base.

4 Métalangue

Il y a un avantage pratique à employer une langue disposant d'une forte tradition lexicographique (comme le français), surtout si c'est celle que le glossairiste maîtrise le mieux. L'usage de l'occitan, qui n'aurait rien que de naturel, oblige à une élaboration définitionnelle coûteuse.

5 Sélection de la nomenclature

Dans le principe et pour les raisons particulières qui ont été dites ci-dessus § 1 (absence d'ouvrages lexicographiques de référence concernant la période), l'exhaustivité est recommandable. Elle s'impose pour les textes courts. Mais, même sélectif, le glossaire se doit de ne pas être une collection de mots et de sens rares et difficiles ; il doit chercher, au contraire, à donner une image représentative du vocabulaire du texte. Par exemple, le traitement d'un mot implique le traitement des synonymes ou antonymes ; le traitement d'un sens, celui des autres sens du mot.

En pratique, pour un quantum de temps déterminé, l'étendue de la nomenclature et la qualité du traitement tendent à être inversement proportionnelles. C'est au glossairiste de trouver le juste équilibre. Dans la perspective d'une édition scientifique (et, tout particulièrement, d'un travail universitaire), on peut toutefois poser que la quantité des unités lexicales traitées ne doit jamais prendre le pas sur la qualité du traitement.

Les principaux critères d'une sélection rationnelle de la nomenclature sont énoncés dans MARTIN (1985). On retiendra prioritairement — les hapax ; — les unités lexicales ou sens mal attestés et/ou mal décrits dans la lexicographie (en très grand nombre pour la langue et la période qui nous intéressent !) ; — les unités lexicales ou sens récents ou vieillis (dimension diachronique) ; — les mots ou les sens régionaux (dimension diatopique, particulièrement importante, il va sans dire, en ce qui concerne l'occitan, langue dialectale) ; — les unités lexicales ou

sens techniques, argotiques, populaires (dimension diastratique) ;
— les unités lexicales d'interprétation difficile ; — les unités lexicales apparaissant dans des contextes remarquables (contextes synonymiques, antonymiques, redondants, connotatifs, métonymiques, métalinguistiques ou définitoires, comparaisons). On peut y ajouter les phraséologèmes (unités lexicales plus ou moins figées, formées de deux mots au moins et échappant aux règles de compositionalité) ainsi que les locutions sententieuses et les proverbes (voir § 10).

Il découle de ces critères qu'une sélection rationnelle de la nomenclature prioritaire ne peut reposer que sur un examen exhaustif ou quasi exhaustif du vocabulaire du texte, examen incluant la confrontation avec les connaissances lexicales déjà acquises. Pour surmonter cette contradiction et celle entre quantité et qualité, une suggestion est faite ci-dessous § 22. Les critères de sélection retenus peuvent être adaptés à la nature des textes. Si un texte présente, par exemple, un intérêt particulier pour un champ lexical donné, le relevé complet des unités relevant de ce champ s'impose.

Le glossaire, nous l'avons indiqué (ci-dessus § 2), doit traiter sur un pied d'égalité les variantes substantielles recueillies dans l'apparat, lesquelles doivent être marquées comme telles. Les emprunts au français ne doivent pas être exclus de la nomenclature au motif que leur interprétation sémantique serait évidente. Ce sont au contraire, par définition, des unités lexicales remarquables qui doivent retenir toute l'attention du glossairiste (y compris au plan sémantique : beaucoup de mots ont changé de sens en français et sont, en occitan de la période, de 'faux amis'). Il n'est pas rare, d'ailleurs, que l'occitan fournisse indirectement des éléments intéressants pour le français (premières attestations de sens ou de mots). Toute restriction de la nomenclature basée sur un réflexe puriste est hors de propos. Les mots largement polysémiques et/ou possédant un large éventail de constructions (comme *faire*) ne doivent pas être exclus de la nomenclature sous prétexte qu'ils sont longs à traiter.

Faute d'ouvrage lexicographique de référence pour l'occitan moderne (ou contemporain), la règle de filtrage parfois mise en avant pour l'occitan et le français médiévaux, consistant à ne pas retenir les mots ou les sens traités dans les dictionnaires faisant autorité, règle en elle-même contestable, n'est pas transposable à l'occitan de la période moderne.

6 Classement des entrées

Les entrées sont classées par ordre alphabétique[5]. En cas de variations graphiques fréquentes, il peut être utile de procéder à certains regroupements (mots en *i-* et en *y-* classés sous *i*, par exemple). Le caractère arbitraire et les désavantages bien connus du classement alphabétique peuvent être compensés par une présentation onomasiologique du vocabulaire (voir ci-dessous § 22).

7 Lemmatisation

Le glossaire doit impérativement être lemmatisé selon les conventions usuelles : le lemme (ou vedette) est fourni par la forme non marquée des nominaux (masculin singulier), par l'infinitif des verbes[6]. Les lemmes restitués (au cas où les formes de citation ne sont pas présentes dans le texte) sont marqués, de règle, par des crochets. On peut se passer des crochets pour les restitutions absolument sûres, mais mieux vaut trop de crochets que pas assez (attention à la création de mots fantômes !). Dans les cas où la lemmatisation paraît impossible ou douteuse, on entrera la forme fléchie du texte, dûment spécifiée. Les formes fléchies difficilement reconnaissables feront l'objet d'entrées de renvoi.

En tant qu'autonymes, les lemmes doivent être typographiquement marqués. Au cas, notamment, où l'on a à faire usage de l'italique pour les variantes graphiques, on peut préférer employer l'italique gras. Les lemmes reposant sur des leçons critiques doivent être signalés comme tels (astéristique postposé ou mention « [leçon critique] »). Les homographes sont à distinguer par des exposants postposés (« [1] », « [2] »).

8 Lemmatisation seconde

Depuis, semble-t-il, l'éd. BARRAL de Jacques Roudil (1982), certains éditeurs font suivre le lemme, à l'intérieur d'une parenthèse, d'un transcodage dans la graphie de l'occitan contemporain préconisée par l'Institut d'études occitanes. Si, en tant que telle, cette pratique paraît peu défendable, voire périlleuse, elle peut suggérer de « surlemmatiser » les entrées (*avant* le lemme tiré du texte et entre barres obliques), comme on surlemmatise parfois les lexiques ou glossaires de français médiéval dans la graphie conventionnelle du *Tobler-Lommatzsch*. Au plan pratique, l'absence d'une graphie de référence acceptable par tous les éditeurs ne recommande guère un tel choix, qui entraînerait probablement, de plus, la surlemmatisation d'un très grand nombre d'entrées dans un texte d'époque moderne.

9 Informations grammaticales

Les informations grammaticales sont partie intégrante de l'identification des unités lexicales. Elles sont notées à l'aide des abréviations usuelles en lexicographie (« s. m. » ou « subst. masc. », « v. intr. », etc.). On peut aussi noter l'appartenance des verbes à telle sous-classe flexionnelle par les chiffres romains que la *Grammaire istorique* de RONJAT (1930-1941) leur attribue. Le glossairiste doit systématiquement entrer les faits de microsyntaxe (rections des verbes, par exemple) qui ne trouvent pas leur place dans la section 'Syntaxe'.

10 Traitement des lexies complexes et de la phraséologie

Un glossaire ne traite pas que des mots. On sait en effet que les unités lexicales sont souvent de rang supérieur au mot (lexies complexes, syntagmes formulaires figés, locutions). Les locutions doivent être marquées comme telles et spécifiées selon leur nature grammaticale (« loc. verb. », « loc. adv. », « loc. phrast. », etc.). Le choix du lemme des locutions complexes ou des proverbes fait parfois difficulté. Il est toujours possible de se tirer d'affaire par des renvois.

11 Traitement des graphies

Il est recommandé de séparer, selon la technique de *Godefroy*, du *Glossaire des patois de la Suisse romande* ou du *DEAF*, le plan de l'expression (les formes), traité en premier lieu, après le lemme, et le plan du contenu (le(s) sens).

Toutes les graphies de chaque unité traitée (et pas seulement les graphies rares ou obscurcissant la reconnaissance du mot) doivent être enregistrées. Les critères de choix de la graphie vedette peuvent être la fréquence dans le texte ou le degré de simplicité. Les variantes graphiques doivent être référencées ; elles peuvent être citées par ordre alphabétique. Les graphies qui ne suivent pas ou ne précèdent pas immédiatement la vedette dans l'ordre alphabétique justifient des entrées de renvoi.

12 Traitement des flexions et des mots grammaticaux

En l'absence — toujours regrettable — d'une section spécifiquement consacrée à la morphologie, les flexions des verbes (au moins des verbes irréguliers) doivent être enregistrées au glossaire (sous l'infinitif). Les mots grammaticaux doivent être largement accueillis.

13 Sémantisation

L'interprétation sémantique est la tâche centrale du glossairiste. Elle doit être l'objet de tous ses soins. L'exigence fondamentale en la matière a été formulée par Georges Straka, à l'adresse des « éditeurs de textes dialectaux » : le glossaire doit « fourni[r], non pas les traductions des mots dialectaux en français, mais leurs définitions » (discussion à la suite de TUAILLON, 1981, 21).

La glossographie occitane, dans la foulée de la lexicographie occitane, privilégie la technique traductive, ne recourant à des descriptions syntagmatiques (vraies ou fausses définitions) que par défaut. Pour des raisons tant théoriques — une traduction n'analyse pas et par conséquent ne décrit pas valablement le sens — que pratiques — ambiguïté des définissants, pour une grande part polysémiques —, il convient au contraire de privilégier la technique définitionnelle, propre à exprimer une analyse componentielle du sens (genre prochain + différence(s) spécifique(s)). Le lecteur n'a pas à effectuer le travail de définition (désambiguïsation des traductions en utilisant les contextes) à la place du glossairiste. Sur la question définition/traduction, voir notamment les réflexions fondamentales de MÖHREN (1997, 198 *sqq*.). La sortie du cadre traductif conduit l'éditeur à poser la question du sens à chaque mot : elle l'oblige à expliciter ses interprétations, à comprendre de plus près son texte, et mieux.

Le recours à une traduction n'est admissible, à la rigueur, qu'en cas de monosémie absolue (dûment vérifiée) dans la métalangue (disons qu'il en va ainsi de *désoxyribonucléique*, au cas où l'on serait amené à l'employer comme définissant). On peut aussi recourir à la technique du DEAF : " définition [virgule] traduction " ; on a proposé (André Thibault) d'écrire alors, si la métalangue est le français, " définition [virgule] *fr.* traduction ".

Travaillant sur un corpus réduit et ne disposant pas d'une description lexicographique d'ensemble, l'éditeur de textes occitans de la période moderne peut légitimement hésiter sur la pertinence de tel trait de sens (distinction difficile entre ce qui relève de la parole et ce qui relève de la langue). En cas de doute, des définitions trop spécifiées sont préférables à des définitions trop peu spécifiées ; les traits sémiques douteux, éventuellement contextuels, peuvent être introduits par « (*ici* ....) ». Sauf cas particuliers (doubles sens, sens douteux), le glossaire ne doit donner qu'une définition pour un contexte ou groupe de contextes. Les accumulations de synonymes sont à prohiber rigoureusement. Si le texte n'actualise qu'une acception spéciale, le glossaire n'a évidemment pas à donner le sens général du mot.

Conventions d'écriture. — Les définitions sont placées entre guillemets (" "). Les définitions non substituables et les éléments non substituables des définitions sont placés entre parenthèses. Par exemple : " (exprime le lieu, sans mouvement) ", " faire entendre son cri (le sujet désigne un bovidé) ". Pour les mots de sens inconnu, on écrit : " ? " ; pour les mots de sens douteux : " [définition] " (?).

Enfin, on gardera à l'esprit les principes de Möhren : tout sens nouveau est en principe douteux ; « toute déviation du (ou des) sens de base est à *prouver* » (MÖHREN 1997, *b*, 133).

14 Marquage diasystématique

La description de certaines unités lexicales implique la prise en compte de leurs restrictions d'emploi. Les mots ou sens dont l'usage est diachroniquement, diatopiquement, diastratiquement, diaphasiquement ou diamésiquement restreint doivent faire l'objet d'un marquage. Par exemple : « *vieux* », « *région.* » ou « *lim.* », « *arg.* », « *t. de droit* », « *vulg.* », etc. (placés avant la définition). Le marquage permet d'éviter l'« aplatissement » du lexique caractéristique de presque tous les glossaires, où tous les mots semblent jouir du même statut indifférencié dans l'architecture de la langue.

15 Traitement des relations inter- et intralexicales

Il arrive que le texte qu'on édite permette d'observer certaines relations interlexicales (syntagmatiques : collocations fréquentes, binômes synonymiques, ou paradigmatiques : synonymie, antonymie). Celles-ci doivent être alors décrites dans le glossaire par des indicateurs du type « [en binôme synonymique] » ou par des renvois synonymiques et antonymiques : « (Synon. → *x*) ».

Lorsque le texte livre plusieurs acceptions d'un même mot, celles-ci doivent être distinguées et alphanumérisées, le cas échéant à l'aide d'une alphanumérisation arborescente. Les locutions, par exemple, peuvent être introduites par des tirets (« — »). On peut recourir pour ce faire aux conventions du *TLF* ou du *DMF*. Les valeurs lexicales présentes dans le texte et directement reliables entre elles doivent être spécifiées par des indicateurs du type « *Par méton.* ».

16 Références au texte édité

Les références au texte sont obligatoires : elles conduisent le lecteur aux contextes et lui permettent d'exercer son contrôle. Un glossaire doit non seulement rendre service dans le sens texte → glossaire, mais fonctionner également dans le sens glossaire → texte. Les références doivent être ventilées selon les acceptions dégagées et, le cas échéant, selon les variantes graphiques. Si les références ne sont pas exhaustives — ce qui peut être pratiqué notamment pour les mots de haute fréquence — le fait doit être signalé par un « etc. ». Dans ce cas, on retiendra au moins cinq références. Ce sont les références aux contextes les plus intéressants (ceux qui fourniraient de bons exemples à un dictionnaire) qui devront être sélectionnées. En tout état de cause, les contextes remarquables (cf. ci-dessus § 5) doivent être relevés et marqués (par exemple : « [dans une comparaison] », « [en contexte autonymique] »).

17 Citations

Les glossaires sont généralement des squelettes (pas d'exemples). L'existence de références n'invalide pas entièrement la pratique de la citation, laquelle justifie l'interprétation sémantique et facilite l'assimilation de la définition par l'utilisateur. On se limitera alors à choisir une citation (la meilleure) par acception.

18 Commentaires

L'absence quasi générale de commentaire dans les glossaires d'éditions signale le caractère habituellement dogmatique du discours glossairiste et son manque ordinaire de perspective.

Le commentaire est chargé en premier lieu d'accueillir, le cas échéant, les discussions relatives à la sémantisation. Il peut servir, d'autre part, à signaler les données lexicales les plus intéressantes du texte en les situant brièvement dans un contexte géolinguistique et diachronique plus large. Tous les mots ou sens recueillis n'ont pas en effet la même valeur lexicologique : le commentaire évite l'aplatissement des faits qui découle de la présentation ordinaire des glossaires où faits banals et faits remarquables (premières attestations, par exemple) sont mis sur le même plan. C'est un moyen de valoriser l'édition.

Toutefois, un glossaire n'a pas à s'occuper de manière prolixe de l'étymologie et de l'histoire des mots. En cas de données triviales (déjà bien attestées), un simple renvoi au *FEW* (voir ci-dessous § 19) est suffisant. On estimera également, contre TUAILLON (1981, 20), qu'un glossaire d'édition n'est pas le lieu adéquat pour se livrer, auprès des « lecteurs de bonne volonté » curieux des « patrimoines culturels régionaux », à des explications relevant de la vulgarisation.

19 Emploi du *FEW*

L'emploi du *FEW* est recommandable. L'œuvre de Walther von Wartburg est en effet le seul thésaurus raisonné englobant l'ensemble des variétés diatopiques et diachroniques occitanes et galloromanes, qu'il replace dans le cadre roman. Le renvoi au *FEW* permet de manifester que l'unité traitée a été bien identifiée par son rattachement à une famille lexicale. Le *FEW* sert aussi à l'établissement du sens dans la mesure où il permet de se faire une idée du noyau et du spectre sémantiques de chaque type lexical, noyau et spectre à mettre en relation, dans l'établissement du sens, avec le contexte.

La confrontation des données du texte avec le *FEW* permet enfin de nourrir le commentaire en mettant en valeur les attestations intéressantes ; celles-ci doivent être explicitées (première attestation d'un mot ou d'un sens, hapax, acception inédite, etc.). La consultation du *FEW* permet non seulement de compléter souvent ce thésaurus des langues galloromanes, mais, souvent aussi — et particulièrement pour l'occitan —, de le corriger. Bien entendu, un glossaire citant le *FEW*, mais dont les articles ne sont pas classés par ordre alphabétique, qui n'est pas lemmatisé, qui est trop sélectif et laisse échapper des mots intéressants et dans lequel la sémantisation est déficiente, reste un mauvais glossaire. L'emploi du *FEW* n'est, du reste, pas obligatoire, à condition toutefois de disposer d'un fichier équivalent ou supérieur.

20 Mise en page

La disposition habituelle des glossaires (un article = un alinéa) devient vite peu lisible en cas d'articles complexes. On peut préférer une disposition inspirée des lexiques préparatoires au *DMF*, plus aérée et plus proche de celle d'un article de dictionnaire.

21 Exemple d'article

Aux articles de facture habituelle, comme celui ci-dessous, tiré de l'éd. BARRAL de la *Suite des Œuvres poétiques* de Jacques Roudil (BARRAL 1983, 218) et à plusieurs égards insuffisant ou fautif :

anissés (anissas) : *peloton de laine.*

on préfèrera

anis, s. m. *t. de chapeliers* " poil d'agneau qui sert à faire des chapeaux " II, 18, 48 (« lou capelié [verra le nom] de sous anissés »). — Première attestation (Montpellier av. ca 1685, antérieure à castr. 1850) de cette acception technique, à aj. à FEW 24, 266b, AGNINUS.

ou bien

anis, subst. masc.

T. DE CHAPELIERS " poil d'agneau qui sert à faire des chapeaux ".

lou Capelié [verra le nom] de sous *anissés* (II, 18, 48).

Première attestation (Montpellier av. *ca* 1685, antérieure à castr. 1850) de cette acception technique, à aj. à FEW 24, 266b, AGNINUS.

22 Classement onomasiologique du vocabulaire

L'ordre sémasiologique-alphabétique du glossaire doit, en bonne méthode, être croisé par une présentation onomasiologique (cf. l'« Index sémantique » de l'éd. BRUNEL de *Jaufré*, t. 2, 199 *sqq.*). Il y a tout avantage à faire usage de la grille mise au point par HALLIG & VON WARTBURG (1963), connue sous le nom de *Begriffssystem*, grille reprise et parfois raffinée par le *FEW* (vol. 21-23). Outre son intérêt lexicologique, la présentation onomasiologique permet d'offrir au lecteur un portrait plus parlant du vocabulaire du texte ou de l'auteur.

Elle peut permettre aussi, en cas de glossaire sélectif, de régler la question de l'exhaustivité de la nomenclature : présentation onomasiologique exhaustive — ce qui simplifie la description puisqu'il s'agit seulement de verser le vocabulaire dans des cases préétablies — et glossaire sélectif.

23 Conclusion

Un glossaire méthodiquement élaboré et soigneusement rédigé qui réponde, au moins de manière minimale, aux exigences actuelles, est l'un des ingrédients obligatoires de toute édition ayant une ambition scientifique, en particulier s'il s'agit d'un travail universitaire ou d'universitaire. Il revient à l'éditeur de tenir compte de cette obligation lexicographique au moment de déterminer la masse textuelle qu'il publiera (mieux vaut moins, mais mieux). À tout prendre, mieux vaut un simple index des mots qu'un glossaire sans méthode et bâclé. Un glossaire établi méthodiquement selon les règles de la lexicographie mérite le nom de 'dictionnaire de texte' et, si sa nomenclature est exhaustive, le titre de *Dictionnaire du texte*[7].

24 Références citées

ATKINS B. T. Sue & RUNDEL Michael, 2008, *The Oxford Guide to Practical Lexicography*, Oxford, Oxford University Press.

BALDINGER Kurt, 1990, « Splendeur et misère des glossaires (à propos de nouvelles recherches rabelaisiennes) », dans ID., *Études autour de Rabelais*, Genève, Droz, 19-38.

BARRAL Marcel, 1982, *Jacques Roudil, Œuvres poétiques languedociennes et françaises, publiées pour la première fois sur un manuscrit retrouvé, avec introduction, notes et glossaire*, Montpellier, Publications de l'Entente bibliophile.

BARRAL Marcel, 1983, *Jacques Roudil, Suite des Œuvres poétiques languedociennes et françaises, publiées pour la première fois sur un manuscrit retrouvé, avec introduction, notes et glossaire*, Montpellier, Publications de l'Entente bibliophile.

BRUNEL Clovis, 1943, *Jaufré. Roman arthurien du XIe siècle en vers provençaux*, 2 vol., Paris, Société des anciens textes français.

BURIDANT Claude, 1991, « En passant par le *Glossaire des glossaires du moyen français*. Les glossaires des éditions de textes de moyen français et l'élaboration du *Dictionnaire de moyen français* : essai d'analyse critique », *Revue de linguistique romane* 55, 427-478.

BURIDANT Claude, 1993, « Glossaire révisé d'*Erec en prose* », *Travaux de linguistique et de philologie* 31, 211-250.

BURIDANT Claude, 1999, « Proposition de protocole pour la confection de lexiques de français préclassique », *Le Français préclassique* 6, 115-133

CHAMBON Jean-Pierre, 1998, « Pour une révision du glossaire de *Saül le furieux* (éd. Forsyth) », *Revue des langues romanes* 102, 341-353.

CHAMBON Jean-Pierre, 2000, « Un événement dans la lexicographie occitane : la publication du DOM », *Revue des langues romanes* 104, 439-458.

CHAMBON Jean-Pierre, 2005, « Actualité de la lexicographie occitane : à propos d'un dictionnaire récent », *Revue des langues romanes* 109, 491-508.

CHAMBON Jean-Pierre, 2006, « Lexicographie et philologie : réflexions sur les glossaires d'éditions de textes (français médiéval et préclassique, ancien occitan) », *Revue de linguistique romane* 70, 123-141.

CHAMBON Jean-Pierre, 2010, « Brèves remarques sur le *Tresor dóu Felibrige* de Frédéric Mistral », *Revue de linguistique romane* 74, 199-214.

CHAMBON Jean-Pierre, 2014, « De la glossographie à la glossairistique (ou « lexicologie philologique ») : réflexions proposées aux occitanisants », dans Jean-François Courouau, François Pic & Claire Torreilles (éd.), *Amb un Fil d'amistat. Mélanges offerts à Philippe Gardy par ses collègues, ses disciples et ses amis*, Toulouse, Centre d'étude de la littérature occitane, 327-337.

DEAF : BALDINGER Kurt, *Dictionnaire étymologique de l'ancien français*, Tübingen, *olim* Québec, Niemeyer, 1975-.

DMF : MARTIN Robert, *Dictionnaire du moyen français (DMF 2012)*, ATILF, Nancy, http://www.atilf.fr/dmf.

FEW : VON WARTBURG Walther, 1922-2002, *Französisches Etymologisches Wörterbuch. Eine darstellung des galloromanischen sprachschatzes*, 25 vol., Leipzig/Teubner, Bonn/Klopp, Bâle/Zbinden.

HAENSCH Günther, WOLF Lothar, ETTINGER Stefan & WERNER Reinhold, 1982, *La lexicografía. De la lingüística teórica a la lexicografía práctica*, Madrid, Gredos.

HALLIG Rudolf & VON WARTBURG Walther, 1963 [[1]1952], *Begriffssystem als Grundlage für die Lexikographie. Versuch eines Ordnungsschemas. Système raisonné de concepts pour servir de base à la lexicographie. Essai d'un schéma de classement*, 2e éd., Berlin, Akademie-Verlag.

HAUSMANN Franz-Josef, REICHMANN Oskar, WIEGAND Herbert Ernst & ZGUSTA Ladislav (éd.), *Dictionaries. An international encyclopedia of lexicography*, 3 vol., Berlin, New York, Walter de Gruyter, 1989-1991.

HÄYRYNEN Helena, 1994, *Guillaume Fillastre, Le Traittié de Conseil*, Jyväskylä, Université de Jyväskylä.

HENRY Albert, 1981, *Le Jeu de saint Nicolas de Jehan Bodel, Introduction, édition, traduction, notes, glossaire complet, tables*, 3e éd., Bruxelles, Académie royale de Belgique.

MARTIN Robert, 1985, « Chartes et documents de l'abbaye de Saint-Magloire », dans Anthonij Dees (éd.), *Actes du IVe Colloque international sur le moyen français*, Amsterdam, Rodopi, 87-118.

MARTIN Robert, 1997, « Les « normes » du *DMF* (*Dictionnaire du moyen français*) », dans Bernard Combettes & Simone Monsonégo (éd.), *Le moyen français. Philologie et linguistique. Approches du texte et du discours. Actes du VIIIe Colloque international sur le moyen français*, Paris, Didier érudition, 297-305.

MÖHREN Frankwalt, 1986, *Wort- und sachgeschichtliche Untersuchungen an französischen landwirtschaftlichen Texten, 13., 14. und 18. Jahrhundert*, Tubingue, Niemeyer.

MÖHREN Frankwalt, 1997, a, « Bilan des travaux lexicologiques en moyen français, avec un développement sur la définition », dans Bernard Combettes & Simone Monsonégo (éd.), *Le moyen français. Philologie et linguistique. Approches du texte et du discours. Actes du VIIIe Colloque international sur le moyen français*, Paris, Didier érudition, 195-210.

MÖHREN Frankwalt, 1997, b, « Unité et diversité du champ sémasiologique — l'exemple de l'*Anglo-Norman Dictionary* », dans Stewart Gregory & David A. Trotter (éd.), *De Mot en mot. Aspects of medevial linguistics. Essays in honour of William Rothwell*, Cardiff, University of Wales Press in conjonction with the Modern Humanities Research Association, 127-146.

PFISTER Max, 1993, « Rapport sur l'état de la recherche en lexicologie médiévale dans le domaine occitan [1976-1986] », dans Giuliano Gasca Queirazza (éd.), *Atti del secondo Congresso internazionale della Association internationale d'études occitanes*, Turin, Université de Turin (Dipartimento di Scienze letterarie e filologiche), 923-954.

PFISTER Max, 1997, « L'avenir de la recherche lexicographique de l'ancien occitan », dans Stewart Gregory & David A. Trotter (éd.), *De Mot en mot. Aspects of medevial linguistics. Essays in honour of William Rothwell*, Cardiff, University of Wales Press in conjonction with the Modern Humanities Research Association, 161-171.

PFISTER Max, 2000, a, « Überblick über die altokzitanische Lexikologie 1986-1998 », dans Angelica Rieger (éd.), *Okzitanistik, Altokzitanistik, Provenzalistik. Geschichte und Auftrag einer europäischen Philologie*, Francfort-sur-le-Main, Peter Lang, 73-96.

PFISTER Max, 2000, b, « La lexicographie de l'ancien occitan », *La France latine* 129, 151-160.

PFISTER Max, 2011, « Bilan de la linguistique de l'ancien occitan, 1998-2008 », dans Angelica Rieger (éd.), *L'Occitanie invitée de l'Euregio. Liège 1981 - Aix-la-Chapelle 2008. Bilan et perspectives. Actes du neuvième Congrès international de l'AEIO, Aix-la-Chapelle, 24-31 août 2008*, Aix-la-Chapelle, Shaker, 73-100.

RÉZEAU Pierre (dir.), 2001, *Dictionnaire des régionalismes de France. Géographie et histoire d'un patrimoine linguistique*, Bruxelles, De Boeck, Duculot.

RÉZEAU Pierre, 2007, *Dictionnaire des régionalismes du français en Alsace*, Strasbourg, Presses universitaires de Strasbourg.

RONJAT Jules, 1930-1941, *Grammaire istorique des parlers provençaux modernes*, 4 vol., Montpellier, Société des langues romanes.

ROQUES Gilles, 1981, « À propos d'éditions récentes de textes en moyen français. Problèmes et méthodes en lexicologie médiévale », dans Marc Wilmet (éd.), *Sémantique lexicale et sémantique grammaticale en moyen français*, Bruxelles, Université libre de Bruxelles, 3-21.

STIMM Helmut, 1975, « Rapport sur l'état de la recherche en domaine occitan. Lexicologie médiévale », dans *Colloque international sur la recherche en domaine occitan (28, 29, 30 août 1974, Béziers)*, Montpellier, Association internationales d'études occitanes, Centre d'estudis occitans, 39-57.

THIBAULT André, 2006, « Glossairistique et littérature francophone », *Revue de linguistique romane* 70, 143-180.

TLF : *Trésor de la langue française. Dictionnaire de la langue du XIXe et du XXe siècle (1789-1960)*, 16 vol., Paris, Gallimard, 1971-1994.

TUAILLON Gaston, 1981, « Que doit être un glossaire dans une édition d'un texte dialectal accompagné d'une traduction ? », dans Dieter Kremer & Hans-Joseph Niederehe (éd.), *Littératures et langues dialectales françaises. Actes du Colloque de Trèves du 17 au 19 mai 1979*, Hambourg, Helmut Buske, 11-21.

VATTERONI Sergio, 2013, *Il trovatore Peire Cardenal*, 2 vol., Modène, Mucchi.

Jean-Pierre Chambon
Université de Paris-Sorbonne

NOTES

[1] Concernant les textes dialectaux galloromans en général, il convient de signaler TUAILLON (1981). Toutefois, malgré son titre à vaste portée (« Que doit être un glossaire dans une édition d'un texte dialectal accompagné d'une traduction ? »), cette communication consiste essentiellement en l'élaboration de deux petits fragments de glossaires (l'un « pour romanistes », l'autre « pour tout lecteur ») à partir d'un passage d'un texte en francoprovençal. Mise à part celle de recourir au *FEW*, cette contribution ne nous a pas semblé contenir de recommandations susceptibles d'être retenues.

[2] La meilleure initiation à la lexicographie reste, à notre sens, celle de HAENSCH *et alii* (1982). Il existe de nombreux autres manuels en français, espagnol, italien, anglais, par exemple celui d'ATKINS & RUNDEL (2008). Voir aussi l'encyclopédie dirigée par HAUSMANN *et al.* (1989-1991).

[3] Voir notamment BALDINGER (1990), BURIDANT (1991, 1999), CHAMBON (2006), MARTIN (1985), MÖHREN (1986, 1-37, 1997, *a* et *b*), ROQUES (1981), THIBAULT (2006). Révisions de glossaires : BURIDANT (1993), CHAMBON (1998).

[4] CHAMBON (2000, 2005, 2010), PFISTER (1993, 1997, 1999, 2000, *a* et *b*, 2011), STIMM (1975).

[5] Dans les glossaires modèles de TUAILLON (1981), les articles ne sont pas classés alphabétiquement, mais se présentent dans l'ordre des occurrences dans le texte édité (*socha, rezéga, delocha, buge* etc.). Une telle pratique ne saurait être recommandée.

[6] Les glossaires modèles de TUAILLON (1981) ne sont pas lemmatisés.

[7] Nos remerciements s'adressent à France Lagueunière, à Pierre Rézeau et Jean-François Courouau pour les remarques dont ils ont bien voulu nous faire part sur une première version de cet article.

Hercule à Bruges (1468) :

théâtre, politique et cérémonial bourguignons*

L'historien bourguignon Olivier de la Marche, fidèle serviteur des Ducs de Bourgogne, reproduit en détail dans ses *Mémoires* – qui retracent les événements politiques du duché pendant une longue période du XVe siècle – les fêtes célébrées en 1468 à Bruges à l'occasion du mariage entre Charles le Téméraire et Marguerite d'York, sœur du roi d'Angleterre, Édouard IV. La situation de 1468, encore très éloignée des fatidiques journées de 1477, est en tout point favorable à la Bourgogne et, plus directement, à Charles le Téméraire. Vainqueur de Louis XI après la guerre du Bien Public[1], il est couronné duc de Bourgogne en 1467 avant de prendre pour épouse Marguerite d'York pour sceller son alliance avec les Anglais. Selon le récit de La Marche, au cours du mariage célébré en grand apparat, est donné un spectacle théâtral centré sur les douze travaux d'Hercule et un Pas d'armes, conçus pour la plus grande gloire du Bourguignon[2].

De la sorte, les noces brillent d'un éclat qui rejaillit sur la personne de Charles et conforte son renom au lendemain de ses succès politiques et militaires, bien que la proclamation du nouveau duc soit récente. Or son père Philippe le Bon, duc de Bourgogne et fondateur de l'ordre de la Toison en 1430, s'était déjà forgé, avant de présider la cérémonie du Banquet du Faisan à Lille en 1454, une réputation de prestige dont l'aura, projetée sur les possessions et les institutions bourguignonnes, pouvait en apparence éclipser les possibilités de son successeur sur ce terrain.

---

* Nous remercions M. M. Faure de ses suggestions à propos de cet article. La révision linguistique de ce travail a été financée par la Xunta de Galicia (GRC2013-046) avec le concours des fonds du FEDER.

Jason, figure de l'Antiquité, est au centre du mythe de l'ordre de la Toison d'Or. Mais, à la suite d'une révision idéologique mettant en cause son comportement coupable envers Médée, le héros classique est rapidement concurrencé par Gédéon, personnage biblique, dès lors placé à ses côtés comme figure principale de l'ordre[3]. Il s'agit là d'un recours habituel dans le discours historique bourguignon, puisque la référence à des figures mythiques fonde les origines mêmes du duché : Hercule, compagnon de Jason[4], aurait été le créateur du lignage des ancêtres des Ducs. L'idée, ébauchée par Diodore de Sicile au Ier siècle av. J.-C., s'est répandue dans la littérature essentiellement à partir de l'allusion d'Olivier de la Marche dans ses *Mémoires*, encore que les répercussions du témoignage de Diodore sur la pensée bourguignonne ont pu être antérieures et inextricablement liées à l'imaginaire politique sur la formation de l'État ducal[5].

Ce type de dédoublement du héros fondateur s'affiche à son tour dans des manifestations plastiques : lors du Banquet de Lille en 1454, le spectacle des entremets de Jason se déroule sur un fond de tapisserie contenant des scènes de la vie d'Hercule ; lors des entremets d'Hercule à Bruges en 1468[6], c'est une tapisserie de Jason qui trône en bonne place dans la salle[7]. En fait, Olivier de la Marche, organisateur des entremets herculéens et lui-même acteur improvisé de ceux de Lille, où il joue le rôle de Sainte Église, aurait probablement conçu la cérémonie de Charles le Téméraire à l'imitation de celle de son père[8]. Il paraît donc légitime d'expliquer, partiellement au moins, la structure du spectacle herculéen par rapport au protocole et aux lectures politiques de la célébration lilloise.

Une question se pose alors : s'agit-il d'imitation ou de concurrence ? La fondation de l'ordre de la Toison d'Or et, surtout, les spectacles de Lille permettent une identification aisée de Philippe le Bon à Jason ; c'est ainsi que le conçoit notamment Philippe Bouton dans un poème consacré au duc et composé quelque temps après le banquet (str. 5, vv. 1-4 – citant aussi Hercule –, et surtout str. 33)[9]. Dans ces conditions, le nouveau duc pourra facilement se faire attribuer l'image d'Hercule, l'autre héros bourguignon fondateur et habituellement lié à l'idée mythique de force, par ses travaux, célèbres dans l'Antiquité classique[10].

Ils sont limités, à Bruges, au nombre de douze, suivant la tradition, quoiqu'elle ait été fortement altérée à cette occasion ; en plus d'être nombreux, comme les entremets joués à Lille[11], ils semblent surtout proposés dans un sens différent. En effet, si les jeux de Philippe le Bon furent conçus pour appeler à la croisade et afficher la magnificence de la Bourgogne dans le contexte d'un banquet de chevaliers, ceux de ces noces visent principalement à montrer la puissance du Téméraire à ses invités anglais. L'idéologie des jeux herculéens ne paraîtra vraiment qu'à travers une interprétation contextuelle. Formellement, leur sens est cependant déchiffré par une *senefiance* morale – plus rarement politique – transcrite dans des *rolets* montrés au public à la fin de chacune des représentations, programmées en cycles de quatre travaux par journée[12].

Olivier de la Marche ne puise pas son information dans l'ensemble des œuvres classiques traitant du sujet, mais plus précisément dans le *Recueil des Histoires de Troyes* de Raoul Lefèvre (1464)[13], auquel on doit ajouter, parmi d'autres sources moins importantes, la *Genealogia Deorum Gentilium* de Boccace ou une version bourguignonne de l'*Ovide moralisé* en prose[14]. L'historien a introduit des variantes décisives et conditionnées par le contexte, ayant donc une valeur particulière. De fait, comme l'indique Ross[15], des douze travaux traditionnels d'Hercule, on n'en distingue nettement que cinq dans la représentation de Bruges, où ils semblent perdre de leur importance en tant que tâche essentielle du héros, souvent accompagné dans ses aventures, afin de mettre en avant le message politique et chevaleresque. La conception du spectacle est d'ailleurs renforcée par la célébration simultanée, au cours de ces mêmes noces, du Pas de l'Arbre d'Or, tournoi de chevalerie organisé autour d'Antoine, Grand Bâtard de Bourgogne[16].

Ces deux aspects du message semblent conditionner simultanément l'image d'Hercule dans le contexte de Bruges, le pouvoir politique ne pouvant être nettement dégagé de la condition chevaleresque. Il est néanmoins possible de percevoir, dans les trois journées au cours desquelles se déroulèrent les travaux (lundi 4, jeudi 7 et dimanche 10 juillet), une inflexion plus ou moins claire vers l'un ou l'autre sens. C'est ainsi que la politique s'impose pour une partie non négligeable des travaux, la nécessité pour le duc de renforcer son image en tant que nouveau souverain de Bourgogne s'avérant alors impérative. Ainsi, la lecture des quatre premiers jeux, lesquels décident, au demeurant, de l'évolution des autres, cherche avant tout à prouver aux invités – et alliés – anglais la puissance du Téméraire et de ses États face au roi de France. C'est à ce premier cycle, à notre avis le plus important, que nous consacrerons la plupart des pages qui suivent.

1. L'hypothèse proposée est suggérée par le fait que le roi Philotès, humilié et subordonné à Hercule, n'est présent que dans la première journée[17]. Les implications politiques de ce cycle peuvent être replacées dans la construction de l'ensemble, délibérément fondée sur une allégorie de la gloire personnelle du duc. En effet, dans le premier travail, l'étranglement des deux serpents, s'il est célèbre dans la littérature classique racontant l'enfance d'Hercule, ne semble pas pour autant conforme à la tradition des travaux du héros. L'anomalie de sa présence dans les spectacles de Bruges a choqué plusieurs critiques[18], mais elle est cohérente par rapport au projet du Téméraire de se démarquer de l'héritage politique de son père et de faire étalage du renouveau de son État. Les symboles revêtant de multiples significations, cette mention autorise une interprétation de l'épisode à partir de quelques aspects de la vie personnelle du Téméraire. La scène mentionne ainsi la mort d'Iphiclès, le frère du héros[19], victime des serpents, et L.B. Ross rapproche cet épisode de la mort prématurée des frères aînés de Charles le Téméraire, dont la légitimité fut plus tard contestée par le comte de Nevers[20]. La moralité du *rolet* aurait enfin mis en exergue la fonction de Fortune et de Dieu dans ce choix capricieux entre la vie et la mort :

> Hercules en son bers, soubs povoir de norrice,
> Tua deux grans serpens de force, sans malice.
> Bon josne se monstra sa fortune propice,
> Dont son frère mourut, innocent et sans vice.
> Puisque sur deux bessons portez d'une ventrée,
> Fortune se despart par diverse livrée,
> Dont l'ung laisse périr ainsi qu'une fumée,
> L'autre porte en ses bras croissant en renommée,
> Bien devons Dieu doubter de cueur et de pensée ;
> Car c'est cil qui deppart où il veut sa souldée.
>
> (*Mémoires*, III, p. 144)

La succession des travaux confirmera que la question de l'héritage qu'implique cette première prouesse, annonce l'idéalisation finale du prince dans la morale des travaux 11 et 12. La brillante suggestion de L.B. Ross, dont notre réflexion est largement tributaire, permet, dans le sens de la politique du duc, de donner une autre *senefiance* à l'action d'Hercule contre les deux serpents meurtriers. S'ils veulent tuer les deux enfants et, par le jeu des allégories, annihiler l'avenir de la Bourgogne, on pourrait effectivement avancer l'hypothèse que ces deux serpents représenteraient deux menaces majeures pour le duché, bien qu'elles aient été éliminées au cours des années précédentes : d'abord, la France, vaincue après la Guerre du Bien Public en 1465 ; ensuite, mais c'est moins clair, Liège, écrasée au terme de sa rébellion, initiée en 1465 avec le soutien du roi français et qui s'est poursuivie après la mort de Philippe le Bon, en 1467[21]. Ainsi, après la mort d'Iphiclès, la force physique du nouveau duc, le frère survivant et légitime, s'impose contre la fatalité de ces événements, et les projets politiques de ses ennemis, notamment Louis XI, échouent[22].

Cette interprétation de la première prouesse, qui détermine l'engagement de Charles dans ses rapports avec la monarchie et ses éventuels alliés, conditionne également la lecture du deuxième travail, où apparaît Philotès, seule figure royale de la série. Ce dernier est dépeint ici comme un roi plutôt lâche et rappelant, de façon flagrante, Louis XI[23]. Ce deuxième travail comporte un vol de moutons, prétendument inexistants en Grèce (*Mémoires*, III, p. 144), et le combat contre un géant qui semble les garder et les protéger. Tué par le héros, accompagné de Thésée qui n'y prend pas part, sa mort présage la victoire sur le roi Philotès, soudainement mis en scène, battu à son tour par Hercule avant de devenir son serviteur à vie (*Ibidem*, p. 145). D'après la critique, l'appropriation des moutons, qui n'appartiennent à personne, est une variante du vol des pommes des Hespérides, l'un des travaux d'Hercule de la légende antique, dans lequel le héros affronte aussi des géants[24]. Ce remplacement d'une aventure par l'autre s'avère également délibéré ; l'enlèvement des moutons constitue en effet un récit répliquant au mystère de la Toison d'Or, avec lequel il a des éléments en commun, et il aurait aisément été compris dans ce sens par l'auditoire. D'ailleurs, puisque les animaux n'ont pas de propriétaire connu, Hercule ne peut commettre un vol, contrairement à Jason, et son action ne ternit pas l'image parfaite qu'en donnent ces entremets[25].

L'intervention d'Hercule dans cette réécriture des origines de la Toison d'Or, impliquant Jason ou Gédéon, quoique acceptable, n'est pas originale, étant donné que le poème de Pierre Bouton – entre autres textes – plaçait Hercule dans la légende à côté de Jason[26]. Quoi qu'il en soit, l'entremets, original ou non dans sa lecture des faits, prouve que, si Charles peut s'identifier à Hercule, il peut aussi s'attribuer, en quelque sorte, la (re)fondation de l'Ordre créé par son père.

L'exaltation de la Toison d'Or par la médiation du théâtre s'achève par une nouvelle affirmation du pouvoir bourguignon : dans la seconde partie de cette aventure, l'humiliation et la dégradation du roi Philotès sont évoquées, politiquement, par un *rolet* moralisateur, dont la mention du « publicque bien » oriente la lecture :

> Là monstra il aux princes, par raison et droicture,
> Qu'ilz doibvent corps et vaine estendre sans murmure,
> Et emploier le temps par travail, sans lassure,
> Pour le publicque bien, lequel ilz ont en cure.
>
> (*Mémoires*, III, p. 145)

L'allusion fait référence à la Guerre du Bien Public, à la grande et récente (en 1468) victoire bourguignonne remportée par Charles le Téméraire, alors comte de Charolais, aux dépens de Louis XI[27]. Destinés à un public qui connaît bien la politique française de Charles, les deux premiers travaux, chargés d'une même signification, semblent former un ensemble qui devrait s'enrichir tout au long des trois journées de Bruges. Mais, sans renoncer à une certaine cohérence, la moralité des jeux postérieurs mettra surtout en avant des considérations chevaleresques et religieuses. La troisième représentation, dont la plupart des motifs tirent leur origine de la tradition classique, véhicule cette tendance dans le récit, et pour la première fois. Hésione est libérée des griffes d'un monstre marin prêt à la dévorer, grâce au combat que lui livre Hercule et qui s'achève par la mort du terrible combattant. Philotès et Thésée, qui accompagnent prudemment le héros, restent à l'écart de l'action, avant de s'emparer finalement du corps de la bête. Hercule, à nouveau vainqueur, accompagne Hésione dans le bateau de la dame (*Mémoires*, III, p. 146). La moralité du *rolet*, que nous ne reproduisons pas ici en entier, et qui contient les seules allusions à Troie par rapport à l'histoire traditionnelle[28], néanmoins décisives dans le texte de Lefèvre[29], recommande la protection de l'honneur des dames :

> O nobles chevaliers, ô toute gentilesse,
> (...)
> Pour garantir les dames, monstrez votre hardiesse,
> Faictes vous detrancher pour honneste prouesse ;
> Deffendez leur honneur, car n'ont autre richesse.
> Qui autrement le fait, il offence noblesse.
>
> (*Mémoires*, III, p. 146)

Sans aucun doute, le message est à rapprocher des événements que présentait simultanément le mystère de l'Arbre d'Or, animé du même esprit chevaleresque vis-à-vis des femmes, qui, comme l'on sait, jouaient un rôle primordial dans la conception ritualisée de ces rencontres[30]. Or, de toutes les interventions d'Hercule concernant les femmes, celle-ci est la seule à formuler, dans sa moralité finale, une demande claire de secours. Par la suite, par exemple dans la libération de Proserpine de l'Enfer, la moralité du *rolet* se limite à prôner la nécessité de combattre le péché, incarné par Cerbère : la déesse, citée une seule fois dans la moralité, n'est à vrai dire qu'un simple nom dans le travail herculéen[31], lequel privilégie, avant tout, la lecture morale de l'épisode. Quant au combat contre les Amazones, où Hercule se trouve pour la troisième fois en présence de personnages de l'autre sexe, nous en proposerons une analyse plus loin dans notre travail[32].

L'épisode d'Hésione aurait donc un sens radicalement différent des autres : une dame en danger, un monstre marin gigantesque, une action héroïque qui rétablit l'ordre, la recommandation d'intervenir pour sauver l'honneur des femmes... Le Pas de l'Arbre d'Or constitue assurément un référent idéologique extérieur, pratique et ponctuel, mais il ne saurait inspirer, par sa nature même, un spectacle de théâtre pourvu d'une moralité autonome ; en outre, bien que les travaux ultérieurs comportant des figures féminines présentent un tout autre état d'esprit, force est d'admettre que la présence de ce travail obéit à une logique précise. Si nous tenons à affirmer que les quatre premiers travaux peuvent constituer un groupe autonome, il est impératif de chercher ailleurs, dans la logique que nous proposons, les raisons et les fondements éventuels de la réécriture de la libération d'Hésione.

Pour ce faire, revenons sur les jeux de Lille. Lors de la cérémonie de Philippe le Bon, les entremets et cérémonies qui suivirent la représentation de Jason développaient l'idéologie de la croisade ; quant à l'entremets de Sainte Église, comme nous le savons, il comptait la participation d'Olivier de la Marche, qui aurait joué ce rôle : le personnage est prisonnier d'un géant sarrasin et supplie les chevaliers de la Toison d'Or de sauver son honneur dans une *complainte* où se font entendre, sans équivoque, ses appels angoissés à la croisade (*Mémoires*, II, p. 362), ressort idéologique de toute la cérémonie[33]. L'entremets, « qui me semble le plus especial des aultres » *(Ibidem)*, mérite les éloges les plus vifs de l'auteur. Les deux jeux, lillois et brugeois, partagent ainsi quelques motifs : monstre épouvantable qui menace une demoiselle, prestige de celle-ci (fille de Troie[34] ou allégorie de l'Église), nécessité de venir à son secours, héros qui intervient – ou est prié d'intervenir – pour sa libération... Par un nouveau recours aux spectacles lillois de Philippe le Bon, La Marche aurait donc probablement repris son entremets favori sur la Sainte Église, joué dans la même cérémonie, en vue d'établir les fondements de l'idéologie chevaleresque du nouveau duc.

Nous n'irons toutefois pas jusqu'à dire que le travail de Bruges est un calque idéologique de l'entremets de Lille car, cette fois, des détails se distinguent à tous les niveaux. L'allusion au comportement chevaleresque envers les dames remplace le message original de croisade, qui ne concernait que le projet politique personnel de l'ancien souverain de Bourgogne. En effet, Charles le Téméraire ne conçoit pas, en 1468, une entreprise pareille, de même qu'il ne songe pas à une politique de défense spécifique de la religion ; ayant néanmoins hérité de son père la mise en valeur de l'action chevaleresque comme signe d'identité, les motifs sur la Sainte Église proposés à Lille pourraient, dans leurs traits essentiels, s'adapter ici sans difficulté. La structure de ce premier cycle de travaux sera plus aisément déchiffrée à la lecture de ces ressemblances : la (re)naissance de la Bourgogne sous le règne du Téméraire est suivie du renouveau de l'esprit de l'Ordre de la Toison et de la réaffirmation de l'idéologie chevaleresque comme signe d'identité propre[35].

Le quatrième travail, celui des lions tués puis écorchés par Hercule[36], récupère la lecture politique par la lâcheté de Philotès, qui ne descend de l'arbre que lorsque les trois lions sont morts. Probablement conçu comme un complément ultérieur de la dégradation du pouvoir royal face à celui du Téméraire, ce quatrième travail se voit aussi nanti d'une moralité déchiffrant la *senefiance* du motif :

> Hercules se trouva assailly des lyons ;
> Trois en occit en l'heure, ainsi que nous trouvons.
> Fiert et fort se monstra sur tous les mortels hommes.
> Plus trouvons ces faiz grans, plus avant les lisons.
> Les trois lyons terribles par Hercules vaincuz,
> C'est le monde, la chair, et le diable de plus.
> L'ung souffle, l'aultre atise, le tiers nous rend abus.
> Maintz hommes ont deceuz, dévorez et perduz.
> Or soyons bataillans, de glaives de vertuz
> A ce que de noz ames Dieu ne face reffuz.
> (*Mémoires*, III, p. 147)[37]

Cette symbolique des trois ennemis du genre humain est connue d'autres textes contemporains, quoique leur représentation varie sensiblement : le poème de Bouton consacré à Philippe le Bon[38], par exemple, associe la lecture morale à deux bœufs et un dragon (str. 6-7), gardiens traditionnels de la Toison d'Or. Lefèvre, pour sa part, reprenant l'allusion de Boccace à deux lions tués par le héros (*Genealogiae*, XIII, i), situe trois de ces animaux à Némée, encore que l'évocation de leur symbolique n'apparaisse pas dans son travail[39]. Or, ici et pour la première fois, la moralité du jeu affirme le sens allégorique du spectacle, qui sera ponctuellement repris par la suite.

Le simple respect de la tradition exégétique peut être invoqué comme raison du déchiffrement de la *senefiance*, mais il ne faut pas oublier que les trois lions forment aussi depuis longtemps les armoiries du roi d'Angleterre et que la pièce se joue devant un auditoire bourguignon et anglais, ce pour quoi il serait problématique de montrer Hercule (lisons Charles) exterminant les emblèmes des Anglais au cours d'une cérémonie d'alliance avec eux. De surcroît, comme un jeu héraldique et courtois sur le lion (ou le léopard dans le texte) et la licorne, vêtus des armes du royaume d'Angleterre, a également été réalisé lors des entremets de bienvenue[40], l'interprétation d'un spectacle autour de la mort de trois lions comportait des risques. Le déchiffrement de la *senefiance* devenait sans doute indispensable pour calmer d'éventuelles inquiétudes chez les invités d'outre-Manche.

Une lecture politique peut toutefois se dégager de l'entremets, à propos de la position des Anglais en Bourgogne. On sait en effet que Louis XI s'opposait à Édouard IV, allié du Téméraire. En vérité, le mariage de Bruges avec Marguerite d'York, sœur du roi anglais, est un signe de cette alliance ; c'est pourquoi le jeu suggère qu'Hercule/Charles contrôle, par la force de sa politique, l'action des trois lions (c'est-à-dire des Anglais sur le continent), tandis que le roi – qui, dans l'histoire réelle, soutiendra Warwick, adversaire d'Édouard IV en 1468 –, ne tire pas vraiment profit de la situation créée, ce qui revient à dire qu'il doit s'incliner face au génie politique du Bourguignon. Tout compte fait, l'épisode n'est nullement conçu pour offenser les Anglais mais plutôt pour révéler, une nouvelle fois, le pouvoir de Charles et le succès de sa politique anglaise, dont les conséquences sont bien présentes.

La première journée, ainsi organisée autour de la dégradation du pouvoir royal, clôt le volet le plus politique de la série, conditionnant la position de Charles, lequel n'apparaîtra dans toute sa gloire qu'à la fin du douzième travail.

2. Le deuxième cycle de travaux, apparemment consacré à l'évolution d'un Hercule chevaleresque, commence par la cinquième épreuve (*Mémoires*, III, pp. 166-168) : Thésée, soutenu par Protheus[41] – et non Philotès –, s'approche de l'entrée de l'Enfer pour libérer Proserpine, ravie par Pluton et emmenée dans l'Autre Monde. La prisonnière des Enfers ne semble pas accaparer l'essentiel du chapitre. Par contre, la présence de Cerbère, gardien d'outre-tombe, issu de la gueule d'un dragon,

qui tue le second de ces héros et met en sérieux danger Thésée, contraint Hercule à intervenir[42]. Celui-ci rend le chien, vaincu, à son compagnon puis pénètre en Enfer afin de ramener Proserpine. Le combat qui suit s'entend, mais les assistants ne peuvent le voir : « Et là fut ouye une grant voix et noyse, comme il se combattoit aux infernaulx » (Mémoires, III, pp. 167-168). La libération de cette héroïne est donc très différente de celle d'Hésione : si, dans les deux cas, le monstre gardien est bien présent, Proserpine n'est que le simple objet d'une action chevaleresque dont l'éclat rejaillit sur le héros vertueux et sur les conséquences morales du combat qu'il livre :

> Cerberus signiffie pechié, le desvoiable,
> Qui garde des enfers le gouffre redoutable.
> Or soyons Herculès, le vaillant et louable.
> Combatons Cerberus par vertu honorable ;
> Soyons à Proserpine secourans et aidable
> C'est de tirer noz ames hors de tout vice dampnable.
>
> (Mémoires, III, p. 168)

L'action d'Hercule, érigée comme modèle pour les chevaliers anglo-bourguignons, inaugure une journée de quatre travaux dont les aspirations sont multiples : morales, religieuses et chevaleresques, alternant les unes avec les autres dans un apparent désordre qui cache, en réalité, l'inextricable combinaison de ces trois principes chez le héros classique (et bourguignon). C'est sur le même mode que se joue aussi le combat contre les deux Amazones (sixième travail ; Mémoires, III, pp. 168-169), sans nul doute difficile à intégrer dans ce contexte. S'il offre une image de la féminité nettement opposée au modèle de Proserpine et même d'Hésione, le combat, partagé par Hercule et Thésée au même niveau, diverge délibérément de la tradition et ne présente pas d'issue claire, alors que Lefèvre propose une victoire d'Hercule[43]. Ainsi réduite à un combat, la formulation du travail était forcément limitée par l'impossibilité de représenter la mort de femmes devant un public féminin, même si, cette fois, le héros devait affronter des Amazones[44]. Le rolet contient d'ailleurs une allusion à l'incertitude des combats et à la nécessité de « craindre bataille et discors », vu que leur issue ne dépend que de Dieu. De la sorte, la disposition simplifiée du motif des femmes guerrières tente de mettre en évidence le risque que fait encourir tout ennemi, quelle que soit sa nature, et le fait que les qualités chevaleresques, y compris la prudence, doivent guider toutes les actions. Apparues comme une exception dans cet univers fictif, ces Amazones sont des figures transgressant momentanément le rôle des femmes, vite revenues à leur fonction habituelle dans les tournois[45].

Le combat contre une créature mi-homme mi-serpent, au centre du septième travail et adapté de la lutte traditionnelle contre l'Hydre de Lerne, commence par une présentation des qualités guerrières de l'adversaire, le monstre, comme les Amazones, étant très armé : « celluy monstre avoit la teste armée et en la main dextre un gantellet et ung glaive, et en l'aultre main ung grant targon » (*Mémoires*, III, p. 170)[46]. Cependant, le nombre démesuré de ses têtes, sept dans cette version, situe naturellement l'aventure dans un contexte de lecture avant tout allégorique et religieuse, puisque chaque tête est assimilée à un vice et que l'ensemble s'achève sur une réflexion morale (*Ibidem*)[47]. La deuxième journée de représentations scéniques se passe ainsi d'allusions ouvertement politiques pour associer la figure d'Hercule/Charles à un combattant défenseur des valeurs chrétiennes, dont les ennemis de rencontre sont clairement liés au péché et à l'Autre Monde.

Ce cycle prend fin au huitième travail avec le combat contre les monstres de Crémone et la libération de la ville opprimée. La conclusion en est le couronnement d'Hercule comme roi de la ville, grâce à ses mérites et non pas à un héritage de sang :

> Hercules cy nous monstre vertueux exemplaire
> Que, pour tourbe de gens, pour menacer, pour braire,
> L'homme chevaleureux ne se doibt point deffaire ;
> Mais est digne d'avoir de couronne salaire,
> Qui contre grant povoir ose de frontière faire ;
> Car on voyt peu souvent bon deffendeur deffaire.
> (*Mémoires*, III, p. 171)

La moralité du *rolet*, bâtie à partir d'une réflexion sur « l'homme chevaleresque », consacre expressément la philosophie générale des entremets de cette deuxième journée, en tant qu'apothéose d'une activité dédiée, presque en entier, à l'extinction des monstres[48]. Il va sans dire que le sacre d'Hercule comme roi éveille la tentation d'une lecture politique de ces aventures. En effet, si elle anticipe la revendication, en 1473, du couronnement sous les auspices impériaux[49], projet aussitôt rejeté par Frédéric III, d'autres lectures dans le même sens seraient en apparence possibles dans le contexte de 1468. Le dépassement dans la fiction du projet politique de Philippe le Bon, lui aussi prétendant au trône en 1447[50], est en réalité particulièrement séduisant. Mais le contexte de la deuxième journée, dépourvu de lectures politiques dans son ensemble, rend difficile cette interprétation. Il conviendrait plutôt d'envisager, tout simplement, le couronnement d'Hercule comme la récompense d'un acte de chevalerie[51], laquelle, incarnée par le duc, est du reste implicitement légitimée par rapport à l'inaction et à la lâcheté de Philotès dans le premier cycle.

3. Cette hypothèse se verrait encore confirmée par l'éloge du souverain juste, élevé, dans cet effort intelligent de propagande, en principe moral régissant la troisième journée des représentations et dernier volet concernant la monarchie bourguignonne[52]. C'est sous cet angle qu'il faudra lire le neuvième travail : le vol des bœufs d'Hercule par Cacus, finalement tué par le héros. Sous-estimé par L. B. Ross dans son analyse[53], l'entremets délivre, dans un passage de sa moralité, le message adressé aux grands de ce monde, résumant l'idéologie de cette dernière partie :

> Empereurs, Roys et ducs, princes en general,
> Faictes comme Hercules, le très especial ;
> Soyez prompts en justice, et à chascun egal.
> Destruysez les tyrans, dont il ne vient que mal ;
> Et vous souvienne bien de ce vers principal :
> Justice fait aimer et doubter le vassal.
> (*Mémoires*, III, p. 185)

De la même manière, la protection des faibles devient le motif du dixième travail : Hercule intervient pour secourir deux paysans attaqués par un sanglier qu'il tue après un long combat. La moralité du *rolet* reproduit le message de l'entremets précédent, au moyen des mêmes allusions aux puissants (*Mémoires*, III, p. 185-186). Par leur caractère spécifique et inédit, elles semblent prévaloir sur les détails de la fonction prédatrice de Cacus et du sanglier, proche de l'action des monstres du cycle antérieur. Si le bon souverain agissait conformément à la justice, ses sujets n'auraient aucune raison d'être mécontents, ses adversaires ne pouvant alors œuvrer que par médisance contre l'exercice de son pouvoir. Ce dernier aspect est particulièrement mis en exergue dans le onzième travail ; les flèches des Sagittaires, ces monstres hybrides écrasés par Hercule, seraient comparables aux mensonges des ennemis du prince sage, juste et *très redoutable* :

> Les grans fleiches aguës, qui Hercules battirent,
> Furent les faulses langues qui contre luy mesdirent.
> Les grans valeurs de luy les bourdes contredirent
> Et fit tant par vertu qu'en le blasmant mantirent.
> (*Mémoires*, III, p. 186)

L. B. Ross, en l'occurrence plus concret dans ses précisions, voit, dans cette image, l'action – quoique vouée à l'échec – des partisans de Louis XI lors du soulèvement de Liège[54], prélude de la gloire du duc victorieux. Selon ce même auteur, le douzième jeu, celui des colonnes d'Hercule – où le héros, couronné (*Mémoires*, III, p. 187), les plante sur les côtes occidentales de la Méditerranée –, représente le sommet espéré du panégyrique bourguignon, fondé sur la prudence et la bonne gouvernance. Insensible aux médisances de ses adversaires, guidé par sa propre conscience, Hercule (ou, plus que jamais, Charles le Téméraire) établit prudemment, dans son élan, des limites à son pouvoir, figurées par ces colonnes[55]. À l'analyse de L. B. Ross, dont la pertinence ne fait aucun doute, on peut ajouter quelques précisions. En effet, les limites de ce pouvoir coïncident avec les limites géographiques de l'Europe; c'est plutôt la fin du monde, et non la discipline du souverain, qui impose des restrictions à la gloire bourguignonne. Par ailleurs, si ces limites herculéennes se situent vers l'Ouest, c'est que, comme l'on sait, les ducs de Bourgogne se faisaient nommer grands Ducs d'Occident. Outre le fait qu'il contrecarre le projet politique de Philippe le Bon, ouvertement voué à l'Orient et à la croisade, Hercule/Charles, en étendant son pouvoir aux confins du monde occidental, affirme plutôt sa magnificence par rapport au roi de France et affiche ses ambitions futures. Son mariage avec Marguerite d'York confirme, à cette époque-là, les prétentions bourguignonnes, surtout en ce qui concerne la politique française du duché. Enfin, les trois volets symboliques de la représentation théâtrale – la politique, la chevalerie et la justice – visent à proposer un vrai modèle de souverain pour le continent, ce qui suppose un effort considérable de propagande, destiné, à ce moment-là, à convaincre les convives anglais qu'il fallait maintenir l'alliance avec le dernier des ducs de Valois.

Santiago López Martínez-Morás
Université de Saint-Jacques de Compostelle
Espagne

NOTES

[1] Achevée par le traité de Conflans (1465), Charles étant encore comte de Charolais. Une allusion au « publicque bien » figure dans la moralité du *rolet* du deuxième travail de Bruges. Voir L. B. ROSS, « Mémoires sélectives : les travaux d'Hercule aux festivités de Bruges en 1468 », *Mémoires conflictuelles et mythes concurrents dans les pays bourguignons (ca 1380-1580)*, Publications du Centre européen d'Études bourguignonnes (XIVe-XVIe siècles), 52, 2012, p. 104 et *infra*. À propos du témoignage des chroniqueurs bourguignons sur ce conflit, voir J. DEVAUX, « Les chroniqueurs bourguignons et la Guerre du Bien Public », *in* M. Colombo Timelli et T. van Hemelryck (éds.), *Quant ung amy pour l'autre veille. Mélanges de moyen français offerts à Claude Thiry*, Turnhout, Brepols, 2008, pp. 313-322. Sur les luttes entre Louis XI et le Téméraire, voir J.-M. CAUCHIES, *Louis XI et Charles le Hardi. De Péronne à Nancy (1468-1477) : le conflit*, Bruxelles, De Boeck, 1996.

[2] Olivier de la Marche aurait rédigé plusieurs versions de la cérémonie du mariage et de ses fastes. Dans le texte édité par H. Beaune et J. d'Arbaumont, Olivier de la Marche, *Mémoires*, Paris, Renouard, 1883-88, 4 vol., les jeux d'Hercule sont détaillés dans le troisième volume (pp. 143-147 ; 166-171 ; 184-187), alors que le manuscrit de Turin, gallic. codex XXI, L. V. I, par exemple, n'en fait qu'une mention résumée et passe sous silence certains détails du Pas d'armes de l'Arbre d'Or, l'épisode chevaleresque donné simultanément au cours du spectacle théâtral. Pour ces questions, voir C. EMERSON, *Olivier de la Marche and the Rhetoric of Fifteenth-Century Historiography*, Woodbridge, The Boydell Press, 2004, pp. 7-10.

[3] G. DOUTREPONT, « Jason et Gédéon, patrons de la Toison d´Or », *Mélanges Godefroid Kurth*, Université de Liège, Liège-Paris, 1908, pp. 191-208 ; *Id.*, *La littérature française à la cour des Ducs de Bourgogne*, Paris, Champion, 1909 [Genève, Slatkine, 1970], pp. 147-171 ; J. LEMAIRE, *Les visions de la vie de cour dans la littérature française de la fin du Moyen Âge*, Bruxelles, Palais des Académies, 1994, pp. 215-217.

[4] Sur l'origine de ce compagnonnage, voir, entre autres, Guido delle Colonne : N.E. Griffin (éd.), Guido de Columnis, *Historia destructionis Troiae*, Cambridge Mass., Mediaeval Academy of America, 1936, I, 11, II, 1 *sq.* ; Y. LACAZE, « Le rôle des traditions dans la genèse d'un sentiment national au XVe siècle. La Bourgogne de Philippe le Bon », *Bibliothèque de l'École des Chartes*, 129, 2, 1971, p. 361 et n. 3 ; A. LAFORTUNE-MARTEL, *Fête noble en Bourgogne au XVe siècle*, Montréal-Paris, Bellarmin-Vrin, 1984, p. 126.

[5] G. DOUTREPONT, *La littérature..., op. cit.*, p. 175 ; M.-R. JUNG, *Hercule dans la littérature française du XVIe siècle. De l'Hercule courtois à l'Hercule baroque*, Genève, Droz, 1966, p. 58 ; de manière plus générale, voir A. MILLAR, « Olivier de la Marche and the Herculean Origins of the Burgundians », *Le héros bourguignon, histoire et épopée*, Publications du centre européen d'études bourguignonnes (XIVe-XVIe siècles), 41, 2001, p. 70.

⁶ À cet égard, les réflexions de M. CHEYNS-CONDÉ, « L'adaptation des "travaux d'Hercule" pour les fêtes de Marguerite d'York et de Charles le Hardi à Bruges en 1468 », *Fêtes et cérémonies aux XIVe-XVIe siècles*, Publications du Centre européen d'études bourguignonnes (XIVe-XVIe s.), 34, 1994, pp. 71-85, et de L. ROSS, « Mémoires sélectives... », art. cit., sont devenus essentielles et ont fortement influencé le contenu de notre article.

⁷ Olivier de la Marche, *Mémoires*, I, p. 118 ; M.-R. JUNG, *Hercule dans la littérature française..., op. cit.*, p. 31.

⁸ D. QUÉRUEL, « Olivier de la Marche ou "l'espace de l'artifice" », *Fêtes et cérémonies aux XIVe-XVIe siècles*, Publications du Centre européen d'études bourguignonnes (XIVe-XVIe siècles), 34, 1994, p. 58. Les tapisseries d'Hercule à Lille auraient en effet suggéré à Olivier de la Marche la mise en œuvre des travaux de 1468, outre les enluminures des œuvres de Raoul Lefèvre et de Jean Mielot que connaissait l'historien, lesquelles auraient également contribué à la conception du projet (M. CHEYNS-CONDÉ, « L'adaptation... », art. cit., p. 72).

⁹ Édition du poème par J. DE LA CROIX BOUTON, « Un poème à Philippe le Bon sur la Toison d'Or », *Annales de Bourgogne*, XLII, 1970, pp. 5-29. Tout au long des premiers vers, le poète insiste sur la double initiative de Jason et d'Hercule dans la fondation de Bourgogne.

¹⁰ L. B. ROSS, « Mémoires sélectives... », art. cit., p. 102. Ceci n'est pas sans rapport avec le caractère audacieux du Téméraire et ses victoires initiales, et surtout avec le surnom de Travaillant que ses contemporains lui attribueront plus tard, alors que le surnom de Téméraire ne sera populaire qu'au XIXe siècle (voir, sur ce dernier aspect, J.-M. CAUCHIES, *Louis XI et Charles le Hardi..., op. cit.*, pp. 47-159). Il est toutefois vrai que d'autres jeux sur Gédéon, en 1466 à Abbeville puis à Dijon en 1473, furent ultérieurement célébrés en l'honneur du Téméraire (M.-R. JUNG, *Hercule dans la littérature française..., op. cit.*, p. 31). Pour l'attribution aux Ducs de Bourgogne des vertus de héros antiques, voir surtout T. VAN HEMELRYCK, « Les figures exemplaires au secours du héros bourguignon : exemples de chroniqueurs », *Le héros bourguignon, histoire et épopée*, Publications du Centre européen d'études bourguignonnes (XIVe-XVIe s.), 41, 2001, pp. 39-66.

¹¹ Alors que ces entremets lillois sont nombreux, les jeux de Jason sont cependant limités à trois, inspirés d'épisodes présents chez Guido delle Colonne (M.-R. JUNG, *Hercule dans la littérature française..., op. cit.*, p. 31) : les combats contre les bœufs et le serpent, à l'origine de la légende de la Toison d'Or, exécutés séparément, et la moisson des hommes armés, fruit de la semence des dents de ce dernier monstre (*Mémoires*, II, pp. 357-361).

¹² Les *rolets* seraient des indications écrites, adressées et montrées au public, mettant en avant la leçon morale qu'il faut dégager de l'épisode. Nous employons le terme « cycle » pour désigner chacun des groupes de quatre travaux ou entremets et celui de « série » pour l'ensemble des douze travaux.

¹³ Nous citons à partir de M. Aeschbach (éd.), Raoul Lefèvre, *Le Recoeil des Histoires de Troyes*, Bern, Peter Lang, 1987. La composition du texte de Lefèvre, écrit sous le règne de Philippe le Bon, aurait été à l'origine du succès du héros en

Bourgogne, comme l'explique Jung (*Hercule dans la littérature française...*, *op. cit.*, p. 30).
[14] M. CHEYNS-CONDÉ, « L'adaptation... », art. cit., p. 72 ; C. de Boer (éd.), *Ovide moralisé en prose (texte du quinzième siècle)*, Amsterdam, North-Holland Publishing Company, 1954 ; V. Romano (éd.), Giovanni Boccaccio, *Genealogiae Deorum Gentilium Libri*, Bari, Laterza, 1951. En ce qui concerne l'influence de Boccace en France, voir F. SIMONE, « La présence de Boccace dans la culture française du XVe siècle », *The Journal of Medieval and Renaissance Studies*, 1, 1971, pp. 17-32.
[15] L. B. ROSS, « Mémoires sélectives... », art. cit., p. 101.
[16] E. BOUSMAR, « La place des hommes et des femmes dans les fêtes de cour bourguignonnes (Philippe le Bon - Charles le Hardi) », *in* J.-M. Cauchies (éd.), *À la cour de Bourgogne. La cour, son entourage, son train*, Turnhout, Brepols, 1998, p. 20 ; M. STANESCO, « Les "Mystères" du Pas de l'Arbre d'Or et le chevalier prisonnier », *Jeux d'errance du chevalier médiéval*, Leiden, Brill, 1988, pp. 123-135.
[17] L. B. ROSS, « Mémoires sélectives... », art. cit., pp. 103-104. Cette prise de position explique aussi l'éloquente absence dans le reste des pièces de la figure du roi Eurysthée, commanditaire des douze travaux dans la tradition classique. Par contre, Lefèvre en fait constamment mention, son rôle y étant néanmoins fortement altéré au profit de celui d'Hercule.
[18] Par exemple, L. B. ROSS, « Mémoires sélectives... », art. cit., p. 104.
[19] Cet incident existerait dans l'œuvre de Lefèvre mais non dans la tradition classique (M. CHEYNS-CONDÉ, « L'adaptation... », art. cit., p. 73).
[20] L. B. ROSS, « Mémoires sélectives... », art. cit., pp. 104-105 et n. 19. L'incontestable pertinence de cette hypothèse ne saurait pour autant nous faire oublier qu'Hercule réalise beaucoup de ses travaux en compagnie de personnages dont l'intervention dans les aventures n'est jamais décisive (*Ibidem*, p. 105).
[21] Pour les conflits entre la France et la Bourgogne, voir J.-M. CAUCHIES, *Louis XI et Charles le Hardi...*, *op. cit.*, particulièrement les pp. 15-34 pour les confrontations des premières années, y compris la guerre du Bien Public et les affrontements de Liège (voir aussi n. 1 de cet article). Pour ce point en particulier, voir Ch. BRUSTEN, « Les campagnes liégeoises de Charles le Téméraire », *Liège et Bourgogne. Actes du colloque tenu à Liège les 28, 29 et 30 octobre 1968*, Paris, Les Belles Lettres, pp. 81-99, P. GORISSEN, « La politique liégeoise de Charles le Téméraire », *Liège et Bourgogne..., op. cit.*, pp. 129-145 et le résumé de B. SCHNERB, *L'État bourguignon (1363-1477)*, Paris, Perrin, 1999, pp. 395-405.
[22] À propos de l'image de la mort d'Iphiclès, il serait intéressant de constater que Louis de Bourbon, évêque de Liège et beau-frère du Téméraire – donc son *frère politique* – fut plusieurs fois la cible des rebelles, avant de mourir assassiné en 1482 (Le *Chevalier délibéré* de La Marche rend compte du décès de ce personnage au huitain 273). Un détail supplémentaire, concernant la cérémonie de Lille, est aussi à prendre en considération : la présence des deux serpents de l'entremets d'Hercule à Bruges serait inspirée du deuxième entremets de Jason, lequel retrace la mort d'un serpent, comme nous le savons (selon A. LAFORTUNE-

MARTEL, *Fête noble en Bourgogne...*, *op. cit.*, p. 120). La reformulation du motif de Jason dans les nouvelles circonstances politiques de 1468 pourrait ainsi être une hypothèse à retenir. Pour sa part, L.B. Ross («Mémoires sélectives...», art. cit., p. 106) assimile les Sagittaires du onzième travail aux médisances françaises qui provoquèrent la rébellion liégeoise.

[23] L. B. ROSS, «Mémoires sélectives...», art. cit., p. 104.
[24] M. CHEYNS-CONDÉ, «L'adaptation...», art. cit., p. 73. Chez Boccace (*Genealogiae*, IV, xxx) et Raoul Lefèvre (*Recoeil*, 41.2-3), les deux épisodes sont en réalité rapportés ensemble, la substitution des pommes par des moutons s'expliquant par un jeu étymologique en grec et en latin à partir du mot *mala*.
[25] L. B. ROSS, «Mémoires sélectives...», art. cit., pp. 105-106.
[26] G. DOUTREPONT, «Jason et Gédéon...», art. cit., p. 203 ; A. LAFORTUNE-MARTEL, *Fête noble en Bourgogne...*, *op. cit.*, pp. 123-134.
[27] Cf. n. 1. Ainsi, Thésée, qui ne descend pas du navire d'Hercule pendant toute l'aventure, n'intervenant donc pas, représenterait le duc de Bretagne, allié du Téméraire pendant la guerre (L. B. ROSS, «Mémoires sélectives...», art. cit., p. 104).
[28] L'allusion à Troie dans le *rolet* est restreinte à un membre de phrase relatif à Hésione : « fille au grant Roy de Troie ».
[29] « Chez Raoul Lefèvre, l'épisode est très important, puisqu'il est à l'origine de la première destruction de Troie : le père d'Hésione, le roi Laomédon, n'ayant pas donné à Hercule la récompense promise pour ce sauvetage [l'offre de deux chevaux], verra plus tard le héros revenir, vengeur, à la tête d'une armée » (M. CHEYNS-CONDÉ, «L'adaptation...», art. cit., p. 74). Voir en effet *Recoeil*, chap. 42. L. B. ROSS, («Mémoires sélectives...», art. cit., p. 106) explique l'élimination des allusions troyennes par leur inanité dans ce contexte.
[30] E. BOUSMAR, «La place des hommes...», art. cit.
[31] L. B. ROSS, «Mémoires sélectives...», art. cit., p. 106.
[32] D'autres épisodes se rapportant aux femmes, comme la mort accidentelle du héros suite à une méprise de Déjanire, laquelle lui donne une tunique empoisonnée « qui sera la cause de sa mort tragique sur le mont Oéta » (L. B. ROSS, «Mémoires sélectives...», art. cit., pp. 105-106), sont absents pour des raisons évidentes. Ce dernier motif sera cependant récupéré par La Marche dans une allusion ponctuelle à la « chemise fumee » (h. 54, 1) dans son *Chevalier délibéré* (1483) ; il y citera ce sort funeste lors d'une énumération de crimes et de morts violentes de l'Antiquité.
[33] A. LAFORTUNE-MARTEL, *Fête noble en Bourgogne...*, *op. cit.*, p. 111-134.
[34] En complément à la suggestion de L. B. Ross, citée ici n. 29, le prestige évident de Troie dans ce contexte expliquerait l'omission de la destruction de la ville.
[35] Rappelons, pour mémoire, les modèles proposés : si la tradition classique renferme tous les travaux et toutes les prouesses d'Hercule joués à Bruges, le combat de Jason contre le serpent pourrait avoir suggéré à La Marche l'intégration du combat d'Hercule contre les deux serpents ; le vol des moutons aurait été ajouté aux travaux par le biais du même épisode de Jason sur le mystère de la Toison d'Or ; finalement, l'entremets de la libération d'Hésione, le plus

engagé idéologiquement, aurait son double dans l'entremets de Sainte Église, posséderait des motifs communs et aurait été joué, comme celui-ci, après les entremets « fondateurs » de l'Ordre et du duché.

[36] Nous reproduisons le résumé de ce quatrième travail par M. Cheyns-Condé (« L'adaptation... », art. cit., p. 74) : « Hercule et Philotès se promènent. Un paysan, juché sur un arbre, leur fait signe de ne pas approcher. Pressentant le danger, Hercule enjoint à Philotès de monter lui aussi dans l'arbre. Trois lions descendent alors de la montagne et foncent sur Hercule qui, à l'issue d'un rude combat, les tue tous les trois. Philotès et le paysan quittent leur perchoir pour aider Hercule à "escorcher" (...) les dits lions ».

[37] Les textes antiques font allusion à la prouesse d'Hercule, âgé de dix-huit ans, qui tue le lion du Cithéron, préfigurant le travail du lion de Némée (M. CHEYNS-CONDÉ, « L'adaptation... », art. cit., p. 74).

[38] Voir G. DOUTREPONT, « Jason et Gédéon... », art. cit., pp. 205-206. La source se trouverait chez Guido delle Colonne (*Historia Destructionis Troiae*, III, 24-27).

[39] *Recoeil*, 43.1 et *sq.* ; voir cependant M. CHEYNS-CONDÉ, « L'adaptation... », art. cit., p. 75.

[40] En effet, un léopard et une licorne, revêtus des couleurs de l'Angleterre, offrent à Charles une marguerite – évidente métaphore de la fiancée – au tout début du banquet (*Mémoires*, III, pp. 134-135). Les éditeurs des *Mémoires* de La Marche n'excluent pas l'existence d'une revendication politique derrière ce jeu, Charles ayant nourri des prétentions à la couronne d'Angleterre (*Mémoires*, III, p. 135, n. 1). Cette lecture d'un entremets protocolaire, conditionnée par l'action bourguignonne sur l'Angleterre, permettrait par conséquent une interprétation politique de l'épisode des trois lions, que la *senefiance,* établie dans le *rolet* final, ne fait que désamorcer prudemment.

Quoique la présence du lion et de la licorne sur les armes britanniques soit plus tardive, il est possible d'associer leur usage simultané aux vertus amoureuses et courtoises, dévoilées par des ouvrages tels que le *Roman de la dame à la licorne et le chevalier au lion*, dédicacé à Blanche de Navarre (*ca* 1350). La scène tire sans doute son origine de ce récit ou d'un texte thématiquement proche. Voir sur le thème A. PLANCHE, « Le plus fort, la plus belle. Les extrêmes de rêve courtois dans le Roman de la Dame à la licorne », in G. R. Mermier (éd.), *Medieval and Renaissance Monographs, Series VI : Courtly Romance. A Collection of Essays*, Detroit, Michigan Consortium for Medieval and Early Modern Studies, 1984, pp. 177-202.

[41] Pirithous chez Lefèvre (*Recoeil*, 48), plus fidèle à la tradition.

[42] Il est à noter que l'action chevaleresque, entamée par un héros autre qu'Hercule, est vouée à l'échec de par l'intervention d'un ennemi inattendu et sans rapports évidents avec l'activité courtoise. En revanche, dans l'œuvre de Raoul Lefèvre, Cerbère multiplie les attaques contre l'honneur des femmes, lui qui, tout au long de sa vie, n'aurait « fait autre chose que violer femelles et pucelles, dames et demoiselles » (cité par M. CHEYNS-CONDÉ, « L'adaptation... », art. cit., p. 75, n. 14). Voir aussi *infra*, n. 47.

[43] M. CHEYNS-CONDÉ, « L'adaptation... », art. cit., p. 75. Des troupes d'infanterie semblent aussi participer à la bataille : « et commença la bataille entre les quatre de cheval et les gens de pied, qui fut merveilleusement bien combatue et merveilleusement faicte » (p. 169).

[44] L. B. ROSS, « Mémoires sélectives... », art. cit., p. 106. Dans la tradition, rapportée par Boccace, le combat s'achève par le gain de la ceinture de la reine des Amazones. Accepter un butin de guerre des mains d'une femme vaincue est un comportement anti-courtois, inacceptable dans ce contexte.

[45] E. BOUSMAR, « La place des hommes... », art. cit., pp. 30-31 ; F. MASSIP, « El Toisó d'or en escena : espectacle i imatge al servici de la casa de Borgonya (1454-1496) », *A cos de rei. Festa cívica i espectacle del poder reial a la Corona d'Arago*, Valls, Cossetània Edicions, 2010, p. 189.

[46] Voir une description semblable chez Lefèvre, *Recoeil*, 60.3.

[47] En revanche, l'anomalie physique de Cerbère suffisait pour suggérer la *senefiance* du gardien des Enfers. Sa fonction est cependant décrite en détail chez Lefèvre (*Recoeil*, 48.1), lequel explique, entre autres traits négatifs, sa conduite anti-courtoise : « Les poetes le nomment chien a trois [testes], considerans sa tresgriefve vye, qui regardoit a trois singuliers vices, c'est assavoir a orgoeil, a avarice et a luxure. Par orgoeil il se glorifioit et eslevoit dessus tous les hommes du monde, pour sa force, car il estoit si fort que nul homme n'arrestoit devant lui. Par avarice il avoit appetit insaoulable de faire tresor, et embloit par tout ou il pouoit avoir. Par luxure il n'estoit homme de plus orde vye que lui, et n'avoit en sa vie fait autre chose que vyoller femmes et pucelles, dames et demoiselles » (voir aussi n. 42).

[48] La seule exception serait évidemment le combat contre les Amazones.

[49] L. B. ROSS, « Mémoires sélectives... », art. cit., p. 107.

[50] P. BONENFANT, *Philippe le Bon. Sa politique, son action*, Paris-Bruxelles, De Boeck Université, pp. 351-363.

[51] En effet, le vainqueur d'un Pas d'armes se voit récompensé de ses efforts par un prix qui varie selon les tournois et « le prix consiste, quelquefois, en un titre, comme celui de roi, auquel se trouvent attachés des privilèges » (É. VAN DEN NESTE, *Tournois, joutes, pas d'armes dans les villes de Flandre à la fin du Moyen Âge (1300-1486)*, Paris, École des Chartes, 1996, p. 93). L'élection du vainqueur ne semble toutefois pas toujours se faire à l'unanimité : le chevalier qui remporte finalement le prix du Pas de l'Arbre d'Or est John Woodville, frère de la reine d'Angleterre, sans doute sur décision du duc et contre l'avis des dames (*Mémoires*, III, p. 199).

[52] Rappelons encore, à l'appui de cette dernière idée, l'absence, dans les entremets, du roi Eurysthée, indispensable dans la tradition car il s'agit du souverain qui charge Hercule de la réalisation de ces travaux.

[53] « Un seul travail, délivrer les bœufs que Cacus avait volés (...) apparut dans la fête dans sa version originale (neuvième travail) et apparemment sans sous-entendus politiques, et pour cette raison il a été écarté dans la présente analyse » (L. B. ROSS, « Mémoires sélectives... », art. cit., p. 107, n. 30).

[54] L. B. ROSS, « Mémoires sélectives... », art. cit., p. 106. Pour le conflit de Liège et ses répercussions dans les rapports entre Louis XI et Charles le Téméraire, voir la bibliographie de la note 21.

[55] *Ibidem*, p. 107. Nul doute que l'historiographie espagnole est particulièrement concernée par ce récit classique. Pour une révision des sources médiévales, latines et vulgaires du mythe d'Hercule et de l'Espagne – y compris la légende des colonnes de Gibraltar –, voir A. RUCQUOI, « Le héros avant le saint : Hercule en Espagne », *in* V. Lamazou-Duplan (dir.), *Ab urbe condita... Fonder et refonder la ville : récits et représentations (Second Moyen Âge - premier XVIe siècle)*, Actes du Colloque international, Pau, 14-15-16 mai 2009, Pau, Presses Universitaires de Pau, pp. 55-75.

Contribution à la connaissance du lexique occitan des mines et forges à fer au 18e siècle

(troisième partie)

4.3.3. Activités et outils

baléjade 'action de ramasser des matières diverses dans le creuset'[1] (de Dietrich 1786:1,132) ; *balejade* « le temps qui s'écoule vers la fin du massé, depuis que l'on a fini d'étirer le fer[2], jusques à ce que l'on arrête le vent[3] » (Picot de la Peirouse 1786:351 ; Landrin 1829:201)

⌀ *FEW*, ⌀ Mistral ; Éluerd 1993:245, Corbion 2012:1,376

Éluerd remarque que la définition de *balejade* qu'on retrouve chez Landrin (« temps qui s'écoule depuis la fin de l'étirage jusqu'à ce que le vent soit arrêté ») est peu claire, désignant un espace de temps au lieu d'une action concrète telle qu'elle est décrite chez de Dietrich. Mais, en tenant compte de la glose que Picot donne de *balejade*, il appert que, par métonymie, le terme a effectivement pris un deuxième sens : 1. 'action de balayer', 2. 'espace de temps pendant lequel cette opération s'effectue'.

La signification du mot que donne de Dietrich se rapproche du sens technique que Landrin l.c. donne pour *baleja*, 'ôter les irrégularités du massé avec un ringard' (*i.e.* le → *silladou*).

basque et *bascou* 'sorte de ringard aplati en râteau servant à remuer les charbons' (de Dietrich 1786:1,132) ; *bascou* « espece de fourgon » (Picot de la Peirouse 1786:351, id. Landrin 1829)

⌀ *FEW*, ⌀ Mistral ; Éluerd 1993:263, Corbion 2012:1,410 et 423

Nul dictionnaire ne contient ces deux mots. On se dirait en présence d'un couple *basque* et son diminutif *bascon*. Cependant, des explications s'offrent plutôt pour *bascou*. Le *FEW* 1,279a s.v. *bastum* 'bâton' ne témoigne pas d'évolutions similaires, mais vu le -*t*- non-étymologique dans → *boustis* qui devrait avoir [-k-] (< **bosk*-), on pourrait supposer qu'ici, il y a la substitution inverse des explosives, [-k-] pour [-t-], donc qu'il s'agirait d'une variante de *bastoun* (Mistral 1,243a) et d'un emploi spécialisé. *Basque* serait alors un dérivé par régression. Si l'on tente une explication en partant de *basque*, il faudra d'abord constater que, vu le sémantisme, le fr. *basque* s.f. 'partie découpée du vêtement qui descend au-dessous de la taille' n'y est pour rien, non plus que l'occ. synonyme *basta* (Lagarde 24a)[4]. Par contre, il ne serait pas impossible que cet outil ait été introduit par des ouvriers basques ; comme il existe d'autres cas où un instrument est désigné d'après son origine, on aurait donc affaire soit à une ellipse telle → **espinet basc* / →**palanca basca* > *basque* soit au gentilé *basc* affublé du sens 'ringard...', cf. par ex. l'all. *Engländer* pour désigner une clef anglaise. Cependant, faute de preuves matérielles, c'est pure hypothèse.

boustis 'bouchon de paille qu'on place dans la tuyère pour intercepter le vent' (Picot de la Peirouse 1786:353 ; Landrin 1829:204 : « dans les Pyrénées »)

∅ *FEW*, ∅ Mistral ; Corbion 2012:1,590

Ce terme fait partie des dérivés de **bosk*- (*FEW* 22/2, 112a) désignant également des bouchons comme land. *boustoulh*, blim. *boustou*[5].

chapon « ardoise ou feuille de fer, servant de cales, pour hausser ou baisser la tuyère » (de Dietrich 1786:1,133 ; Picot de la Peirouse 1786:357 ; Landrin 1829:208)

∅ Mistral ; Corbion 2012:1,842

FEW 2/1,268a s.v. *capo* donne 'support d'une tuyère', sens seulement puisé dans le premier Larousse ou Littré et ainsi (et à cause de la graphie francisante *ch*-) non identifiable comme mot employé en domaine occitan. Celui-ci (*capon*) fait partie de plusieurs autres expressions à sens figuré (Mistral 1,460c, *capoun*). Mistral l.c. donne – à tort ? – un deuxième lemme *capoun*[2], dont les sens 'petite tête' (gasc.), 'crochet à lever l'ancre' (cf. cat. *capó*) ne sont pas plus proches du précédent. Cette métaphore animale semble propre au jargon des ouvriers des forges.

Littré 1885:1,558c : « Terme de métallurgie. Support d'une tuyère. »
Larousse 1867:3,967d : « Métall. Support d'une tuyère. »

crema 'brûler le fer ou la tuyère' (Picot de la Peirouse 1786:358 ; Landrin 1829:212)
Corbion 2012:1,1238
En principe, il n'y a rien de particulier à l'emploi dans les forges à fer du verbe tout à fait commun *cremar*. Ce qui est intéressant dans le cadre de notre enquête est le résultat de l'exploitation lexicographique de Landrin pour le premier Larousse (cf. 5) : on s'y retrouve face à un lemme *crema* s.f (!), « résultat de l'oxydation de fer chauffé dans le fourneau », repris par le *FEW* de son côté (2,1311a s.v. *cremare*), qui conjecture sur l'origine du terme : « Wohl aus der mundart eines hochofengebiets, etwa von St-Etienne. » Une fois de plus, il semble plus qu'improbable, voire exclu que ce mot ait réellement vécu en français.
Littré 1885:1,889c : « s.f. Terme de métallurgie. Le résultat de l'oxydation du fer dans le fourneau. »
Larousse 1869:5,484b : « s.f. (kré-ma – du lat. cremare, brûler). Métall. Résultat de l'oxydation du fer dans le fourneau. »

desenroula 'nettoyer le creuset avec un ringard' (Picot de la Peirouse 1786:360 ; Landrin 1829:214)
∅ *FEW*, ∅ Mistral ; Corbion 2012:1,1433
Ce dérivé inconnu des lexicographes s'explique facilement à partir du verbe *enroular* qui contient la notion d'amasser, Mistral note p.ex. « amonceler le foin en lignes ». Dans le creuset, après l'action de la fonte, des scories se sont justement amoncelées, et il faut les éliminer (cf. AlibertGr 124 : *des-*« marca […] negación o reversión. »). Sans doute disait-on aussi que les scories *s'enrotlan* pendant que ces amas se formaient.
La formation du mot étant tellement évidente, il ne semble pas nécessaire pour l'expliquer de recourir au fr. *désenrouler* 'étendre ce qui était roulé et le mettre de son long' (*FEW* 10,515a s.v. *rŏtŭlus*, attesté seulement de 1549 à 1625).

engraisser le feu 'répandre du laitier quand celui-ci est trop clair ou trop vitrifié' (de Dietrich 1786:1,63)
Corbion 2012:1,1598
Mistral (1,921c) et le *FEW* (2,1277 s., s.v. *crassus*) donnent la forme *engreissa(r)* ('engraisser', 'gaver'), qui a été francisée ici par de Dietrich. Parmi les emplois au sens figuré documentés, celui qu'utilisaient les fondeurs ne figure pas. Pour l'expliquer, nous nous appuyons sur le fr. *graisse* 'taches blanchâtres venant d'un excès de soude et qui altèrent la transparence du verre' (*FEW* 2,1276b. s.v. *CRASSIA), où l'on retrouve aussi l'association de la graisse avec le manque de transparence d'une matière ; et selon de Dietrich, quand on « engraisse » le feu, le laitier devient *moins* transparent.
Littré 1885:2,1399a : « Terme de métallurgie. Engraisser le feu, donner au laitier plus de consistance. »

ensaquadour 'corbeille pour mesurer le charbon' (Picot de la Peirouse 1786:361 ; Landrin 1829:217)
Corbion 2012:1,1605
FEW 11,24b s.v. *saccus* ; Éluerd 1993:179, Villebrun 1990:69
Ce terme figure, avec ce même sens technique – qui n'est pas dans Mistral (1,935b *ensacadou* 'outil pour fouler la vendange ; garrot ; entonnoir pour faire des boudins') – dans le *FEW* qui l'a puisé dans Fahrholz (1931:138) dont les enquêtes remontent aux années 20 du 20ᵉ siècle ; Picot est le premier à fournir une attestation du mot.

espine « barre de fer arrondie qu'on insinue dans la tuyere » (Picot de la Peirouse 1786:362 ; Landrin 1829:217)
Éluerd 1993:263, Corbion 2012:1,1647 et 2,306
Mistral (1,1037c, *espino*) et le *FEW* (12,181a s.v. *spīna*) connaissent plusieurs emplois techniques du mot, mais pas celui-là.

gabelles « bandes ou barres de fer qui sont à lier » (Picot de la Peirouse 1786:364 ; Landrin 1829:222 : « bottes de fer »)
Ø *FEW* ; Mistral 2,41a *gavello*, *gabello*, etc. ; Corbion 2012:1,2229

Mistral note le lexème, mais les exemples qu'il donne pour le sens du terme se réfèrent tous au domaine agricole. Il est à remarquer que le français dérive de la même base (*gabella* 'nuage, traînée') le s.f. *javelotte* dont le sens 'masse de fer coulé dans laquelle s'encastre l'enclume d'une grosse forge' (FEW 4,15b) comporte aussi la notion de fer ; peut-être que le fr. *javelle* (que le FEW donne seulement comme ancien et moyen français) a aussi pris le sens qui est propre au terme occitan. Picot l.c. glose *gabelle* par *javelle*.

palingue 'ringard pour nettoyer le devant de la tuyère' (de Dietrich 1786:1,63) et *palenques* 'ringards de fer de différentes proportions' (135) ; *palenques* 'ringards' (Picot de la Peirouse 1786:369 ; Landrin 1829:203 : « dans les Pyrénées »)
Éluerd 1993:263
Mistral (2,462c, *palanc*, *palanco* ; 2,464a *palen(c)*) connaît le mot, mais les sens qu'il en donne ('planche à passer un ruisseau' ; 'palissade' ; 'grue') sont assez distants de celui de 'ringard'. Pour *palaŋka*, le FEW (8,350a s., s.v. *phalanx*) cite Aran, Nice 'levier' – aussi un ringard n'est-il qu'une sorte de levier. Pourtant, de Dietrich et Landrin s'accordent sur la voyelle précédant le -*n*- qui est [ɛ][6], et non pas [a]. S.v. *palus*, le FEW note *palenko* 'pince aplatie en fer' pour Lavelanet (comté de Foix), donc exactement pour la région que de Dietrich traite dans son mémoire contenant l'attestation de *palingue*. En guise de conclusion, il semble que l'on a affaire ici à un croisement de *palanc(a)* – qui fournit le sens – et *palenc(a)* qui représente la forme que de Dietrich a entendue.

parson 'mesure pour le charbon' (Picot de la Peirouse 1786:369 ; Landrin 1829:233) ; « le volume strictement nécessaire à un feu » (Richard 1838:3)
Éluerd 1993:179, Corbion 2012:1,3312ss.
Ce mot n'est pas inconnu du FEW qui le répertorie s.v. *partītio* (7,691b). Cependant, il classifie *parsó* 'part' comme relevant exclusivement de l'aoc.[7], et les formes modernes citées proviennent toutes des domaines français ou franco-provençaux. Par contre, Alibert 528a révèle que le terme est vivant en occitan moderne (en renvoyant justement au pays de Foix), mais

seulement avec l'acception 'dépôt de pommes de terre'. L'attestation que fournit Picot montre que le lexème y avait aussi un autre emploi spécialisé.

picot d'escaral 'crochet propre à tirer le laitier' (de Dietrich 1786:1,130)
Corbion 2012:1,3421 et 3457
Pour *picot* 'crochet', les attestations sont nombreuses (Mistral 2,568b ; FEW 8,454b s.v. **pīkkare* ; Éluerd 1993:264)[8], de même que pour gasc. *escaral* 'sorte de balai' (Mistral 1,983a ; FEW 23,54a). Si le sémantisme des deux mots se combine facilement ('retirer/enlever des résidus'), du point de vue de la formation des mots une telle composition avec la préposition *de*, qui marquerait la dépendance de *picot* du déterminant *escaral*, semble insolite ; on attendrait un composé du type **picot-escaral* caractérisé par l'équivalence des deux formants. Par conséquent, je proposerais avec Lapassat 1983:77 d'y voir une transcription erronée pour **picot dels carralhs* (cf. *carrails*, 4.3.5.2.), qui littéralement signifierait justement 'crochet du laitier'.

piqua 'incliner la tuyère' (Picot de la Peirouse 1786:371 ; Landrin 1829:235 : **picqua**)
Éluerd 1993:259, Corbion 2012:1,3453
Le verbe occ. *picar* est bien attesté (Mistral 2,565b, *pica*, notamment 'frapper, hacher'), mais le sens qu'en donne Landrin est propre au verbe préfixé *apicar* ('donner à une vergue une position verticale', FEW 8,451b s.v. **pīkkare*).
En français, le verbe *piquer* est intransitif ('s'élever presque verticalement' (fauconnerie), 'descendre rapidement en suivant un angle voisin de la verticale' (aviation), et non attesté avant 1866, de sorte qu'il est difficile de parler d'emprunt fait au français. Le plus probable est que l'occ. *picar* v.tr. 'incliner (la tuyère)' a été formé à partir de *pi(c)* (Mistral 2,563c : entre autres 'montagne en pointe, sommet escarpé d'une montagne'), évolution comparable au français.

pitchou 'barre pour arc-bouter la tuyère' (Picot de la Peirouse 1786:371 ; Landrin 1829:235)

Corbion 2012:1,3462

Cet emploi est absent de tout dictionnaire, mais il semble difficile d'y voir autre chose que l'occ. *pichon* 'petit' substantivé (comme dans d'autres cas, cf. p.ex. Mistral 2,567a). Malheureusement, nous ne possédons aucune information sur les dimensions ou la forme de cette barre qui auraient pu motiver sa dénomination.

Ce terme illustre l'influence de la terminologie importée du pays de Foix dans les forges catalanes situées dans des vallées où l'on parle le catalan : au pays de Foix, on dit *pitxol* (Lapassat 1983:78), alors qu'en catalan « standard », ce mot est inusité (*DECLC* 6,491a).

retch, restche 'râteau de bois pour mettre la mine dans des corbeilles' (de Dietrich 1786:1,126 resp. 136), ***reich*** 'sorte de fourgon pour amasser le charbon' (Picot de la Peirouse 1786:374 ; Landrin 1829:238)

Ø *FEW*, Ø Mistral ; Éluerd 1993:263, Corbion 2012:1,3824 et 2,12 et 14

L'attestation du lexème dans deux publications différentes, et ce sous différentes formes, prouve bien son existence réelle. Les dictionnaires, cependant, l'ignorent, ce qui rend difficile d'en proposer une étymologie satisfaisante.

On pourrait être tenté de penser au fr. *râcher* < RASICARE 'racler' ; mais les continuateurs occitans de RASICARE gardent tous le -a- étymologique (*FEW* 10,86a). Parmi les formes qui dérivent de RASTELLUS (*FEW* 9,94a), on en trouve avec *rest-* au lieu de *rast-* en Gascogne, mais aucune comportant l'élément palatal [š].

Lapassat 1983:76ss. fait la différence entre *restche*, dit *restell* / *rascle* / *rasclet* en catalan, et *reich*, à qui correspondrait le cat. *reixa*. Or la description qu'il donne – en s'appuyant sur Jules François, *op. cit.*[9] – de ces deux outils est tellement similaire que cette distinction ne se justifie pas : *restche* 'râteau de bois plein dont la partie inférieure a 14 ou 15 pouces de largeur, terminé en ovale, ayant depuis 9 à jusqu'à 11 pouces de hauteur' (77) ; *reich* 'instrument de bois plein, taillé en ovale, avec un manche au centre de l'ovale perpendiculairement à son centre' (78). Sémantiquement, le cat. *reixa* 'tanca formada per barres qui deixen intersticis entre elles' (*DECLC* 7,220b) constituerait un appui, l'aspect d'une grille et celui d'un râteau possédant une certaine proximité à cause des interstices justement. Phonétiquement, on arriverait logiquement de *reixa* ([rɛšа]) à *reich/retch/restche* s'il faut les lire [Rɛtšə][10] : dans le système phonétique occitan, [tš] semble le phonème le plus proche de [š] non-affriqué, cela n'existant pas dans la plupart des parlers. Or il serait bizarre de supposer un emprunt quand on dispose d'un lexème tellement proche comme l'occ. *riejo, riège* (lang.), *arriège* (rouerg.) 'grille de fer' (Mistral 2,790c). Ce mot – que Coromines cite aussi dans le contexte de *reixa* – ne peut toutefois pas être la base de *reich/retch* à cause de la semi-diphtongue [jɛ] qui est commune à toutes les variantes. Enfin, d'habitude, de Dietrich ainsi que Picot notent régulièrement la voyelle finale occitane [-o]/[-ə] avec un *e*. C'est pourquoi l'hétérogénité des formes documentées, d'un côté *reich/retch*, de l'autre *restche*, ne permet pas d'être sûr de la prononciation.

Parmi les diverses désignations du râteau étymologiquement opaques, le *FEW* (22/2,53a s.) liste *brętš* 'outil ayant un long manche et au bout un fer large, pour ramasser le grain' (Ascou/Ax-les-Thermes, donc dans la région où se concentrent les observations terminologiques des deux chercheurs). Mistral connaît lui aussi ce terme (1,368b : gasc. *bres, brèch*, rouerg. *bruech*, 'rable, fourgon'). Si dame sémantique se montre plutôt sereine ici, dame phonétique fait mauvaise mine : les deux sources ont [Rɛ(t)š], non [bRɛ(t)š] ; il faudrait supposer une chute accidentelle (et insolite) du *b-* initial.

Enfin, il ne semble pas hors de question qu'il s'agisse ici d'un emprunt à l'allemand. Celui-ci possède le s.m. *Rechen* 'râteau', qui pourrait bel et bien avoir donné [Rɛtš] en occitan si l'on suppose que le phonème inconnu [ç] aurait été remplacé par [tš] (cf. supra). Étant donnée la présence d'ouvriers mineurs et fondeurs allemands dans la région, on peut imaginer qu'ils aient pu introduire la dénomination allemande de cet instrument, qui aurait fait son entrée plus tard également dans le langage technique des forges catalanes.

silla 'détacher la scorie qui s'attache à la tuyère' (Picot de la Peirouse 1786:376s. ; Landrin 1829:240)
Éluerd 1993:245, Corbion 2012:2,229

Le verbe n'est pas inconnu des lexicographes, mais les sens qu'en donnent Mistral (2,895c, *si(l)ha*) et le *FEW* (11,416b s.v. **selj-*) sont assez éloignés de celui de Landrin; seul 'sillonner' dans Mistral comporte la notion du traitement d'une matière (la terre / la scorie) avec un outil. Dans l'Yonne, on utilise *siller* dans le sens de 'rayer, sillonner légèrement' (*FEW* l.c.). On peut bien imaginer qu'on fasse de même avec la scorie avant de pouvoir l'enlever entièrement, l'occ. connaîtrait donc le même glissement de sens.

silladou 'verge de fer arrondie, un peu recourbée au bout, pour nettoyer la tuyère' (de Dietrich 1786:1,137[11]; Picot de la Peirouse 1786:376; Landrin 1829:240)

∅ *FEW*, ∅ Mistral; Éluerd 1993:245, Villebrun 1990:69, Corbion 2012:2,229

Avec le *silladou*, se fait l'opération appelée → *silla*. Ce dérivé manque dans tous les dictionnaires consultés.

spinés 'plusieurs espèces de ringards' (de Dietrich 1786:1,137)

∅ *FEW*, ∅ Mistral; Éluerd 1993:263, Corbion 2012:2,306

Il s'agit d'un dérivé de → *espine* inconnu de la lexicographie jusqu'à présent. Sans presque aucun doute, il s'agit d'un diminutif **espinet* que de Dietrich a fortement francisé; dans Mistral, on trouve le pendant féminin, *espineto* 'petite épine' (1,1306c).

4.3.4. Les ouvriers

foyer 'chef des fondeurs, qui arrange le creuset et place la tuyère' (Tronson du Coudray 1775:52; de Dietrich 1786:1,134; Picot de la Peirouse 1786:364; Landrin 1829:222)[12]

∅ *FEW*, ∅ Mistral; Éluerd 1993:244, Corbion 2012:1,2195

On nous présente ici une désignation assez énigmatique, mais confirmée par les deux ouvrages de Picot et de Dietrich. De prime abord, on n'hésitera pas à voir un lien entre l'ouvrier appelé *foyer* et la famille de *foc-*, puisqu'il s'occupe de l'endroit où brûle le feu dans le haut-fourneau. Cependant, Mistral ignore un tel vocable, et dans le *FEW* s.v. *focarius* (3,648a ss.) ne se trouvent pas de noms de métier non plus.

Littré 1885:2,1760b : « *Chef de l'atelier d'une forge catalane.* »
Larousse 1872:8,690c : « *Chef d'atelier d'une forge catalane.* »

hourtzalia 'fondeur' (de Dietrich 1786:1²,453; dans la forge de Larrau en pays de Soule, Basse-Navarre)
Corbion 2012:1,2514
On peut facilement identifier ce mot avec le basque *urtzaila* 'fondeur' (Azkue 2:381b) / *hurtzaile* (Mispiratzeguy 1936:49b). On ne peut déterminer si c'est ici un mot occitan, mais le fait que les termes basques aient pu entrer en occitan devient évident par le lemme suivant :

miaillous 'valets de l'escola[13]' (de Dietrich 1786:1,134) ; ***miailloux*** 'id.' (Picot de la Peirouse 1786:367 ; Landrin 1829:230)
FEW 22/2,247b s.v. *fondeur* ; Mistral 2,334a (*miaioun, mialhou* 'un des huit ouvriers qui servent un fourneau d'affinage à la catalane') ; Corbion 2012:1,3019
Il s'agit ici d'un dérivé de → *mialia* 'bocardeur', terme emprunté au basque *meaila*. À ce qu'il paraît, le dérivé a été assez répandu – alors que de Dietrich limite explicitement l'emploi de *mialia* au pays de Soule –, étant donné qu'il figure aussi chez Picot. De là, il a pénétré même dans la série des dictionnaires de l'Académie, et comme mot français (!), il figure encore dans Larousse 1931:4,857b – où l'explication concorde mot pour mot avec celle de Littré, et non pas avec celle du Grand Larousse.
Littré 1885:3,551c : « MIAILLOU (mi-a-llou, ll mouillées), s.m. Un des huit ouvriers qui servent un fourneau d'affinage à la catalane. »
Larousse 1874:11,211d : « s. m. (mi-a-llou; ll mll.). Techn. Nom de l'un des ouvriers qui servent un fourneau d'affinage à la catalane. »

sacoutier 'porteur de charbon' (Picot de la Peirouse 1786:376 ; Landrin 1829:239 : ***sacontier***)
∅ FEW, ∅ Mistral ; Corbion 2012:2,109
À partir de *sac*, l'occitan a formé d'abord *sacoun* 'petit sac' (Mistral 2,830b), puis *sacounet* 'petit sachet' (*ibid.*). Ce deuxième diminutif doit être à la base du terme cité par Picot, probablement *saconetièr.

4.3.5. Les matières issues du processus de la fonte
4.3.5.1. La loupe / Le fer et l'acier résultant de la fonte dans la forge à fer

Dans les forges qui suivent la méthode ancienne « à la catalane », la loupe partiellement décarburée qui résulte de la première fonte s'appelle le masset (ou massé)[14]. La méthode pour la traiter est ainsi décrite par Réaumur :
« La seconde méthode de faire l'acier, est encore de le faire […] d'une fonte[15] qui n'a jamais coulé hors du forneau. […] C'est dans le Roussillon et particulièrement dans le pays de Foix, où l'on a des mines, à la fonte desquelles on ne donne point d'écoulement. Apres avoir fondu la mine on réduit la fonte qui est venue à prendre consistance ; elle forme une masse qui se moule sur le fond du fourneau, sa figure est celle d'une espece de gâteau ou d'une boule applatie ; on la nomme un *Masset*. Quand on a retiré du fourneau ce masset ou cette masse, on la coupe en cinq ou six parties, selon des lignes parallèles à un de ses grands diametres ; on chauffe et forge ensuite chacun de ces morceaux jusqu'à ce qu'on les ait étendus en barres. Une partie de chaque barre se trouve acier, le reste fer » (1722:4).

Pour clarifier le contexte dans lequel nombre des mots suivants sont utilisés, je cite les explications qu'en donne Éluerd (1993:245), se fondant le plus souvent sur les *Mémoires* de Tronson de Coudray : « […] le masset est coupé en deux *massoques* qui sont étirées en *masselottes* (p. 61), puis partagées en deux *barroux* (p. 66). La *massouquette* est un barrou dont une extrémité a été étirée pour servir de manche (p. 135). On dit qu'on lui a étiré une queue (p. 66). Landrin[16] relève que cette queue s'appelle *quoue*, que *traire-quoue* c'est faire la queue de la massouquette et que *quoette* désigne la dernière chaude qu'on lui donne (p. 236). »

avancairol « dernier → massé que l'on fait, lorsque la forge va chommer » (Picot de la Peirouse 1786:350)
Ø *FEW*, Ø Mistral ; Corbion 2012:1,345
Il faut certainement lire *avançairol* ici. Terme dérivé de *avançaire* s.m. 'celui ou celle qui avance, qui marche en avant' (Mistral 1,189c).

barroux 'résultat de la coupe en deux des → masselottes' (de Dietrich 1786:1,66)
Ø *FEW*, Ø Mistral ; Éluerd 1993:245, Corbion 2012:1,409
Si *barroun* figure dans les dictionnaires avec le sens de 'gros bâton court' (*FEW* 1,256b s.v. *barra ; Mistral 1,220b), ils ignorent le sens spécial qu'il a assumé dans les forges à la catalane.

cabessade 'petite → masselotte' (Picot de la Peirouse 1786:354 ; Landrin 1829:205 : « dans l'Ariège »)
Ø *FEW*, Ø Mistral ; Éluerd 1993:245, Corbion 2012:1,665
Comme dans le cas de → *barroux*, les dictionnaires répertorient la forme (Mistral 1,401b *cabessado* ; *FEW* 2/1,262b s.v. *capitium* : Ariège *kaβesado* 'partie supérieure d'un champ en pente', Aran *kabesáda*), mais pas le sens technique.

Comme la masselotte est un « gâteau informe » (de Dietrich 1786:1,61) qui a été étiré, elle dispose alors de deux bouts visibles (ce qui n'est pas le cas pour le « gâteau », la *massoque*), ce qui expliquerait sa dénomination, formée à partir de *cabés*[17], entre autres 'sommet', 'partie d'un sac qui est au-dessus du cordon qui le lie' (Mistral 1,401a).

cul du massé « la partie du massé qui touche au sol du creuset » (de Dietrich 1786:1,133)
Ø *FEW*, Ø Mistral ; Éluerd 1993:245, Villebrun 1990:61
S.v. *cūlus*, le *FEW* (2,1505b s.) cite une multitude d'emplois à sens figuré, où fr. *cul* / occ. *cuou, tyul,* etc. désignent la partie postérieure ou inférieure d'un objet, et où *cul du massé* s'insère parfaitement.

eicharrasit 'desséché (se dit du massé)' (Picot de la Peirouse 1786:360 ; Landrin 1829:216 : « dans les Pyrénées »)
FEW 13/2,363a s.v. *tšarr-*, Mistral 1,836a ; Corbion 2012:1,1552
Les dictionnaires mentionnent le verbe *echarrasi* 'essorer', qu'ils localisent dans le Tarn. À en croire Picot, il existait aussi dans le comté de Foix, région voisine. Pour l'*ei-* initial, cf. gasc. *eicharrabuscla* 'brûler' (Mistral 1,840b) ; peut-être y a-t-il également influence d'*eichugua* « essuyer un massé, tâcher de le rendre dur » (Picot de la Peirouse 1786:360).

encarraillade 'mine bien grillée' (Picot de la Peirouse 1786:361 ; Landrin 1829:216)

∅ *FEW*, ∅ Mistral ; Corbion 2012:1,1577

En partant de → *carrail* 'scories de l'affinage', il faudrait supposer l'existence d'un verbe **encar(r)alhar* 'griller qc (dans le fourneau de la forge)' pour en arriver à *encarraillade*. Le fait que les scories soient l'un des résultats de cette opération doit avoir amené les locuteurs à former ce verbe, sémantiquement très général, de sorte que plus tard, l'*encarraillade* n'est pas seulement la scorie, mais toute la matière traitée, le minerai passé au fourneau.

Peut-être y avait-il aussi un verbe **s'encar(r)alhar* 'former/ égager des scories (au cours de la fusion)', cf. l'all. *schlacken*, de même sens (Grimm 15,257, d'après *Schlacke* 'scorie'), et *verschlacken* 'se transformer en scorie' (*ibid*. 25,1083).

fer cédat « l'acier qui éclate de lui-même pendant son séjour dans l'eau » (de Dietrich 1786:1,67), « acier naturel » (Picot de la Peirouse 1786:356 ; Landrin 1829:207 : *cedat*)

∅ *FEW* ; Mistral 1,1123b (*fèr-sedat*, 'acier natif, celui qui sort à l'état d'acier de la première fonte') ; Éluerd 1993:110, Corbion 2012:1,1820

L'expression s'explique par le sens secondaire 'fêlure d'une pierre' pour *seda* (Mistral 2,866a, *sedo*)[18] et le verbe *sedar* 'fêler (un verre, etc.) (*FEW* 11,49a s.v. *saeta* : Castres, Béarn).

L'entrée des dictionnaires sans l'élément « fer » est fautive et s'explique par une bévue dans le manuel de Landrin : Picot donne le lemme *cedat*, mais il s'agit seulement d'un adjectif : « CEDAT. Fer cedat. Nom de l'acier naturel[19] » ; dans Landrin pourtant, on lit « *Cedat*, acier naturel. ». Les accents dont les dictionnaires du 19e siècle pourvoient le mot sont dénués de tout fondement linguistique.

Littré 1885:1,516c « CÉDAT (sé-da), s. m. Acier naturel, de forge, de fusion. »

Larousse 1867:3,665d : « CÉDÂT s. m. (sé-da). Techn. Acier naturel, de forge, de fusion. »

hournade '→ massé' (de Courtivron/Bouchu 1762:90 ; à Bayonne)
Ø *FEW*, ØMistral ; Éluerd 1993:245
Les dérivés listés dans Mistral (1,1167a, *fournado*) et le *FEW* (3,903b s.v. *fŭrnus*) contiennent soit la notion de quantité ('fournée'), soit celle d'un processus (*fournado de téule* 'cuite de tuiles'). Dans sa traduction du *De ferro* d'Emanuel Swedenborg, Bouchu parle pourtant d'un objet concret, le → massé. On a donc affaire à un dérivé du verbe gascon *hournar* (cf. *FEW* l.c., attestation du Béarn).

massé ou ***masset*** 'loupe de fonte partiellement décarburée' (Tronson du Coudray 1775:62 ; Palassou 1781:254 ; de Dietrich 1786:1,135 ; Picot de la Peirouse 1786:367 et Landrin 1829:229 : *massé*)
FEW 6/1,443b s.v. *massa* ; Mistral 2,291c ; Éluerd 1993:244s., Corbion 2012:1,2924 et 2928
Il est difficile de se prononcer avec certitude sur l'origine du terme. Comme on l'a vu, Réaumur le mentionne déjà comme mot français, et comme il rapporte l'usage des forges, *masset* est certainement plus vieux que « depuis 1722 ». En français, le s.f. *masse* est attesté comme 'lingot' depuis le 14e siècle (*FEW* 6/1,443a), de façon que la dérivation de *masset* en domaine français s'explique facilement.
Le seul manque d'attestations correspondantes pour l'occ. *massa* ne justifierait pas encore de parler d'emprunt au français. La chronologie des attestations (en fr. : avant Réaumur, 1722 ; en occ. : avant Tronson du Coudray, 1775) permet de supposer qu'un tel emprunt n'est certes pas invraisemblable ; mais cf. aussi *masselotte*.

masselotte '→ massoque étiré, loupe cinglée' (Tronson du Coudray 1775:63 ; Palassou 1781:39 ; de Dietrich 1786:1,61)
FEW 6/1,443b s.v. *massa* ; Ø Mistral ; Éluerd 1993:245, Corbion 2012:1,2927
Déjà l'afr. connaît *machelote* 'petite masse, boule' (hapax), puis on trouve *masselotte* 'métal superflu qui reste attaché à une pièce fondue' depuis Trévoux 1704[20]. Le contexte métallurgique est le

même, mais le sens diffère considérablement de 'loupe étirée'[21] ; j'hésiterais donc à y voir forcément un emprunt au français.

N'oublions pas que Tronson du Coudray 1775:23 mentionne un *masselo* 'loupe cinglée' utilisé dans les forges à la catalane en Corse (apparemment par des ouvriers / locuteurs occitans). Cela montre d'un côté qu'on pouvait former une désignation de cette loupe à partir d'un *massa* occitan, et de l'autre, de *masselo* on arrive facilement à un autre diminutif, **masselòta*, qui pourrait donc aussi bien être autochtone[22], d'autant plus qu'il possède un sens particulier.

massoque 'gâteau informe, coupé du → massé' (de Dietrich 1786:1,61 ; Picot de la Peirouse 1786:367 ; Landrin 1829:229)
∅ *FEW*, ∅ Mistral ; Éluerd 1993:245, Corbion 2012:1,2930

Contrairement aux lexèmes précédents, on est dispensé de spéculer sur l'origine de ce mot. S'il apparaît dans Larousse 1873:10,1317d et puis dans le *FEW* (6/1,444a s.v. *massa*), il s'agit seulement des évolutions lexicographiques qu'on a déjà indiquées à plusieurs reprises et qui seront résumées dans la partie 5.

Par contre, l'occ. connaît des formes autochtones – attestées dans la région même qui nous intéresse ici – comme *masok* 'motte de terre' (Bagnères), *massoc* 'petit tas, touffe' (Béarn) dont le sens est proche de 'gâteau de métal informe'. Pour d'autres formations contenant l'élément -*oc*-, cf. RonjatGr 3,350 avec plusieurs exemples. On pourrait supposer un dérivé de *massa* 'masse de métal'.

Littré 1885:3,467c : « s. f. Terme de métallurgie. Lopin qu'on obtient dans les forges catalanes, en coupant le massé en deux parties. »

Larousse 1873:10,1317d : « Techn. Lopin obtenu en coupant en deux le massé, dans les forges catalanes. »

massouquette '→ barrou dont on a étiré une queue' (de Dietrich 1786:1,66) ; plus exactement, « chaque partie d'une massoque lorsqu'elle a été partagée en deux portions égales » (Picot de la Peirouse 1786:367 ; Landrin 1829:229)
∅ *FEW*, ∅ Mistral ; Éluerd 1993:245, Corbion 2012:1,2930

Même constat que pour *massoque* : il s'agit d'une formation occitane qui est entrée dans les dictionnaires français et de là, comme mot français, dans le *FEW* (6/1,444a s.v. *massa*).

Littré 1885:3,468a : «MASSOQUETTE s.f. Lopin qu'on obtient, dans les forges catalanes, en coupant la massoque en deux parties.» Larousse 1873:10,1317d : « MASSOQUETTE s.f. Techn. Lopin obtenu en coupant une massoque en deux, dans les forges catalanes.»

merlat s.m. « espece de fer trempé, ressemblant au carré-court » (Picot de la Peirouse 1786:367)
Ø FEW, Ø Mistral ; Corbion 2012:1,2961
L'occitan connaît un adj. *merla(t)* 'dont le pelage noir ou brun a des taches plus claires, en parlant des bœufs' (Mistral 2,324c) et le verbe gascon *marla, merla* 'répandre de la marne dans un champ' (2,281a) < *merle* 'marne' en Gascogne (*ibid.*). Dans les forges catalanes, ce *merlat* a été substantivé. Comme on ne connaît pas l'apparence exacte de cette « espèce de fer trempé », il est difficile de dire si sa dénomination est motivée par une couleur noire (donc dérivée de *mèrle* 'merle') ou par une ressemblance avec de la marne.

poupe s.f. *du massé* 'partie du → massé tournée vers le chio, en forme de pointe arrondie' (de Dietrich 1786:1,66 ; Picot de la Peirouse 1786:372)
Corbion 2012:1,3579
Cet emploi lexical reprend le sens 'mamelle' de l'occ. *popa* (Mistral 2,622b ; FEW 9,605a), ainsi expliqué par de Dietrich : « […] cette partie du massé qui correspond au chio, & qu'on appelle, en terme du pays, la *poupe du massé*, comme qui diroit *le téton du massé*, parce que cette partie se termine toujours en une pointe arrondie […].»

quouet « dernière chaude donnée à la → massouquette » (Picot de la Peirouse 1786:373 ; Landrin 1829:236 : *quoette*)
Ø FEW, Ø Mistral ; Éluerd 1993:245, Corbion 2012:1,3733
Ce terme s'explique par le fait qu'au moment où le → *barrou* subit cette dernière chaude, il est pourvu d'une petite queue. Ce qui saute aux yeux, c'est que les formes données par les lexicographes (Mistral 1,596c *couëto*, FEW 2/1,522b) désignent toutes des objets et non pas un processus ou un état comme la chaude. Ni AlibertGr ni RonjatGr n'offrent d'exemples d'une telle évolution d'un diminutif en *-eta* ; l'attestation dans Picot et Landrin reste donc quelque peu douteuse.

rimatel s.m. '→ massé trop desséché' (Picot de la Peirouse 1786:376 ; Landrin 1829:239)
∅ *FEW*, ∅ Mistral ; Corbion 2012:2,29
Quand le massé est → *eicharrasit*, il prend cette dénomination particulière. La racine lexicale est évidente : *rimar* 'brûler, trop cuire' (*FEW* 10,409a s., s.v. *rīmari*), d'où *rimat* 'roussi, partie grillée' (Mistral 2,793a) ; le diminutif *rimatèl* figure dans Alibert 610b, avec le sens 'mets qui s'attache au fond de la casserole'[23]. Il s'agit donc d'un des « Mots de la langue commune qui prennent une nouvelle acception » listés par Villebrun 1990:59.

traire quoue « emmancher la → massouquette » (Picot de la Peirouse 1786:373 ; Landrin 1829:236)
Éluerd 1993:245, Villebrun 1990:62, Corbion 2012:2,525
Apparemment, il s'agit d'une tournure sans déterminant : « *Traire quoue*, veut dire emmancher la *massouquette* » (Picot l.c.).

(*à suivre*)

Moritz Burgmann
Bonn

NOTES

[1] Pour l'indication des significations, j'utilise « … » quand je cite les explications données par les auteurs telles quelles parce que les détails me semblent importants ; quand il est possible de définir avec précision le sens des mots en abrégeant les explications des ouvrages dépouillés, j'utilise '…'.
[2] On « étire » le massé à une extrémité pour obtenir une sorte de manche, cf. Éluerd l.c.

[3] C'est-à-dire le courant d'air provenant de la trompe.
[4] *Basta* constitue l'étymon du fr. *basque* (*TLF* 4,240b) ; on y rencontre aussi une substitution [st] > [sk].
[5] Pour le suffixe -*is*, cf. AlibertGr 111 : « Dona de derivats amb los substantius. Lo sens es aquel dels adjectius substantivats. »
[6] On lira *palingue* comme transcription de [palɛŋk] ou [palɛŋkə].
[7] D'où un dérivé comme *parsounié* 'portionnaire, associé' dans Mistral 2,486c.
[8] Dans le contexte de la forge, cf. *piccots* 'crochets de diverses grandeurs' dans de Dietrich 1786:136 et *piquots* 'crochets pour enlever le massé' dans Landrin 1829:235.
[9] Cf. la note 34 de la première partie de l'article dans Rlr 158/1 (2014), 22.
[10] Je considère le -*s*- de *restche* comme incorrection graphique.
[11] À la page 131, se trouve la coquille *filladon*.
[12] Pour la hiérarchie des ouvriers en général, cf. Villebrun 1990:24.
[13] L'*escola* est l'ouvrier qui aide le → *foyer* à entretenir le feu.
[14] Cf. Éluerd 1993:244s.
[15] René-Antoine Ferchault de Réaumur (1683-1757) a été l'un des premiers à entreprendre une définition scientifique des termes « fonte », « acier » et « fer ». Comme il ne disposait pas de toutes les connaissances chimiques modernes, il a fallu attendre la fin du siècle pour en arriver à ce que la définition se base sur le taux de carbone contenu dans l'alliage. Définition actuelle des alliages ferreux : le fer contient < 0,050 % de carbone, l'acier entre 0,050 % et 2,1 % de carbone, et la fonte entre 2,1 % et 6,67 % de carbone.
(cf. *http://fr.wikipedia.org/wiki/Histoire_de_la_production_de_l'acier*).
[16] Précisons que c'est déjà Picot de la Peirouse qui relève tout cela.
[17] Et non pas de *cabeil* comme le pense Villebrun 1990:60.
[18] Cf. aussi Picot de la Peirouse 1786:356 : « CEDES. Fractures transversales qui se font aux bandes de fer étiré […]. Elles sont un indice du fer cedat. »
[19] Cf. *ibid*. 363 : « FERRUDE. (Mine). »
[20] Dans l'édition de 1721 : « Terme de Fondeur. C'est la supèrfluité du métal, qui se trouve aux moules des piéces de canon, & des mortiérs, après qu'ils ont été coulez. *Metalli reliquiae*. On scie cet éxcédent de métal, quand on répare la pièce, ou le mortiér. »
[21] Jusqu'à aujourd'hui, le français connaît le terme comme désignant l'appendice superflu, mais non pas une *loupe avec cet appendice* comme la *masselotte* de Palassou et de Dietrich.
[22] Cf. le fr. *masselet* 'petite loupe de métal' (Larousse 1873:10,1311c). Autour de *masse*, il s'est formé une famille de mots aussi en français ; mais comme Hassenfratz 1812:3,114 parle exclusivement des forges en Corse quand il évoque « une masse molle à laquelle on donne le nom de de *masselet* », on pourrait douter que ce mot du Larousse soit vraiment français.
[23] Cf. *FEW rimatuellas* 'fond des plats brûlés', documenté à Lallé (arr. de Gap).

Références bibliographiques

Outre les ouvrages cités dans la première et la deuxième partie de cet article, parues dans les deux précédents numéros de la Rlr, les publications suivantes ont été consultées :

1. Sources primaires

de Courtivron, Gaspard et Bouchu, Étienne-Jean 1761-1762 : *Art des Forges et Fourneaux à Fer* (Description des Arts et Métiers), 4 vol., Paris : Guerin.

Hassenfratz, J.H. 1812 : *La Sidérotechnie, ou l'art de traiter les minérais de fer pour en obtenir de la fonte, du fer, ou de l'acier*, 4 vol., Paris : Firmin Didot.

Réaumur, Antoine Ferchault de 1722 : *L'Art de convertir le fer forgé en acier, et l'Art d'adoucir le fer fondu, ou de faire des Ouvrages de fer fondu aussi fins que de fer forgé*, Paris : Brunet.

Trévoux 1704 : *Dictionnaire universel françois et latin contenant la signification et la définition tant des mots de l'une & de l'autre langue, avec leurs différens usages, que des termes propres de chaque estat & de chaque profession [...]*, 3 vol., Trévoux : Ganeau.

2. Dictionnaires et autres ouvrages lexicographiques

DECLC : Joan Coromines, *Diccionari etimològic i complementari de la llengua catalana*. Amb la col·laboració de Joseph Gulsoy i Max Cahner ; i l'auxili tècnic de Carles Duarte i Àngel Satué, 6ª edició, 10 vol., Barcelona : Curial Edicions Catalanes, 1995.

Grimm : *Deutsches Wörterbuch von Jacob und Wilhelm Grimm*, 16 vol., Leipzig : Hirzel, 1854-1960.

Larousse 1928-1933 : *Larousse du XXe siècle en six volumes*, publié sous la direction de Paul Augé, Paris : Larousse.

3. Études scientifiques

RonjatGr = Jules Ronjat, *Grammaire Istorique des Parlers Provençaux Modernes*, 4 vol., Montpellier : Société des Langues Romanes, 1930-1937.

Max-Philippe Delavouët. Le poète et les images

À propos de
Istòri dóu Rèi mort qu'anavo à la desciso[1]

Max-Philippe Delavouët n'a pas cessé d'associer les textes des poètes aux images que ces textes pouvaient susciter. Quand il a fondé, en 1950, âgé de trente ans à peine, la collection dite « du Bayle-Vert », à laquelle il avait donné le nom du mas de la Crau dans lequel il vivait, écrivait et travaillait, c'est en faisant dialoguer ses *Quatre Cantico pèr l'Age d'Or* avec des lithographies d'Auguste Chabaud et une couverture dessinée par Louis Malbos, alors conservateur du Musée Granet d'Aix-en-Provence. D'autres livres suivirent, pendant de longues années, dus à la plume aussi bien de ses maîtres (Joseph d'Arbaud, Sully-André Peyre) ou de ses proches (Jean-Calendal Vianès, Fernand Moutet), qu'à la sienne. Delavouët confia ces dialogues picturaux à des artistes de ses amis, dont une exposition et un catalogue (*Peintres au Bayle-Vert*), en 2007, ont présenté les œuvres. Mais il fut très tôt, lui-même, l'illustrateur de ses propres textes comme de ceux de ses amis (notamment un recueil de Sully-André Peyre, après la mort de ce dernier ; deux autres de Jean Thunin, son voisin, critique et ami). Les ouvrages publiés au Bayle-Vert, comme les expositions organisées ces dernières années autour de son œuvre, témoignent de cette activité. Le poète de Grans dessinait beaucoup, y compris en marge de ses manuscrits[2], gravait, confectionnait des collages...

Les réflexions qui suivent m'ont été inspirées par la découverte que je fis, dans le courant de l'année 2013, de la toute nouvelle réédition de l'un des textes poétiques parmi les plus fascinants de Max-Philippe Delavouët, *Istòri dóu Rèi mort qu'anavo à la desciso* (dans la version française : *Histoire du Roi mort qui descendait le fleuve*). Cette fascination a peut-être d'abord pour explication la vertu singulière du titre de l'œuvre, cet alexandrin, d'abord brisé dans sa première moitié (le roi est mort), puis riche d'échos sans fin dans la seconde. Sans oublier, en provençal tout au moins, ce mot final de *desciso*, venu pour l'essentiel, un siècle plus tôt, du *Pouèmo dóu Rose* de Frédéric Mistral[3], dont le poète et son personnage parcourent à leur tour le chemin, sur le même fleuve. Elle repose sans doute aussi sur les vertus particulières de l'histoire qui sert de trame au poème et lui a donné son titre : celle de ce roi mort, dont on descend le cadavre embaumé depuis les hauteurs des montagnes jusqu'au bord du fleuve, avant de l'installer sur une grosse barque et de le laisser dériver jusqu'aux abords de la ville d'Arles, vers la fameuse nécropole, païenne puis chrétienne, des Alyscamps. Ce récit figure déjà parmi les histoires merveilleuses rapportées par Gervais de Tilbury dans ses *Otia imperialia*, au XIIe siècle[4]. Il a été repris dans son *Dictionnaire* par Frédéric Mistral, reproduisant la version qu'en donnait au XIXe siècle l'archéologue arlésien Honoré Clair (article « *Enterramen* ») :

> « La dévotion aux sépultures des Alyscamps devint si générale que, depuis les Alpes jusqu'aux Pyrénées, tous les hommes illustres voulurent y être ensevelis. Les villes situées sur les bords du Rhône y envoyaient les corps déposés dans des bières qu'on mettait au fil de l'eau sur le fleuve, et qui arrivaient à Arles sans autre sauvegarde que le respect inspiré par ces cercueils flottants. Une somme d'argent déposée sous la tête du trépassé indiquait quelles funérailles devaient lui être accordées, et quel monument il fallait lui ériger. »

À tous ces éléments s'ajoutent, bien sûr, la force impénétrable du poème de Delavouët, ce flux d'images et de reflets, entre terre et ciel, nuit et soleil, et encore les musiques que chaque vers, chaque strophe parviennent à susciter pour entraîner le lecteur, double du poète et du roi mort, jusqu'à la fin dernière où toute cette *histoire* les conduit inexorablement.

*

Quand m'est parvenue l'édition nouvelle (mai 2013) du poème de Mas-Felipe Delavouët[5], mon regard, au bout d'un moment, a été attiré par le motif illustrant la première page de couverture. Ce motif suscita en moi une double impression étrange : impression de déjà vu d'une part, et de jamais vu d'une autre.

Je compris au bout d'un certain temps de réflexion qu'il s'agissait, à peu de choses près[6,] du même motif que celui figurant sur la page de couverture des tomes IV et V de *Pouèmo*, en 1983 et 1991, et reproduit sur celle des exemplaires des tomes I, II et III dont le Centre de Recherches et d'Études méridionales de Saint-Rémy-de-Provence avait assuré la vente après que les éditions José Corti se furent séparées des exemplaires restants.

Un motif familier, donc, sans doute utilisé également en d'autres circonstances par Delavouët ou ses éditeurs, et qui pourtant avait, apposé sous le titre du poème, non seulement attiré mon attention, mais m'avait encore surpris, hypnotisé pour ainsi dire, comme si je ne l'avais jamais véritablement regardé, scruté. Comme si je n'y avais jamais prêté toute l'attention qu'il me semblait tout à coup susciter, et prolonger, comme un objet privilégié de rêverie.

Á la réflexion, ce moment de stupeur passé, je fus persuadé que ce motif (un dessin, une gravure ?) se trouvait à la place où je venais de le découvrir pour de bon pour la première fois parce qu'il entretenait un lien étroit, obligatoire, avec le poème qu'il annonçait : le titre ne se trouvait-il pas sur la première partie, supérieure, de la page de couverture, tandis qu'il occupait, lui, le haut de la seconde, avant la mention de bas de couverture : « Poème de Mas-Felipe Delavouët » ?

De ce lien, au juste, je ne sais toujours rien de factuel, de vérifiable. Sinon qu'aucune des éditions précédentes d'*Istòri dóu Rèi mort qu'anavo à la desciso* ne comporte le motif en question. Seule celle dite « du Bayle-Vert » propose des « images » : le bois gravé du frontispice, celui occupant les pages 4-5 et les culs de lampe de Paul Coupille, ami du poète[7]. Ces images-ci, jouant sur le blanc et le violet, avaient suscité ma rêverie, entre poème et contemplation des rapports qui pouvaient se tisser des mots aux traits gravés du peintre. Et ces zones remplies de la couleur violette m'avaient fait penser à la mer de même couleur des poèmes odysséens. Mais jamais peut-être aussi fortement que l'avait fait le motif illuminant, littéralement, pour moi, la couverture, par ailleurs très sobre, à la limite du dépouillement le plus absolu, conçue par les éditeurs de 2013.

Qu'avais-je donc cru voir, au juste, sur cette couverture de 2013 ? Au premier abord, rien de précis. Une harmonie de courbes symétriques, ou presque. Un dessin plus ou moins hiéroglyphique, à la fois ouvert et cependant très achevé, enserrant et retenant quelques mouvements essentiels, dont il aurait été nécessaire de consigner les significations secrètes. Et puis, et surtout, le poème lui-même, l'*Istòri*, non plus linéaire, prise dans le double mouvement, rigoureusement parallèle, du temps qui s'écoule et du fleuve qui ne fait que passer, mais repliée sur elle-même, refermée, pour que s'en exprime au plus près le décours, la forme finalement éternelle, puisque répétitive. Chacun s'y devinant à la place du roi, et s'imaginant, porté par les eaux du Rhône, opérant la même translation que lui, depuis les hauteurs des montagnes jusqu'à la mise en terre aux Alyscamps. C'est en tout cas ce que Delavouët avait suggéré, non sans humour, quand il avait été interrogé à ce sujet par B. Perera, R. Helmi et P. Beatson pour la revue *Fountains* : « *Vous pouvez interpréter le roi comme vous voulez. Il y a des gens qui y voient une figure paternelle, ce serait Mistral ; peut-être ont-ils raison. Cela pourrait être moi dans quelques années ; vous voyez ce que je veux dire ?*[8]*...* »

Lecteur de Delavouët et méditant depuis de nombreuses années son poème dans ses diverses éditions, c'est le motif accompagnant celle de 2013 qui a attiré mon attention et fait travailler mon imagination. J'ai cru y distinguer, en quelque sorte, sinon le poème, en tout cas son reflet, sa représentation, ou une des ses autres faces. Le petit catalogue très suggestif et très émouvant de l'exposition consacrée au *Rèi mort* donne à contempler, outre deux pages du manuscrits, en français et en provençal, un dessin en couleurs du poète, représentant ce roi à la dérive sur le fleuve, sur la barque qui le conduit jusqu'aux Alyscamps arlésiens. J'ai compris en regardant ce dessin nocturne, où tout ou presque est sombre, y compris la lune en son dernier quartier, dont l'or est comme voilé par le noir de la nuit, que dans le motif ornant la couverture du poème, c'est la figure du roi mort gagnant sa dernière demeure au rythme du fleuve descendant vers la mer, que j'avais entrevue. Qui s'était imposée à moi, contre toute logique apparente.

Contre toute logique apparente, car je pouvais voir également, et je voyais en effet, en même temps, ou presque, dans ce motif, d'autres figures, d'autres scènes, différentes mais complémentaires.

J'y voyais d'abord (mais l'ordre des souvenirs reconstitués, fussent-ils récents, est souvent déjà plus ou moins recomposé), au centre, la signature du poète, comme sur un blason (un terme que Delavouët ne dédaigne pas d'utiliser pour sa valeur poétique et architecturale riche de sens : *Blasoun de la Dono d'Estiéu/Blason de la Dame d'Été*, troisième pièce du premier tome de *Pouèmo*) : à gauche, un M, à droite un D, réunis par un trait horizontal, que traverse et dépasse, verticalement, une sorte de flèche dirigée vers le ciel et surmontant l'ensemble du motif (et là je ne peux m'empêcher de penser à la dernière pièce du tome deuxième de *Pouèmo* : *Lusernàri dóu Cor flecha/Lucernaire du Cœur fléché*). On ne peut s'empêcher, en outre, d'interpréter cette flèche un peu particulière soit comme la lettre P, soit comme la lettre F : *Philippe* ou *Felipe*, selon qu'on veut lire en français ou en provençal le prénom du poète. Ce qui d'ailleurs scellerait, au passage, l'union des deux langues en ces prénoms et noms, comme dans l'ouvrage lui-même, où, depuis 1961, elles se font face, en un jeu de miroir hérité, notamment, des œuvres poétiques de Mistral, et s'inscrivant aussi dans tous les effets de miroir dont le poème est le théâtre.

Deux remarques encore à propos de cette signature. D'abord elle ne figure pas dans la variante de ce motif utilisée sur les couvertures des cinq volumes de *Pouèmo*. Et pour cause : l'espace où s'élève la flèche remontant de très bas et désignant par son élan les hauteurs du ciel n'y existe pas. Les parties de droite et de gauche constituant la couronne du roi y sont en effet jointives, sans qu'aucun espace y existe pour accueillir sa trajectoire verticale. Ensuite, cette flèche montante peut aussi être comprise comme descendante. Elle est en effet pourvue de deux pointes, un peu inégales il est vrai au profit de la pointe supérieure. Si le motif représente le roi du poème, cette flèche pourrait désigner le mouvement d'ensemble du poème. Son premier vers n'évoque-t-il pas la montagne (les Alpes ?[9]) d'où provient le corps sans vie du roi, et n'amorce-t-il pas la descente que celui-ci va accomplir :

Dóu pue lou mai pounchu, pèr un camin de nèu,
an davala lou rèi sus 'no brèsso de ramo
[Du pic le plus aigu, par un chemin de neige,
on a descendu le roi sur un brancard de feuillage]

Au centre de ce que j'avais pris pour la tête du roi portant couronne, faite de deux fois deux pointes élégamment recourbées aussi bien vers le centre que vers la droite et la gauche de la figure royale tout entière, ma lecture inscrivait donc le nom même du poète, au-dessus des yeux, à l'emplacement du front, en un lieu où l'intelligence et l'imaginaire sont traditionnellement situés.

Mais ce motif décidément complexe dans son apparente simplicité dissimulait, ou plutôt, laissait deviner une autre scène encore. Les flèches recourbées dessinant la couronne du mort représentaient deux poissons se faisant face, animés d'un même mouvement à la fois opposé et complémentaire, déterminant ainsi toute la dynamique et tout l'équilibre de la scène. Ce qui m'était apparu comme les yeux du roi (du poète) se confondait avec ceux des poissons, dessinés de profil. Je note à ce moment que cette symétrie semble être une des figures importantes de l'imagerie (et de l'imaginaire) de Delavouët. Nombre de ses dessins, ou gravures, mettent en scène des personnages symétriques, formant couple, à la fois différents et semblables, les similitudes l'emportant toujours sur les différences[10].

En 1968, une « imagière » choisie par lui pour illustrer ses poèmes, Marie-Jeanne Rufener, avait d'ailleurs adopté, aussi bien sur la page de couverture qu'à l'intérieur de l'ouvrage, une disposition de cet ordre. *Fablo de l'ome e de si soulèu*, composé à la main à Grans par Delavouët, aligne son titre autour de deux cœurs rouges en miroir, à droite et à gauche du mot « *de* », encadrant ainsi *Fablo* et *l'ome*. Sous le titre, apparaît une image mettant face à face deux oiseaux exactement symétriques, colorés en rouge et gris, et réunis par l'extrémité de leur bec et leur poitrail. Entre les deux oiseaux, à hauteur du poitrail, un cœur, rouge encore, occupe le vide. Ce motif est ensuite répété régulièrement dans le cours de l'ouvrage : c'est son retour qui rythme le déroulement du poème, séparant et unissant tout à la fois ses diverses parties.

En regardant le dessin de Marie-Jeanne Rufener, puis les deux marques placées en couverture du *Roi mort* en 2013, et de *Pouèmo 2* seconde manière, je comprends alors que ce cœur apparaît de la même façon entre le corps des deux poissons : la courbure, depuis la queue jusqu'à l'extrémité de la bouche, le dessine parfaitement, mais toujours en « creux », un creux qui de plus est occupé, en 2013, par les initiales du nom du poète[11]. Le cœur représente en outre l'une des figures centrales de l'univers poétique, verbal et pictural, de Delavouët. Le « ballet parlé » *Cor d'Amour amourousi*, créé à Genève en 1968, qu'il composa à partir du *Livre du Cœur d'Amour épris* de René d'Anjou, le roi René des Provençaux, place l'image du cœur au centre de son espace scénique et poétique. Les dessins et les gravures conçus à cette occasion sont tous illuminés, littéralement, par la présence de ce cœur, rouge vif, qui unit ou exalte les personnages représentés, et que l'on retrouve au centre du titre de l'ouvrage, où il prend la place de la lettre « o » du mot *Cor*[12].

Sous ces deux poissons, enfin, les deux ondulations symétriques venant fermer la partie basse du dessin, dans lesquelles j'avais vu la bouche du roi, lèvre supérieure et lèvre inférieure, c'est-à-dire, encore, le souvenir de sa parole, inscrit pour toujours sur son visage, eh bien ces deux ondulations figuraient aussi le mouvement de l'eau, à la surface de laquelle évoluaient les deux poissons. Je songeais alors, aussi, aux culs de lampe de Paul Coupille, que l'édition de 2013 « reprend » aux même emplacement qu'en 1961, mais sous une forme simplifiée. Ces ondulations se présenteraient ainsi à la fois comme « signes typographiques », séparant les divers moments du poème, et comme figurations concrètes du mouvement du fleuve emportant le roi dans la barque, le creux (« clot »)

di ribo abouscassido ount cascaion ti flot
[des rives boisées où clapotent tes flots]

Le clapotis de l'eau se confondrait alors avec celui des mots, et le signe qui les désigne renverrait à leur présence matérielle, à la fois visuelle et sonore.

Ce n'était pas encore tout. L'édifice constitué par les deux poissons face à face n'était-ce pas la barque,

> *Ras de l'aigo, vaqui, de la poupo à la pro,*
> *li douge pan de bos d'uno vièio barcasso*
> [Au ras de l'eau, voici, de la poupe à la proue,
> les douze pans de bois d'une vieille barque]

et aussi ce berceau :

> *Calon lou rèi dedins lou brès d'aquelo nau*
> [On place le roi dans le berceau de cette nef]

Et encore

> *'m'acò lou rèi s'en vai coume un pèis mort sus l'aigo*
> [le roi s'en va comme un poisson mort sur l'eau[13]]

Avec, au centre de la barque, ou plutôt du berceau, « *qu'anavo à la desciso* », le nom du poète, et sous elle, le remuement du fleuve.

La confusion de ces scènes de mots et des traits du motif, où les vers du poème et les arabesques de la strophe s'épousent et se font écho, me fait songer alors à la flèche s'élevant au-dessus du nom du poète ; et j'entends autrement les deux vers terminant la strophe où est évoquée la « *vièio barcasso* » au sein de laquelle va être déposé le corps du roi, cette vieille barque

> *que servié pèr miés aproucha*
> *li vòu d'aucèu bajas avans de li flecha*
> [qui servait pour mieux approcher
> les vols d'oiseaux aquatiques avant de les percer de flèches]

C'est bien le souvenir toujours présent de ces flèches qui plane au-dessus de la barque dans le poème, comme la flèche désigne le ciel au cœur du nom du poète.

*

Les deux « marques » que je viens de commenter librement peuvent être considérées comme celles du poète Max-Philippe Delavouët. La présence des initiales de son prénom et de son nom sur celle utilisée en 2013 en apporte la confirmation. Je ne sais pour quelles raisons ces marques ont été choisies, aussi bien pour les volumes de *Pouèmo* que pour cette réédition du *Roi mort*. On peut cependant supposer que leur belle simplicité, renvoyant explicitement, pour l'une d'entre elles, au nom du poète a joué un rôle important. Par le truchement de Claude Mauron, Arlette Delavouët m'a fait savoir[14] que l'auteur du *Roi mort* était bien celui de ces deux dessins. Une autre précision donne un prix supplémentaire à cette information. Les poissons qui en constituent la partie centrale ne sont pas là par hasard, mais parce qu'ils font référence au signe zodiacal du poète, né le 22 février 1920. C'est donc bien, par figure zodiacale interposée, celle du poète qui est ainsi mise en image. Une image qui laisse voir, sous des apparences de simplicité et de transparence, d'autres images que le lecteur a tout loisir de découvrir par ce qui devient ainsi la grâce de son propre regard, rencontrant celui du poète et se laissant transformer par lui.

Mas-Felipe Delavouët est l'auteur d'un zodiaque, *Lou Pichot Zoudiaque ilustra*, qui succède, dans le deuxième volume de *Pouèmo*, au *Triptique dóu Marrit Tèms*. On y retrouve bien sûr, en dernière position, le signe des Poissons (*Li Pèis*). Une jeune patineuse, sur l'eau gelée d'un ruisseau, virevolte, tel un oiseau, « *autour d'un cors de flour* » (autour d'un corps de fleur). Mais à la fin il convient que la fillette brise la glace de son sabot, pour aller chercher, sous le miroir glacé, les deux Poissons, « *iéu-ome e iéu-soulèu* » (moi-homme et moi-soleil), puis, conclut le poète

> *di dous lot de ta pesco*
> *lou proumié fara 'n bon bouioun*
> *mai l'autre n'es qu'espino enmascado en raioun*
> [des deux parts de ta pêche
> la première fera un bon bouillon
> mais l'autre n'est qu'arêtes en bouillon déguisées]

Ce double moi, ou plutôt ce moi à deux faces, ne nous renvoie-t-il pas, avec un humour familier (et le poème du *Rèi mort* n'en manque pas), à l'image du poète que les deux poissons se faisant face représentent, tel un miroir de l'autre côté duquel nous serions conviés à jeter un œil ?

Peu importe, en fin de compte, que nos deux « marques » aient été directement, ou non, liées à l'écriture du *Roi mort*, puisque, comme nous l'enseigne le quatrain en forme de dédicace placé en tête du poème[15],

> *Pèr lou que, meme gus,*
> *lou grand Rose ié paro*
> *lou rebat de sa caro*
> *sout courouno de lus.*
> [Pour celui à qui, même gueux,
> le grand Rhône offre
> le reflet de son visage
> sous couronne de lumière.]

Comme quoi tout lecteur, se penchant à son tour sur cet autre fleuve, reflet du fleuve réel et imaginaire, qu'est le poème de Delavouët, peut à son tour se mirer dans le flux de sa parole. Et y reconnaître aussi bien son propre visage que celui du poète, avec lequel le sien se confond.

À l'avant-dernier moment du poème, cette figure du poète surgit, tandis que les citadins, sortant des tours de la ville, viennent accrocher la barque avec des gaffes, afin qu'elle ne soit pas emportée jusqu'à la mer « *ount tout flume s'ennègo…* » (où tout fleuve se noie…). Et chacun, ensuite, avant l'ensevelissement, prend sa part des trésors qui accompagnaient le roi,

> *e ço que soubro es pèr lou pouèto en si sounge*
>   *e l'escultour de subre-bèu*
> *qu'i counsèu dóu pouèto adorno li toumbèu.*
> [et ce qui reste est pour le poète en ses songes
>   et le sculpteur d'idéal
> qui, aux conseils du poète, adorne les tombeaux.]

Qui est ce poète, dont la mention vient clore la théorie des bénéficiaires du trésor, après les pleureuses et les chanoines ? Le poète de la ville, sans doute, ou l'un d'entre eux, présent pour l'occasion. Ou bien le poète en général, personnage obligé de ce genre de cérémonie. Ou encore, et sans doute, le poète dont la parole a porté le poème que je suis en train de lire. Max-Philippe

Delavouët[16], parmi tous les autres poètes envisageables ? Sans lui, en effet, de cet anonyme roi mort, dont le corps est sur le point d'être confié « au nid des sarcophages », nul n'aurait rien su. Et nul n'aurait connu le récit de sa descente du fleuve, ni n'aurait été immortalisé par ses vers,

> *la memòri d'un rèi qu'eterniso soun cant*
> [la mémoire d'un roi que son chant éternise]

*

Jean Thunin, dans l'ouvrage qu'il a consacré aux cinq volumes de *Pouèmo*, s'est interrogé, à propos de *Camin de la Crous*, premier volet de *Triptique dóu Marrit Tèms* dont le *Rèi mort* constitue le troisième, sur « l'assimilation tant soit peu soutenue d'une œuvre poétique à une œuvre peinte[17] ». Je voudrais reprendre cette interrogation d'un point de vue qui me semble venir compléter celui de Thunin, qui plaide pour un rapprochement, dans certains cas, entre ces deux arts que sont la peinture et l'écriture du poème. Si certains poèmes de Delavouët, comme les deux qui viennent d'être mentionnés, et d'autres encore (ou certaines parties en tout cas[18]), laissent penser cela, ne serait-ce pas parce que pour le poète de Grans le poème serait une sorte d'*image*, voire une succession d'images, telles les « suites » qu'il a pu concevoir pour certaines de ses œuvres, ou pour celles d'autrui (y compris des textes anonymes comme les proverbes provençaux, qu'il a précisément imagés dans le volume intitulé malicieusement *Li Chin fan pas de Cat*[19], sous-titré, ou c'est tout comme, *Vint gravaduro de Mas-Felipe Delavouët*) ?

Ce que nous savons des manuscrits du poète, souvent accompagnés de dessins, comme sa volonté, en 1964, de créer une police à son image baptisée « Touloubre », du nom du cours d'eau qui arrose Grans, vient renforcer le sentiment d'une continuité entre l'écriture du poème, et d'abord son écriture matérielle, le poème lui-même, et les images qu'il suscite dans ses marges, ou, pourquoi pas, qui l'auraient par avance suscité. Le graphisme, dans toutes les acceptions du mot, est sans doute ce qui réunit et rend très cohérent un tel ensemble, qu'aucune limite véritable ne vient fragmenter. Le poème naît et se conçoit comme un dessin, un dessin à la fois graphique et déjà sonore (la voix de Delavouët lisant ses poèmes, comme dans le film de Jean-Daniel Pollet), et mots et strophes s'organisent comme des sortes d'idéogrammes. La création de la police « Touloubre » est justifiée par des arguments économiques, qu'on ne saurait écarter, bien sûr[20]. Mais elle s'inscrit aussi, sans nul doute, dans cette continuité entre mots, sons et formes, que les couleurs complètent et couronnent. Les éditeurs de 2013, dans leur publication du *Rèi mort*, ont fort bien mis en œuvre cette circularité, en associant sur la première page de couverture le titre du poème, en caractère « Touloubre », et le dessin emblématique des appartenances zodiacales du poète, dans lequel, on l'a vu, peuvent aussi se lire les grandes figures autour desquelles est bâtie la fable narrative.

Une remarque pour finir.

Dans son bref essai sur « la Provence romane », résumant son propos quant à la nature profonde de la sculpture romane, Max-Philippe Delavouët affirmait que celle-ci « s'incorporant, se soumettant aux disciplines de l'architecture, *ne veut jamais cesser d'être une pierre*. C'est que la sculpture romane n'oublie jamais qu'elle est d'essence monumentale. Elle se placera donc naturellement dans un certain nombre de cadres dont elle épousera les formes et les fonctions ». Comment ne pas penser ici au poème ? Et, tout particulièrement, à cette strophe, très tôt découverte, et dont le poète fit l'un des éléments structurants de toute son œuvre ? Il ne s'y est certes pas toujours totalement plié, et certaines de ses plus belles compositions s'en sont affranchies[21]. Mais cette strophe a été pour le poète comme la pierre et le rythme premier de l'édifice roman : littéralement son lieu, sans lequel le poème n'existerait guère, et qui, sans le poème, ne serait guère davantage. La strophe, ici, est à la fois une forme, un cadre ou plutôt une toile (comme en peinture) sur laquelle s'épanouit la parole du poète, puisée aux sources de sa langue d'élection, le provençal. De telle sorte que la matière brute, mots ou pierres, est à la fois dessin, contours et couleurs, et parole organisée. Claude Mauron, s'interrogeant sur certaines spécificités de la strophe de Delavouët, a proposé de lire tout le début du cinquième volet, posthume, de *Pouèmo*, *Cant de la tèsto pleno d'abiho*, comme une réflexion du poète à propos de son art, à partir du « personnage de l'architecte-poète, traçant les plans de sa tour de Babel » (Mauron 1995, 249). C'est bien de cela qu'il s'agit : d'une cohérence patiente et maîtrisée, où l'image et le poème composent un tout, en résonance.

Philippe Gardy
CNRS, LAHIC-IIAC
Université Paul-Valéry, Montpellier 3

NOTES

[1] Ces quelques réflexions ont été écrites à l'occasion de la projection, à l'initiative de Joëlle Ginestet, du film consacré à Mas-Felipe Delavouët par Jean-Daniel Pollet, *L'arbre et le soleil* (Toulouse (ESAV), le 13 décembre 2013. Elles formaient un diptyque avec une intervention de Guy Chapouillié, « La rencontre du cinéaste et du poète ». Je remercie François Pic de m'avoir aidé de façon décisive dans la préparation de ce texte.

[2] Les documents publiés dans *Les Cahiers du Bayle-Vert* en sont la démonstration éloquente. Tout un jeu de cartes postales éditées par le Centre Mas-Felipe Delavouët permet en outre d'entrer de plain-pied dans l'univers graphique du poète.

[3] On lit dans le *Trésor du Félibrige* de Mistral, à l'entrée *« Desciso »* : *« descente ; action de descendre ; terme de batellerie [...]* La desciso dóu Rose, *la descente du Rhône ;* faire de desciso, *descendre le Rhône en faisant le marinier ;* es mal-eisat de tua 'no perdris à la desciso, *il est difficile de tuer une perdrix, lorsqu'elle vole en descendant »*. Tout le texte de Mistral repose sur la rupture qui s'y installe entre *la desciso* (titre du chant 3, traduit en français par « La descente du Rhône ») et *la remounto* (La remonte), titre du chant XI. La première marque la fin d'un monde pour les mariniers : aucune autre ne sera plus possible, par le fait même que la seconde s'est trouvée brutalement, et définitivement, interrompue par la catastrophe survenue pendant son déroulement (titre du chant 12 et dernier : *La mau-parado*). Dans le poème de Delavouët, c'est un mort qui descend seul le fleuve, pour connaître finalement l'éternité du tombeau. Pour une lecture parallèle des deux œuvres, on lira Magrini 1997.

[4] Gervais de Tilbury, *Le livre des merveilles. Divertissement pour un empereur*, troisième partie. Traduit et commenté par Annie Duchesne, Paris, Les Belles Lettres, 1992 ; 2004, 99-101.
[5] Grans, Centre Mas-Felip Delavouët, 2013. Rappelons que la première publication de ce poème a été proposée par la revue aixoise *FE*, en 1957, puis par Sully-André Peyre dans *Marsyas* l'année suivante. Que la première publication en volume est celle qu'a procurée le poète lui-même dans sa très belle collection dite « du Bayle-Vert », en 1961, avec une gravure et des culs de lampe de Paul Coupille ; la deuxième étant celle figurant au tome deux (il y en eut cinq) de *Pouèmo*, en 1971, par les soins de José Corti (puis, sous une nouvelle couverture, par ceux du Centre de Recherches et d'Études Méridionales, Saint-Remy-de-Provence).
[6] Je reviendrai plus loin sur ces différences, menues, mais pour moi riches de sens.
[7] Ces bois gravés ont été opportunément reproduits dans le n° 4 des *Cahiers du Bayle-Vert*, aux pages 28 et 31 (mais en noir ert blanc). Ils y sont notamment accompagnés d'un témoignage de Paul Coupille, « Les bois gravés du Roi mort », p. 30.
[8] N° 1, printemps 1978. Je cite la version française de cet entretien due à Jean-Yves Masson (*Polyphonies*, n° 21-22, hiver 1996-1997, p. 23). Ce passage a été repris dans le catalogue de l'exposition organisée par le Centre Mas-Felipe Delavouët au Bayle Vert en août 2013, à l'occasion de la réédition de l'*Istòri dóu Rèi mort*.
[9] C'est d'elles, mais aussi des Pyrénées, il est vrai, que parle Honoré Clair, à la suite de Gervais de Tilbury, dans le passage cité par Mistral en son *Trésor*. Une branche de la famille du poète était originaire des Alpes : « … on pourrait trouver tel ou tel de mes ancêtres qui est descendu des Alpes. Voyez-vous, il y a deux courants ici en Provence : l'un qui vient des montagnes, et l'autre, de la mer », expliquait Delavouët dans un entretien publié en anglais par la revue *Fountains* en 1978 (traduction française de Jean-Yves Masson, *Polyphonies*, n° 21-22, hiver 1996-1997, 23). « *Benounin* était un prénom qui était porté dans une branche de l'ascendance maternelle de Max-Philippe Delavouët, laquelle provenait des Alpes », note Claude Mauron dans l'édition qu'il a procurée de sa pièce *Benounin e li capitàni*, Delavouët 2000, 200.
[10] On peut songer aux papiers découpés qu'il avait conçus pour accompagner son poème *Courtege de la Bello Sesoun*, paru dans *Pouèmo 1* en 1971, et réédité, avec ces découpages de couleurs vives, en 2012 par le Centre Max-Philippe Delavouët. Ou encore aux personnages de ces suites de gouaches ou de poèmes muraux édités par le même Centre sous la forme de cartes postales. Sans oublier les gravures, dont celle de la page de couverture, que Delavouët avaient conçues pour faire contrepoint aux poèmes de son maître et ami disparu, Sully-André Peyre, en décembre 1968 (*Li cansoun de Jaume Vivarés e de Bèumouno*).
[11] On pourrait se demander si le choix de 1968 correspondait à un souhait du poète, ou à la vision qu'avait, à très juste titre, de l'œuvre qu'elle accompagnait son illustratrice. Ou encore si Delavouët, plus tard (?), avait

repris ce motif à son « imagière ». Mais la question est peut-être vaine : c'est bien de rencontres, et d'accords, avant tout, qu'il s'agit ici.

[12] *Cor d'Amour amourousi*, Ballet parlé de Mas-Felipe Delavouët, Grans, Le Bayle-Vert, Centre Mas-Felipe Delavouët, 2011 ; *Autour du Cœur d'Amour*, *Les Cahiers du Bayle-Vert*, n° 2, Grans, Le Bayle-Vert, Centre Mas-Felipe Delavouët, 2011 (documents divers et études).

[13] *Istòri dóu Rèi mort*, 2013, 16-17.

[14] Courrier de Claude Mauron du 12 novembre 2013. Je remercie Arlette Delavouët de m'avoir autorisé à reprendre ici ces informations.

[15] Dans l'édition de 1961 et dans celle de 2013. Dans le volume 2 de *Pouèmo*, comme dans les revues *FE* et *Marsyas*, ce quatrain ne figure pas. Et seule sa version provençale apparaît en 1961.

[16] Telle était l'interprétation suggérée en 1970-1971 par Claude Mauron, quand il relevait les passages dans lesquels le poète s'adresse directement au Roi mort. Le dernier de ces passages concerne les strophes 30-34, immédiatement, donc, avant celui-ci.

[17] Jean Thunin 1984, I, 138-139.

[18] Je pense au *Pichot Zoudiaque ilustra*, mais aussi à nombre de passages de telle ou telle pièce de *Pouèmo*.

[19] *Les Chiens ne font pas des Chats*, Le Bayle-Vert, 1967.

[20] « Au cours de l'année 1964, soucieux de poursuivre les éditions du Bayle-Vert alors que le coût de la typographie traditionnelle est devenu trop onéreux, Max-Philippe Delavouët se demande s'il ne serait pas possible de se passer de l'imprimeur en utilisant un procédé sérigraphique pour tirer des pages composées avec des caractères de carton » (*Naissance d'un caractère*, 2009, [3]).

[21] Me vient alors à l'esprit le *Calendié pèr Eleno*, jamais repris en publication séparée, et dont la totalité des poèmes a été publiée en deux fois dans la revue *FE*, en 1958 et 1959. Mais ne faut-il pas plutôt voir dans ce qui pourrait apparaître comme des échappatoires des variantes, des écarts renvoyant au modèle central ?

Références bibliographiques

Autour de Cœur d'Amour, Catalogue de l'exposition d'août 2011, Grans, Le Bayle-Vert, Centre Mas-Felipe Delavouët, 2011.

Autour de Histoire du Roi mort qui descendait le fleuve, Les Cahiers du Bayle-Vert, n° 4, Centre Mas-Felipe Delavouët, 2013.

Catalogue des œuvres publiées de Max-Philippe Delavouët, Grans, Le Bayle-Vert, Centre Mas-Felipe Delavouët, s. d.

Max-Philippe Delavouët, « La Provence romane », *Marsyas*, n° 320, mai 1955, 2069.

Mas-Felipe Delavouët, *Teatre (Benounin e li capitàni ; Ercule e lou roussignòu ; Lis escalié de Buous)*, Saint-Rémy-de-Provence, Centre de Recherches et d'Études méridionales, 2000.

Philippe Gardy, « Mas-Felipe Delavouët : Orfèu autonenc », *in* Felip Gardy, *Figuras dau poèta e dau poèma dins l'escritura occitana contemporanèa*, Bordeaux, Tèxtes Occitans, Montpeyroux, Jorn, 2003, 51-78.

Céline Magrini, « Le fleuve et le soleil. Du *Pouèmo dóu Rose* à l'*Istòri dóu Rèi mort qu'anavo à la desciso* de Max-Philippe Delavouët », *in* Philippe Gardy et Claire Torreilles (éditeurs), *Frédéric Mistral* et *Lou Pouèmo dóu Rose*. Actes du colloque de Villeneuve-lès-Avignon, 10 et 11 mai 1996, Toulouse, Centre d'étude de la littérature occitane et Bordeaux, William Blake & Co. Édit, 1997, 279-294.

Claude Mauron, « *Lou Rèi mort*, étude » [lecture des neuf premières strophes du poème], *Lou Prouvençau à l'Escolo*, n°s 57, 59, 60, 1970-1971.

Claude Mauron, *Bibliographie de Mas-Felipe Delavouët*, Saint-Rémy-de-Provence, Centre de Recherche et d'Études méridionales, 1992.

Claude Mauron, « Notes sur la strophe de Max-Philippe Delavouët », *Mélanges Paul Roux*, La Farlède, AVEP, 1995, 241-250.

Claude Mauron, « La vie et l'œuvre de Max-Philippe Delavouët. Notice bio-bibliographique », *Polyphonies*, n° 21-22, hiver 1996-1997, 49-52.

Claude Mauron avec Céline Magrini, « Éclairages sur l'*Istòri dóu Rèi mort qu'anavo à la desciso* de Max-Philippe Delavouët », *La France latine*, n° 131, 2000, 105-119.

Claude Mauron, *Bibliographie de Mas-Felipe Delavouët*. Supplément, Saint-Rémy-de-Provence, Centre de Recherche et d'Études méridionales, 2001.

Claude Mauron, [« Notice bio-bibliographique de Max-Philippe Delavouët »], *Polyphonies*, n° 22, hiver 1996-1997.

Frédéric Mistral, *Le Poème du Rhône*, texte provençal et traduction française. Préface de Claude Mauron. Orientations bibliographiques de Céline Magrini, Paris, Aralia éditions, 1997.

Naissance d'un caractère. Touloubre. Catalogue de l'exposition, juin 2009, Grans, Le Bayle-Vert, Centre Mas-Felipe Delavouët, 2009.

François Pic, « Du rapport entre les Lettres occitanes et l'édition parisienne : [II] le poète Max-Philippe Delavouët et l'éditeur José Corti » *in* Angelica Rieger avec la collaboration de Domergue Sumien (éds), *L'Occitanie invitée de l'Euregio. Liège 1981 – Aix-La-Chapelle 2008. Bilan et perspectives / Occitània convidada d'Euregio. Lièja 1981 – Aquisgran 2008. Bilanç e amiras / Okzitanien zu Gast in der Euregio. Lüttich 1981 – Aachen 2008. Bilanz und Perspektiven. Actes du neuvième congrès international de l'Association internationale d'études occitanes, Aix-La-Chapelle, 24-31 août 2008*, Aachen, Shaker, 2011, II, 919-936.

Peintres au Bayle-Vert (Auguste Chabaud ; Paul Coupille ; Lola Fernàndez ; Jean-Pierre Guillermet ; Martha Jordan ; Henri Pertus ; Charles-François Philippe). Catalogue de l'exposition, 8-31 juillet 2007, Grans, Le Bayle-Vert, Centre Mas-Felipe Delavouët, 2007.

Jean Thunin, *La présence et le mythe. Lecture de l'œuvre poétique de Mas-Felipe Delavouët du* Poème pour Ève *au* Lucernaire du cœur fléché, vol. I, Salon-de-Provence, La Destinée, 1984 ; vol. 3, *Livre V*. « *Chant de le tête pleine d'abeilles* », Salon-de-Provence, La Destinée, 1986.

CRITIQUE

Sone de Nansay. Édition par Claude Lachet, Paris, H. Champion, 2014, « Classiques français du Moyen Âge » n° 175, 987 pages.

Sone de Nansay est le héros éponyme d'un long roman en octosyllabes de la fin du XIIIe siècle (21322 vers), dont le prologue nous dit que l'auteur est un clerc brabançon, Branque, inconnu par ailleurs. Il raconte l'histoire d'un cadet dépourvu de fief, orphelin, marqué dans l'adolescence par une blessure d'amour, mais ses qualités humaines et chevaleresques exceptionnelles feront de l'écuyer un mercenaire au service du roi de Norvège, qu'il aide à repousser une coalition d'Irlandais et d'Écossais. De retour en France, il accroît sa renommée de tournoyeur et de jouteur sans pareil, puis il revient en Norvège, épouse Odée, la fille du roi, à la mort duquel il succède. Le pape le sacrera enfin empereur de la chrétienté. D'Odée il a eu trois fils, auxquels il faut ajouter un quatrième, né le premier d'une union furtive avec la reine d'Irlande : Houdiant roi de Norvège, Henri roi de Jérusalem, Milon pape, et Margon roi de Sicile, tous dignes du grand lignage auquel ils appartiennent et qui comptera, au nombre de ses descendants, le légendaire Chevalier au cygne.

On trouvera une analyse détaillée de cette ascension sociale dans l'introduction substantielle qu'a produite ici Claude Lachet (p. 11-128) et qui se démarque nettement de celle dont il avait fait précéder sa traduction, publiée aussi chez H. Champion en 2012, et dont il n'a repris que les subdivisions de sa main par titres et sous-titres, bien utiles pour le lecteur d'un texte aussi foisonnant d'épisodes. Le résumé est suivi d'une présentation qui ne reprend que quelques points indispensables des véritables études littéraires qu'il avait fournies dans sa thèse et, récemment, dans sa traduction. *Sone de Nansay* est un « manuel de chevalerie », d'éducation et d'apprentissage d'abord – soins apportés aux montures, équipement détaillé du chevalier, etc. –, puis de conduite et d'activités chevaleresques – duels, tournois, batailles *aramies, tables rondes* et guerres –, d'éthique enfin, dont les valeurs et les devoirs s'appuient parfois sur des contre-exemples. C'est ensuite un « roman courtois », le héros fréquentant les grandes et riches cours, avec leurs badinages ou leurs « amours enflammées » ; mais le désir brûle ici de manière charnelle et culmine dans un nouvel art d'aimer qu'illustre l'amour conjugal. Ancré dans la réalité géographique et socio-historique de la fin du XIIIe siècle, c'est un « roman de son temps », qui égratigne au passage l'incompétence ou les comportements déviants des puissants, mais qui met en avant le rôle nouveau de la bourgeoisie et les changements sociaux et politiques de l'époque, et qui reflète l'impressionnante culture littéraire et encyclopédique de son auteur, humaniste avant l'heure et novateur à plus d'un titre.

L'édition de C. Lachet prend le relais de celle de Moritz Goldschmidt (1899) qui n'était plus disponible depuis longtemps, et elle retient les nombreux commentaires et corrections qu'ont proposés A. Scheler, W. Foerster, A. Tobler, G. Paris et C.-V. Langlois. Ne nous est parvenu du texte qu'un seul manuscrit, daté du début du XIVe siècle et conservé à la Bibliothèque nationale et universitaire de Turin, gravement endommagé en 1904 par l'incendie de la bibliothèque, mais qui a bénéficié depuis d'une restauration minutieuse. D'autre part, le manuscrit est amputé du treizième cahier (2400 vers environ), perdu, dont C. Lachet tente de restituer le contenu en fonction de la suite du récit (p. 894).

C. Lachet énonce et justifie les choix qu'il a faits pour établir le texte, les modifications étant relativement peu nombreuses vu la qualité de la copie originale (p. 22-28). Suit une étude de la langue (p. 28-64) – phonétique et graphies, morphologie nominale et verbale, syntaxe, versification et vocabulaire –, étude exemplaire fondée sur un relevé exhaustif et particulièrement précise dans ses explications. Le commentaire sur la versification, par exemple, nous laisse entrevoir l'art de l'auteur d'imprimer à son récit le rythme léger et vif de l'octosyllabe, d'en suspendre le cours par deux rondets de carole et un lai lyrico-narratif, de sa pratique de la brisure du couplet pour prévenir une éventuelle lassitude, de sa virtuosité dans l'utilisation des rimes, etc.

Nous ne savons rien de l'auteur, sinon qu'il use, dans le prologue en prose, d'une sorte de « supercherie littéraire » à deux rédacteurs pour se présenter sous le nom de Branque, « mestres apielés de logique, de phisique, de decrés et d'astronomie et (…) de geometrie », mais clerc sans « warison » (charge) et qui n'en veut pas, ce qui expliquerait que ce lettré averti puisse exprimer « une solide défiance à l'égard des religieux ». À partir des textes auxquels l'auteur fait référence, on s'accorde généralement pour dater son œuvre de la seconde moitié du XIIIe siècle. C. Lachet situe plus précisément la composition entre 1265 et 1280. Il se fonde d'abord sur l'importance du bleu à partir du milieu du XIIIe siècle, qu'a mise en évidence Michel Pastoureau, et constate la « promotion » de cette « emperïaus coulour » qu'en fait l'auteur de *Sone* ; il prend en compte ensuite sa « prédilection » pour les *tables rondes* qui ne se répandent que dans la seconde moitié du siècle ; il reprend les rapprochements qu'a faits R. Sleiderink entre l'histoire des ducs de Brabant, Henri et Jean, dans la seconde moitié du XIIIe siècle et celle d'Henri et Sone dans le roman ; enfin, la bataille meurtrière qu'ont remportée Sone et les Norvégiens contre les Irlandais et les Écossais rappelle la victoire de Haakon IV sur les Écossais en 1263.

La présentation du texte lui-même est soignée, claire et agréable, d'autant qu'elle n'est pas ralentie par les *Notes*, abondantes, qui ont été rejetées à la fin du volume (p. 855-898). Elles développent la question, amorcée dans l'introduction, des leçons adoptées par C. Lachet : pour la plupart, elles justifient scrupuleusement et respectueusement les modifications apportées au travail de M. Goldschmidt, confirment ou récusent celles qu'avaient proposées A. Tobler et G. Paris, entre autres. D'autres expliquent les passages difficiles, les éclairent par des rapprochements littéraires – que complète une *Liste des proverbes et expressions sentencieuses* (p. 899-906) – ou par des commentaires portant sur des points particuliers de civilisation et de traduction, de syntaxe, de métrique et surtout de vocabulaire, même si le *Glossaire* (p. 927-983), riche et rigoureux, offre au lecteur un secours indispensable.

Bien entendu, on trouvera en annexe un *Index des noms propres* (p. 907-925), toponymes et patronymes, et, après l'Introduction, la *Bibliographie*, classée, qui ne mentionne pas volontairement des références secondaires situées dans les notes. Elle pourrait sembler relativement brève (p. 129-139), mais on ne doute pas qu'elle soit complète car, depuis la préparation de sa thèse de Doctorat d'État soutenue en 1990 et publiée en 1992 chez H. Champion sous le titre *Sone de Nansay et le roman d'aventures en vers au XIIIe siècle*, C. Lachet n'a cessé de collecter des informations, de réfléchir et de travailler à l'édition de cette belle somme romanesque, que nous pourrons à présent aisément fréquenter et dont la lecture se révélera utile à tous ceux qui s'intéressent à la vie chevaleresque, aux conflits entre chrétiens et sarrasins, aux différents aspects de l'amour, à la littérature exotique et à la thématique du Graal.

Marcel Faure
Université Paul-Valéry, Montpellier 3

Stephen Dörr, Thomas Städtler, éd., Ki bien voldreit raisun entendre. *Mélanges en l'honneur du 70ᵉ anniversaire de Frankwalt Möhren* ; Strasbourg (Éditions de linguistique et de philologie) 2012 [*Bibliothèque de Linguistique Romane*, 9], XXX-338 p.

La très (trop[1] ?) élégante *Bibliothèque de Linguistique Romane* nous régale d'un volume bien digne de son dédicataire. Aguerris ou en herbe, les lexicologues s'en sont donné à cœur joie.

Je vais présenter les contributions selon l'ordre alphabétique de leurs auteurs, qui est aussi l'ordre adopté dans le recueil ; les sigles seront comme il se doit ceux du splendide *Complément bibliographique* au *Dictionnaire étymologique de l'ancien français* (DEAF) rédigé par Fr. Möhren. J'explicite à la fin de la recension mes codes et quelques abréviations.

Le recueil s'ouvre sur un avant-propos de Thomas **Städtler** qui se présente sous une double forme, française, puis allemande, avec quelques variantes.

Walter **Berschin,** dans « Karolingische Dreisprachigkeit », recense des documents qui prouveraient que l'élite cultivée ou les clercs étaient susceptibles de pratiquer deux langues du vulgum pecus (germanique et romane) en sus du latin. Les voici. En 813 au synode de Tours est établi {...} *ut easdem omelias quisque aperte transferre studeat in rusticam romanam linguam aut thiotiscam, quo facilius cuncti possint intellegere, quae dicuntur* [5, n. 23]. Adalhard, abbé de Corbie, est décrit dans sa *Vita*, composée en 826 par Paschase Radbert, comme ayant des aptitudes extraordinaires à parler (il est question de l' 'entendre', *audire*, 'parler' *loqui) vulgo* (la langue romane), *barbara, quam theudiscam dicunt, lingua* et *latine* [4]. Les *Serments de Strasbourg* prononcés en 842, consignés dans les *Historiæ* de Nithard sans doute au plus tard en 843 [1, n. 2], et conservés dans un manuscrit écrit aux alentours de 870 [1, n. 1] montrent que Charles le Chauve et Louis le Germanique ne devaient pas se ridiculiser en les prononçant, et que les lecteurs de Nithard auraient su « goutieren » [2] les citations en v. o., « das Altfranzösische » et/ou « das Althochdeutsche » [2]. En 844 l'abbé Loup de Ferrrières écrit à Markward de Prüm qu'il veut lui envoyer trois *puerulos nobiles* {...} *propter germanicæ linguæ nanciscendam scientiam* [3, n. 11], et un peu plus tard, il remercie son confrère qui *linguæ vestræ pueros nostros fecistis participes, cuius usum hoc tempore pernecessarium nemo nisi tardus ignorat* [3, n. 13]. Les petits-fils de Charlemagne répètent plus ou moins l'opération linguistique des *Serments* lors des résolutions qu'ils expriment à Coblence en 860, chacun en deux langues, *theodisca* et *romana* [2]. Enfin, le manuscrit Valenciennes, Bibliothèque municipale 150 (143), écrit à la fin du 9e siècle [6], contient à côté de pièces en latin, écrits d'une « Nachtragshand », la *Cantilène de sainte Eulalie* et, de la même main, « das althochdeutsche Ludwigslied » [6], qui célèbre un triomphe de 881 (la composition du manuscrit exigerait d'être plus finement exposée). WB souligne que tous les témoignages sauf peut-être un ou deux renvoient à « der karolingischen Hofkultur » [7]. L'étude prend soin de contextualiser les témoignages et de citer un certain nombre d'éditions, qui font l'objet d'un jugement de valeur ; on complétera ces données à l'aide de la DEAFBiblEl.

REMARQUE. Note 31 p. 6 « *descriptif* », non « *déscriptif* », je suppose.

Marie-Guy **Boutier**, « Regard sur l'histoire de *cerquemanage*, terme juridique de l'ancien français septentrional ». Dans cet article exemplaire sont cernés les sens précis, les limites chronologiques et géographiques de la diffusion du terme, la formation et l'histoire de l'ancien et moyen français septentrional *cerquemanage* (et famille) et du type *chasse-ménage* attesté en Wallonie « depuis le 16e siècle » [13].

Dans « Les ressources numériques en lexicologie historique », Marie-José **Brochard** décrit *Google Livres, Gallica* et *Europanea* et les précautions requises lors de leur consultation. Puis elle communique « les références de quelques nouvelles dates citées essentiellement dans le *Grand* mais aussi dans le *Petit Robert de la langue française* » [27]. Un grand nombre de la soixantaine de mots impliqués provient d'outre-mer.

REMARQUES. L'article est suivi d'une utile liste des « Abréviations » [42], en réalité liste des titres cités en abrégé et non des autres abréviations. Il conviendrait d'y joindre une liste des codes. Je m'explique. On lit « *groumer* v. intr. Populaire (vieilli) ou régional (nord de la France). 'Exprimer son mécontentement', Ø TLFi ; 1836, GR » [38]. Comme ce verbe est en fait traité dans le TLFi, sous *GROMMELER*, ce qui n'est pas dit, avec pour ce sens un exemple de 1936, mais sans historique pour ce sens, j'ai cru que le signe « Ø » signifiait 'pas de date de 1ère attestation' ; mais, à reparcourir l'article de MJB, je m'aperçois que cette notion semble s'exprimer par « Ø date» ; exemple : « *béni-oui-oui* {...} 'Personne toujours empressée à approuver les initiatives d'une autorité établie', Ø date, TLFi s. v. *oui* ; milieu XXe, GR » [32] : le TLFi traite en effet le mot sous *OUI*, avec un exemple de 1984, mais sans présenter son

CRITIQUE 237

histoire. Il est toujours étrange de constater que des articles dévolus à la langue française, qui devraient être ouverts à l'appétit de tous les curieux, surtout lorsque comme celui-ci, ils sont écrits dans un français limpide, résistent à la lecture de l'honnête homme parce que les auteurs n'explicitent pas leur usage de signes conventionnels.

Dans « L'apport du DEAF à l'étymologie du français moderne et contemporain. Réflexions à partir de l'expérience du programme TLF-Étym », Éva **Buchi** et Nadine **Steinfeld** exposent des concepts fondamentaux régissant la rédaction des notices du TLF-Étym, et à l'aide d'une douzaine d'exemples montrent comment le DEAF permet de préciser les dates d'apparition de vocables ou lexèmes.

Dans un article méticuleusement documenté, « *Frotey-lès-Lure* et *Frotey-lès-Vesoul* : sur l'histoire et l'étymologie de deux noms de lieux de la Haute-Saône », Jean-Pierre **Chambon** remet au jour (cf. p. 55) l'étymon **For(e)starios, forestarius* ayant au haut Moyen Âge le sens de « régisseur d'une forêt royale (ou impériale) » [54].

Avec « Français *haricot* et *flageolet* », Jean-Paul **Chauveau** établit une chronologie des attestations, ce qui lui permet de faire justice de certaines hypothèses précédemment avancées. Ses propositions, soigneusement étayées, reviennent entre autres à l'espagnol mexicain *ayocote/ayecote* (fait sur une langue amérindienne), qui aurait été importé dans l'ouest de la France via les marins et colons des Antilles. L'établissement des preuves (dates et formes des attestations, étude des référents et des formations linguistiques impliquées) ainsi que la rigueur et la complexité du raisonnement rendent passionnante la lecture de cet article admirable.

Dans « *Qui vet savoir le cours de la Lune* – Edition und sprachliche Analyse », Stephen **Dörr** fournit une édition des feuillets 9 et 10 du ms. Paris, BnF fr. 2485, contenus dans une section qui est « wohl auf die erste Hälfte des 14. Jahrhunderts zu datieren » [85]. Le texte lui-même aurait pu être composé au début du 14ᵉ siècle [86]. Soigneuse description des dix textes que contient le codex [86] et de la langue de *Qui vet savoir*... [86], dont un certain nombre d'éléments orientent « auf das Lothringische » [86] (aux traits relevés ajouter *ausinc* 'aussi' l. 4, l. 15, le remarquable *lointe(s)* de *cele moitiet qui est plus lointe dou Solail* l. 21 et *les parties qui sont plus lointes dou Solail* l. 40, *prumierement* 'premièrement' l. 2, *tenebrous* l. 43). Bien que le manuscrit soit inédit, 35 des occurrences qu'il renferme se retrouvent dans l'ensemble formé par Gdf et GdfC, lit-on p. 87 (où il conviendrait de préciser que dans ce nombre se trouve au moins une de *Qui vet savoir*..., à en juger d'après le Glossar de l'édition). L'éditeur relève plusieurs rencontres avec des textes en latin traitant des phases de la lune, mais considère qu'il n'est pas possible d'identifier une source unique [87].

REMARQUES. Le texte paraît bien édité. J'avoue que je ne comprends pas *ains droit que alors* l. 33-34 dans *adonc est elle apelee pansillenos, de pan en grec qui vaut autent com tout en françois et* lentos *en grec qui vaut autent com plainne. Et bien par droite reson est ele ainsi des saiges astronomiens apelee, quar alor ains droit que alors est elle plainne si conme il appert en ceste figure* ; le texte paraît fidèle au manuscrit, car la *figure* et ce qui l'introduit font l'objet d'une judicieuse reproduction ; mais *ains* semble curieusement tracé ; j'aurais attendu un commentaire. On regrettera que le texte édité ne soit pas accompagné d'une note qui en éclaire les métagrammes, et principalement le signe « § », les crochets droits et les crochets brisés. Ainsi, dans *la conju[n]ction* l. 63-64 (ajouter un trait d'union en bout de ligne) : faut-il selon Stephen Dörr ajouter ou retrancher *n* au manuscrit ? On lit en effet entre autres graphies *conjuction* l. 56, mais *conjunction* l. 59, et aucune n'est retouchée par l'éditeur ; autre exemple (l'auteur explique comment utiliser une table) : *Se je weil savoir le .x. jour de la lunoison de mars, en quel singne et quel degré la Lune soit, je regarderé quel <signe le trouveré> endroit .x. en la lingne qui conmence Aries et je trouverai Gemini et ou nombre des degrés, je trouverai .xij.* (dernier paragraphe du texte). Que les crochets encadrent un ajout de l'éditeur ou un passage qu'il croit devoir supprimer, le texte me reste étrange, et c'est pourquoi je ne puis deviner leur fonction ; j'attendrais plutôt *je regarderé endroit .x. en la lingne.*

Le Glossar fait une large part, très utile, à la place que tiennent les mots qui y sont consignés en français médiéval ou dans des textes médiévaux écrits en latin ainsi que dans la lexicographie. Noter que les définitions sont données en français moderne, mais les autres gloses en allemand. Il n'est pas précédé d'une note qui en expliquerait la fabrication. Ainsi, aucun signe ne permet de savoir si les entrées sont restituées ou si elles reproduisent les occurrences du texte : par exemple, les deux références de l'article *alumer* correspondent en fait à *alumee*, l'unique référence de l'article *tenebros* correspond en fait à *tenebrous,* etc. et inversement, on entre « c*handaille* f. 'petit cylindre de matière combustible {...}' » ou *ocur* « qui est privé (momentanément ou habituellement) de lumière » avec les graphies du texte édité. Il semble que le Glossar s'intéresse exclusivement à la lune et à ses phases (les critères de sélection ne sont pas fournis), ce qui laisse donc entièrement dans l'ombre quelques occurrences qui ne relèvent pas de ces champs spécifiques, comme *lointe* (voir supra) ou *meimes* de *ainsic, en passent par les .xij. singnes, vient ele a meimes le singne et le degré en qui le Solail est* l. 8. On peut d'ailleurs soutenir que ces mots, qui expriment la distance, auraient leur place dans le champ exploré. Imitons Albert Henry, qui a couronné par un « Glossaire œnologique » et par un « Glossaire général » sa magistrale *Contribution à l'étude du langage œnologique en langue d'oïl (XIIe-XVe s.)* (Académie royale de Belgique, 1996).

Jennifer **Gabel de Aguirre**, « Die *merveilles de l'Inde* in der altfranzösischen *Chanson de la Première Croisade* nach Baudri de Bourgueil und ihre Quellen » édite les vers « 8375-8538 » [96] de cette chanson d'après le ms. *H* (Oxford Bodl. Hatton 77) en se servant des deux autres manuscrits connus *(S,* British Library Add. 34114, et le fragment *o2,* Oxford Bodl. Brasenose Coll. D. 56) pour établir texte et variantes, avec un Glossar, puis un commentaire sur les « Monster » [96] décrits qui les situe par rapport à la tradition antique et médiévale et en évalue la fonction au sein de la chanson.

REMARQUES. On pouvait déjà lire le passage, d'après *H* avec les variantes de S publié par Paul Meyer dans *Romania* 5 (1876), 27-30, au sein de ce que la DEAFBiblEl sigle CroisBaudriM ; mais Meyer ne donne pas de glossaire et les variantes des MélMöhren sont plus fournies, d'autant que Meyer n'a pas pris en considération *o2,* lit-on p. 96 ; un rappel de loin en loin de la numérotation des vers par Meyer aurait été utile. On aimerait aussi voir signalés les nombreux vers faux, lire les variantes en bas de page, connaître la signification du caractère « § » qui figure en tête de certaines laisses, ainsi que les principes de numérotation des vers et des laisses. Heureuse disposition : les abréviations des manuscrits qui ont été développées par l'éditrice sont en italique. Le Glossar n'est que partiellement lemmatisé et n'indique pas ses critères de sélection ; certaines attestations du texte qui figurent dans le TL (d'après CroisBaudriM) y sont signalées [96, n. 4], les définitions sont données en français moderne, mais les autres gloses en allemand.

Notes sur l'établissement du texte

Justifier d'avoir édité *aura* 8414, *auroit* 8527, formes du verbe ⁺*avoir* ; – dans « {…} *et est* tute lur vie El convers d'unes eaues dunt lur t*e*rre garnie » 8467-8468, la phrase ne se construit pas ; *garnie* est interprété au Glossar comme participe à valeur d'adjectif ; il semble manquer *est* devant ce mot : faire une note.

Notes de lexique (je classe les mots par ordre alphabétique)

Le mot *asnee* de « Les testes ont plus grosses d'une gr*a*nt buie asnee » 8392 est interprété comme suit au Glossar « *asnee* f. 'ancienne mesure de capacité pour le vin, équivalent de la charge d'un âne' 8392, TL 1, 561, s. buie » et « buie asnee loc. s. f. 'cruche dont la capacité correspond à une asnee' 8392, TL 1, 1195 ». Le patronage du TL est trompeur car notre attestation ne figure pas sous le nom ASNEE, mais sous BUIE du TL 1, 1195, dont il est le seul exemple et qui est traduit comme de juste « Wasserkrug » sans définition de asnee : le TL signale selon moi combien asnee est incongru en communiquant la variante « ausne » et en soulignant que la laisse est en -ee ; en fait, les MélMöhren informent mieux : *grant buie asnee* manque dans o2, où les fins ou débuts de vers ont souvent disparu, et S porte « buie ausné » avec omission de *grant* : lire *buie aüsné* ? En l'absence d'étude de la langue de l'auteur et des copies, ces données ne sont guère exploitables. Nous l'avons dit, l'article ASNEE du TL n'a pas notre exemple ; en outre, il ne renvoie pas à BUIE ; cela n'a rien d'étonnant, car dans notre texte, asnee ne pourrait être interprété comme un nom que si le cotexte était différent. Or Gdf, le TL et le FEW 25 *ASINATA ne connaissent asnee que comme nom ; en outre, les Gdf, TL, DMF2012 n'ont pas de verbe asner ; par ailleurs, les rares reflets d'un asinare de l'article ASINUS du FEW 25, et l'article ASINARE de DC n'ont pas de rapport avec notre mot. Noter que Meyer ne commente pas ce vers. Comme l'asnee a pu désigner une mesure de capacité d'environ 100 litres, on pourrait suggérer que l'original aurait porté *une buie a asnee* ou *une buie d'asnee*. — Le mot **devisee** de « Del piz ne del menton ne set l'om devisee » 8397 aurait mérité le glossaire (cet exemple manque à Gdf et au TL), car les dictionnaires relèvent peu d'exemples et représentent mal la réelle diffusion du mot. — Sur *jusque* et *jesque*. Le Glossar entre « *jusque* conj. 'à partir du moment où, lorsque' » avec renvoi au TL sub DES2. Les références du mot dans le texte ne sont pas données. Je ne sais si on y lit *jusque*, mais on y trouve plusieurs occurrences de *jesque* (absent du Glossar), qui relèvent d'analyses variées : 'à partir du moment où' dans « Jesq*ue* riens en *est* mors {'mordu'}, ja puis ne guara » 8417 (sic, vers faux ; pas de variante à *Jesque* communiquée pour S, le vers manque dans o2), mais aussi 'jusque' locatif dans « Del col jesq*ue* as rains n'ot pas une cotee » 8395 (variante communiquée pertinente pour notre propos « desk'as » dans o2) et 'jusqu'au moment où' 8486 dans « Ne mes q*ue* la mamele senestre ont feminau A norrir les enfanz q*ui* ja ne viveront {+ 1 en apparence} d'au Jesqu'il ont trente anz *et* sunt lur egau {- 2} » (variante communiquée pertinente pour notre propos « Jusq*ue* il » dans S). — Le nom **ort** 'jardin' 8479 pourrait figurer au Glossar. — Le mot **podneis** de « Trestut jurent la loi Mahomet al podneis » 8529 est interprété comme signifiant « arrogant » ; le Glossar souligne qu'en tant qu'adjectif le mot manque aux dictionnaires et rapproche de TL POSNEE, POSNOI et POSNOIS ; le rapprochement ne convient pas ; *posneis* est à la rime dans une laisse en *è* ouvert suivi de *s*, et la solution figure sans doute dans la variante *puidneis* : il doit s'agir de l'adjectif ⁺*punais*. — La forme **soüdan** aurait dû figurer au Glossar à cause de l'absence d'article et de la très curieuse syllabation dans « Seignors, grant fud li ostz q*ue* soüdan manda» 8411, d'autant plus que le vers ne fait pas l'objet de note. Meyer corrigeait sans commenter en «que [li] soudan manda» (CroisBaudriM, p. 27, v. 37), et dans son édition les crochets droits marqueraient une correction empruntée à S (cf. CroisBaudriM, p. 10). On s'étonne alors que l'éditrice n'ait pas communiqué de variante concernant *li*. — Le nom *veissie* de «Les ventres ont luisanz come veissie emflee» 8396 est glosé «'poche organique où s'accumule l'urine; vessie' 8396, TL, 11, 358»; vu le cotexte, il conviendrait sans doute d'ajouter une deuxième partie à la définition : ici «cette poche tirée du corps de l'animal et séchée» (GdfC 10, 851a). — La forme *voient* 8499, de [+]*vëer* 'interdire', devrait être consignée au Glossar.

AUTRE REMARQUE. Écrire «percer», non «percier», dans une traduction en français moderne [107].

«Altfranzösisch *aüner / aduner*» ne comporte pas d'introduction. Il semble que le véritable propos de son auteur, Gerold **Hilty**, soit d'élucider et d'étymologiser les occurrences des trois passages suivants, que je reproduis d'après la p. 121 de l'article : *Il li enortet, dont lei nonque chielt, Qued elle fuiet lo nom christiien. Ell'ent adunet lo suon element* (EulalieB, v. 13-15), *Alo sanc Pedre perchoindad Que cela noit lui neiarat ; Pedres forment s'en adunad, Per epsa mort no·l gurpira* (PassionA, v. 113-116) et *Reis Chielperics, cum il l'audit, Presdra sos meis, a lui·s tramist ; Cio li mandat que revenist, Sa gratia per tot ouist. Et sancz Lethgiers ne·s soth mesfait ; Cum vit les meis, a lui ralat. Il cio li dist et adunat : «Tos consiliers ja non estrai»* (SLégerA, v. 85-93). GH commence par établir les sens et emplois de *aüner* en ancien français, puis énumère [121] les dix exemples de *aduner* qu'il connaît en ancien français (au nombre desquels les trois ci-dessus), la forme étant considérée par le FEW comme influencée par le latin *adunare* [121], et opère p. 122 un petit «Exkurs» concernant les attestations postérieures à l'ancien français. Remarques, très intéressantes, de GH : alors qu'il a exploré les quelque 150 fiches mises à sa disposition par l'équipe du DEAF pour réunir les attestations de *aüner* en ancien français [117] (ainsi que celles de *aduner* dans le même état de langue, je suppose), il souligne que les articles *AÜNER* et *ADUNER* du «DMF» [121] (ce dictionnaire range les formes sous deux entrées[2]) ne permettent pas de connaître les fréquences absolues ou relatives l'une par rapport à l'autre en moyen français. (Ainsi, j'ajoute que le DMF2012, sub *ADUNER*, omet de citer *la partie du getton ou est demouree l'escorce soit adunee et joingne a l'escorce de sa nouvelle mere* dans le *Rustican*, p. 79 de HenryŒn, t. 1, attestation absente également des Gdf et TL et semble-t-il de *UNIRE* du FEW 14 et de *ADUNARE* du FEW 24.) Dans les trois passages de la p. 121

que j'ai reproduits, nous avons non l'idée de « Vereinigung » [124], commune à toutes les autres attestations de *aduner* ou *aüner*, mais celle de « Verweigerung » [124]. C'est pourquoi l'auteur propose de voir dans *aduner* de ces trois passages un dérivé de l'adjectif *adunatus* dont des reflets en quelques endroits de la Romania signifient 'récalcitrant', 'entêté', question qu'il a étudiée dans un article précédent.
PETITE REMARQUE. Non « zischen » [121], mais « zwischen », je suppose.

Marc **Kiwitt** publie « Un fragment inédit d'un glossaire biblique hébreu-français » consistant en « deux feuillets assez endommagés » actuellement coté Cod. Or. 56 à l'Universitäts- und Landesbibliothek de Darmstadt qui serait du milieu du 13ᵉ siècle [130]. Ce serait aussi la date du texte, lequel doit « probablement être localisé dans le Sud-Est du territoire d'oïl » [130]. Mais MK reconnaît que des 94 gloses françaises, toutes écrites en caractères hébraïques, comme seules 28 sont vocalisées, et que par ailleurs les formes peuvent reproduire celles de gloses antérieures, la localisation n'est pas simple. Des rectifications sont apportées p. 128 à l'exploitation par le DEAF de sources françaises rédigées en caractères hébraïques. MK reproduit les mots hébreux glosés et translittère les 94 gloses françaises avec un copieux apparat dévolu à chaque série. Puis il dresse un glossaire lemmatisé, exhaustif et instructif des gloses françaises : ses commentaires nourris mettent en relief les particularités du vocabulaire vernaculaire de l'enseignement biblique médiéval ; une reproduction photographique du fol. 1 r° est opportunément jointe à l'article.

REMARQUES. N'aurait-on pas pu produire chaque glose française également dans sa graphie d'origine avant de la translittérer dans l'alphabet latin ? – Pour la caractérisation linguistique, on pourrait aussi faire état de *dreiture* (TL ⁺*droiture*), *epale* (TL ⁺*espaule*), *creignont* (forme de ⁺*criembre*), *panir* (cf. RLiR 68, 202). – MK devrait justifier son choix de lemmatiser tantôt en *-er* et tantôt en *-ier* des infinitifs issus de formes en *-are* précédé de consonne palatalisée. – Le mot « *cuisemant* m. 'action de faire cuire qch.' » [139] est déclaré « première attestation avant GlDouaiR 640 » [ibid.] ; comme rédaction et manuscrit du GlDouaiR sont datés du 4ᵉ quart du 13ᵉ siècle dans la notice correspondante de la DEAFBiblEl au 15 août 2014, plutôt dire que ce serait la première attestation avant GlRamseyO, dont rédaction et manuscrit sont datés du 3ᵉ quart du 13ᵉ siècle dans la notice correspondante de la DEAFBiblEl au 7 août 2014. – Non pas « enjoindre (qn) à ne pas faire » [140], mais « enjoindre (à qn) de ne pas faire » ; non « calque morphologique à l'hébreu » [141-142], mais « calque morphologique de l'hébreu ».

Peter **Koch** compose un ambitieux article, « Es gibt keine Konstruktionsbedeutung ohne Bedeutungswandel. Valenz – Konstruktion – Diachronie », qui sera utile aux théoriciens de la « Konstruktionsgrammatik » [147], lesquels pourront en retrouver des idées exprimées en français dans un autre article de Peter Koch, « Changement lexical et constructionnalisation dans le domaine du verbe » mis en ligne le 5 juillet 2012.

REMARQUE. P. 165 est donnée une attestation de *sortir* d'après le TL comme provenant de « *Perceval* [ca. 1181] » ; en fait elle provient de la *Deuxième continuation de Perceval*, qui est des environs de 1200, citée d'après l'édition Potvin, qui porte en effet *sortir*. Au vers correspondant de l'édition Roach, on lit *issir*, verbe à propos duquel est communiquée une seule variante, *partir* dans le manuscrit *U* (voir ContPerc2R, v. 31938) ; on déduit aussi des variantes de l'édition Roach que *P*, base de Potvin, porterait également le verbe ⁺*issir*. Affaire à suivre !

Dans « Le DEAF et le DMF : de la perfection et du perfectible », Robert **Martin** compare « objectifs » [175] et « méthodes » [177] des deux dictionnaires et illustre ses propos par l'article *LOQUE* du DMF « tel qu'il devrait apparaître » [178] « fin 2012 » ibid. et par l'article *IMAGE* du même (en 2010 ? La date devrait être clairement mise en évidence).

Avec « Sur la version *P* de la *Chanson de Roland* : remarques lexicographiques », Takeshi **Matsumura** enrichit la lexicographie d'hapax, de vocables précocement attestés et d'autres « mots intéressants » [188] par un examen de ce texte peut-être composé vers 1200 et contenu dans le manuscrit Paris, Bnf fr. 860, qui a pu être confectionné vers 1265-1290 [185].

Max **Pfister** reprend un des 'problèmes les plus difficiles' (« den schwierigsten Problemen » [191]) de la recherche sur le vocabulaire roman, à savoir « Die etymologische Problematik von it. *andare*, fr. *aller*, cat. *anar*, it. *andito* und *adito* », titre de son article. À la faveur des avancées opérées par la recherche depuis la rédaction de l'article *AMBULARE* du LEI, il propose une répartition entre *ambitare*, *ambulare* et *amnare*, tous verbes partageant *amb-* auquel se rattachent respectivement *-itare*, *-ulare* et *-inare* [193], rédige en italien de substantiels « neuen Kommentare » [193] aux articles *AMBULARE, ADITUS* et *AMBITUS* du LEI, et compose des articles *AMNARE* et *AMBITARE*, lesquels manquent au LEI, tout en renvoyant pour plus de détails à sa contribution du « SIG-Kongress in Neapel 2010 » [193]. L'ensemble embrasse bien plus de langues que celles qui sont mentionnées dans le titre et ne vise rien moins qu'à séparer 'la balle du grain' (« die Preu vom Wizen ») [198].

REMARQUE. Écrire avec le DEAF « possibles » et non « possible » [192].

Cinzia **Pignatelli** dans « L'étymologisme celtomane de Jean-Baptiste Bullet » donne une présentation très documentée des *Mémoires sur la langue celtique* de l'auteur (trois volumes, 1754, 1759, 1760), où l'on apprend que le celtique est l'un des dialectes dans lequel se diversifie la langue d'Adam et que le français est dans son fonds du gaulois. Les délires de Bullet sont utilement placés dans la double perspective du courant celtomane et des pratiques étymologisantes de son temps.

Dans « Des régionalismes dans le *Florimont* », Gilles **Roques** commence par montrer combien le texte serait « difficile » à la lumière d'un passage à propos duquel il réunit de nombreuses attestations de +*merveille*, notamment en locution, en français médiéval ; puis il en vient à des mots rares et pour la plupart régionaux[3], notamment : +*escometre* « défier, provoquer », +*treillier, atreillier* (absent du TL) et +*entreillier* « pousser en treille », *sagier* « saule » (rangé sous *SAUZ* dans le TL), *glandus* (TL +*glanduz*), *omenei* (TL +*omenois*) « hommage », +*escondre* « cacher », *aseter* (TL +*asseter*) « faire asseoir », +*conduit* « provision de bouche, nourriture » et « traitement d'un hôte ; festin », +*plainiere* et +*plenure*. L'étude tient compte de nombreuses variantes et enrichit notre connaissance de la culture littéraire d'Aymon de Varennes, qui ne se borne pas aux textes en oïl, ainsi que du vocabulaire médiéval, car GR apporte de multiples compléments aux prédécesseurs.

REMARQUES. L'auteur ne précise pas souvent d'après quelle édition il cite *Florimont* et Conon de Béthune. Le premier semble provenir de AimonFlH (avec menues divergences peut-être dues à l'inattention), les citations du second coïncident avec le texte de ConBethW[2], à une exception près (voir infra). On corrigera donc les vers faux *A[s] Fransois, se ne l'on[t] fet* [232] en *A[s] Fransois, se il ne l'on[t] fet* (AimonFlH 13622) et *Si la puet bien entendre en franchois* [232] en *Si la puet on bien entendre en franchois* (ConBethW[2], chanson III, v. 11).

Avec « ... et autretez poisons : Jofroi de Waterford und die zoologischen Klassen des Aristoteles », Yela **Schauwecker** montre que Jofroi dans la partie *Diététique* de sa traduction en français (environs de 1300) du pseudo-aristotélicien *Secretum Secretorum* conserve nettement les concepts de la classification zoologique d'Aristote, mais que s'adressant *az lais* [245, n. 39], il omet certains groupes d'animaux décrits par Aristote et préfère caractériser par des périphrases plutôt que par des mots synthétiques. L'article nous vaut entre autres une étude des sens de +*beste*, +*poisson*, +*oisel* et *+volatille* chez Jofroi et quelques autres et apporte des rectifications aux ouvrages de lexicographie, dont les auteurs ne sont pas toujours sensibles au fait qu'au Moyen Âge ces mots ne correspondent pas nécessairement aux référents que nous leur assignons de nos jours. REMARQUES. Je suppose qu'il faut écrire *mule* plutôt que *mulé* [237]. Il aurait été utile de préciser dans la mesure du possible les rapports génétiques entre Jofroi, le *Secretum Secretorum* et Isaac Judaeus pour mieux faire comprendre le propos : nous n'avons pas tous accès à l'édition partielle par Yela Schauwecker de Jofroi (Würzburg 2007), où je suppose que ces mystères nous sont dévoilés. Pour en revenir à *autretez poisons*, je noterai que les ostréiculteurs français appellent *poisson* la chair de l'huître (ce sens manque au TLFi).

Thomas **Städtler** montre les difficultés auxquelles sont confrontés les rédacteurs d'un dictionnaire d'ancien français sous un titre parlant, « Von der Unmöglichkeit, ein Wörterbuch des Altfranzösischen zu schreiben » : de nombreux matériaux sont encore inédits, et par ailleurs la lecture de textes édités parfois depuis longtemps apporte toujours des faits non répertoriés dans la lexicographie ; ces constatations sont illustrées par des exemples tirés de plusieurs ensembles. Très logiquement, l'auteur exhorte à publier des inédits, à produire des éditions sérieuses, et rappelle avec une pointe de mélancolie (?) que la non moins logique invitation lancée il y a longtemps aux membres de la communauté scientifique pour qu'ils collaborent à l'enrichissement du DEAF par l'envoi spontané de fiches lexicographiques, sur le modèle qui anima l'*Oxford English Dictionary*, que cette invitation n'a pas rencontré d'écho, à deux exceptions près.

REMARQUES. Pourquoi considérer « *de jor en jor* 'von einem Tag zum andern' » [251] comme « semantisch uninteressant » [251] ? ; – l'auteur pense que nous aurions le tour *perdre le jor* à définir « das verlieren, was man erreicht hat » [252] dans la séquence citée comme suit « *Et bien savés que li conroi Si se tenoit trestous a moi Quant icil si le reüsa Par grant meffait qu'ilec trouva. Par lui perdi je tant le jor Ja ne recouvrerai l'onnor ; M'onnour me toli et ma vie Et tretout le bien de m'amie* (PartonContG 3343) » [252] ; il est plus simple, je crois, de comprendre *le jor* comme un complément de temps de *perdi*, 'ce jour-là' ; – à la bibliographie sur l'histoire de l'*Oxford English Dictionary* [256, n. 35], ajouter, dans un genre différent, le livre publié par Simon Winchester aux Penguin Books en 1999 sous le titre *The Surgeon of Crowthorne. A Tale of Murder, Madness and the 'Oxford English Dictionary'*[4], la délectable histoire d'un assassin frappé de folie qui envoya fiche sur fiche au *Dictionary*.

Dans « Altfranzösisch *tprot !* », Wolf-Dieter **Stempel** s'attaque à une intéressante question : celle des interjections. L'article aborde aussi des interjections relativement proches de *tropt* au plan phonétique, telles que *tru*.

Avec « Des Cérastes et des femmes cornues dans l'*Ovide moralisé* » (cf. éd. de Boer, X, 3542 sq.), Lisa **Šumski** rappelle les positions théoriques de Fr. Möhren concernant la lexicographie historique et poursuit son exercice d'admiration en rédigeant *more* DEAF un très joli article *CERASTE*.

REMARQUES. Ne pas prosaïser les citations latines d'Ovide [275, n. 24] et de Lucain [278] ! Le mot *ceraste* est catégorisé comme nom. On peut toutefois se demander si certains copistes ne l'ont pas perçu comme adjectif ou, à tout le moins, comme qualifiant ; j'en veux pour preuve le passage suivant : *Seit fet Dan comme colevres rampans en la voye et com serpens cerastes au sentier* (variantes : *Seit fait Dan come serpens en la veie et come cerastes*) dans la *Bible d'Acre* éditée par Pierre Nobel (Presses universitaires de Franche-Comté, 2006), p. 55 ; la référence du passage figure d'ailleurs dans l'article, mais n'est pas illustrée par la citation correspondante.

Dans « Le renforcement affectif de la négation : le cas de *pièce*, créolisme littéraire de Patrick Chamoiseau », André **Thibault** montre que cet usage du mot, très fréquent chez Chamoiseau mais rarissime dans les autres auteurs écrivant en français des Antilles, doit être l'importation dans sa prose d'un fait « propre au créole » [295] (mais très mal documenté dans le français oral des Îles), qu'il a dû entrer aux Antilles avec le français régional de Normandie, à un moment où, alors qu'il est attesté « dans la langue littéraire, du moyen français jusqu'à la première moitié du 17e siècle » [282], il s'était réduit à cette région. L'étude décrit impeccablement le fonctionnement grammatical et sémantique de *pièce* dans les corpus examinés et n'omet pas d'énumérer les difficultés rencontrées pour réunir une documentation plus abondante, traçant de la sorte les contours de nouveaux programmes de collecte.

REMARQUES. Les guillemets qui entourent la citation de Hu [282-283] laisseraient penser que nous aurions une reproduction fidèle du dictionnaire ; en fait elle a subi quelques aménagements. Dans la section 6.1.3, ne pas schématiser en « *ne* + verbe + *pièce* + prép. + substantif noyau d'un Sprép », mais en « *ne* + verbe + prép. + *pièce* + substantif noyau d'un Sprép ».

CRITIQUE 247

Dans « Textphilologie im Internet – Überlegungen zur Qualitätssicherung von digitalen Texteditionen anhand der *Chirurgie* des Lanfranc de Milan », Sabine **Tittel** expose les conditions pour créer en ligne des éditions, des recensions, un portail d'entrée à l'ensemble qui assure la cohérence, l'interactivité et la circulation de tout un ensemble d'outils permettant de juger la qualité de telles éditions, et d'en assurer l'amélioration. Une partie de ces propositions est illustrée plus précisément par le projet d'édition de la *Chirurgie* de Lanfranc par l'auteure, qui peut s'atteindre via le site du DEAF. Sont également signalés un certain nombre de sites intéressant les études philologiques. Au total un article extrêmement sympathique, droit dans la pensée de Fr. Möhren, « les comptes rendus sont un élément essentiel de la culture scientifique », et débordant d'optimisme.

PETITES REMARQUES. Non pas *Revue de la Linguistique Romane* [311, n. 45], mais *Revue de Linguistique Romane* ; noter par ailleurs que les adresses électroniques de la Revue et du site de la Société de Linguistique Romane fournies respectivement à cet endroit et p. 313 n. 49 ne sont plus valables : « org » a été substitué à « uzh.ch ».

« '*Ve* a mauvais signifiement'. Notule additionnelle sur un tour en ancien français » : dans cet article, Richard **Trachsler** étudie le rendu en français médiéval de *Ve rubeo draconi* « malheur au dragon rouge » de l'*Historia regum Britanniæ* de Geoffroy de Monmouth, dont le texte latin « est ici stable » [316, n. 3] ; les traductions examinées courraient de la fin du 12e siècle au 15e siècle ; les conclusions tirées de ce corpus ne contredisent pas celles de Fr. Möhren : à l'époque des dernières traductions, *guai* est mort depuis pas mal de temps ; *ve*, quant à lui, est un emprunt au latin.

REMARQUES. Désitaliciser *par* dans la séquence *par guaim(e)ent* [317] ; – expliciter le sens de « Ml et M2 » [317, n. 4] : – non « la seule version en alexandrins » [318], mais, je suppose, « seule la version en alexandrins » ; – communiquer la date des manuscrits dont sont extraites des citations. – Je profite de l'occasion pour signaler deux occurrences de *ve* absentes de l'article *VÉ* du DMF2012 (au 7 août 2014), des articles *GUAI* des Gdf, TL et DEAF, des articles *VE1* de Lac, *VÉ1* de Gdf, *VE !* du TL, *VAE* du FEW 14 et *WAI* du FEW 17 (Lac et le DMF2012 ne traitent pas +*guai*) ; elles se lisent dans *que l'on ne puist pas dire sur toy et sur ton païs : « Vé de la terre dont le roy est enfant !* » de *Perceforest*, éd. Roussineau, II/I (1999), § 432, et dans *Saint Brandain* dit : « *Vé à toi fils* » de la deuxième rédaction de l'*Image du monde*, dans le manuscrit San Marino Huntington Libr. EL.26.A.3, fol. 47 r° (et noter la variante B. *dist va a quoi fis* du ms. Tours, Bibliothèque municipale

947, qui montre que le copiste ne comprend pas)⁵.

Avec « L'anglo-normand dans le *Middle English Dictionary* », David **Trotter** montre combien la consultation de ce dictionnaire contribue à enrichir notre connaissance du vocabulaire anglo-normand, soit directement, parce qu'il renferme des citations en cette langue, soit indirectement, parce que dans des citations en anglais se trouvent des reflets de mots anglo-normands, reflets qui peuvent porter témoignage de mots ou de sens pas autrement attestés à ce jour dans les textes anglo-normands.

REMARQUES. Non « je vais m'en occuper de trois » [325], mais « je vais m'o. de trois » ; – non « au mosaïque » [333], mais « à la m. ».

May Plouzeau

Choix de codes et d'abréviations

+ : ce signe en exposant collé devant un mot signale que ce mot est écrit dans la graphie du TL ; il n'est fait usage de ce signe que s'il est justifié par le contexte.

[ ] : quand les crochets droits entourent des nombres, ces nombres désignent en principe des numéros de page du recueil sous recension.

{ } : encadrent des interventions que je fais à l'intérieur d'une citation ; en particulier {...} marque que je pratique une coupure à l'intérieur d'une citation et {+ 1} et {- 1}, etc., attirent l'attention sur un vers dont le nombre de syllabes est mauvais.

< > : les crochets brisés encadrent une adresse électronique.

« » : les guillemets doubles encadrent des citations (les citations peuvent être figurées en italique selon les besoins).

' ' : les guillemets simples ont pour principale fonction d'encadrer des définitions, gloses ou traductions que je fournis moi-même.

Un mot écrit en *CAPITALES ITALICISÉES* réfère à un article de dictionnaire.

On trouvera dans la DEAFBiblEl les sigles d'ouvrages ou revues qui ne sont pas développés infra.

DEAF = *Dictionnaire étymologique de l'ancien français*, voir <http://www.deaf-page.de/index.php> ; – DEAFBiblEl = bibliographie électronique du DEAF ; – fol. = folio ; – l. = ligne, lignes ; – n. = note ; – p. = page, pages ; – TLF-Étym = révision sélective des notices étymologiques du *Trésor de la langue française informatisé* (TLFi) <http://stella.atilf.fr/tlf-etym/> ; – TLFi = *Le Trésor de la langue française informatisé* <http://atilf.atilf.fr/tlf.htm> ; – v. = vers.

CRITIQUE 249

NOTES

[1] Au bout de trois jours de maniement (il est vrai à Marseille pendant une exécrable canicule), la dorure de la séquence *liot* de *Bibliothèque* a disparu de la couverture. Est-il indispensable d'écrire « (ed.) » plutôt que « éd. » sur cette même couverture et sur la page de titre ? La date de copyright est 2012 ; le volume ne contient pas de date d'achevé d'imprimer ou de dépôt légal ; on n'y trouve pas non plus d'index.

[2] La date de consultation du DMF n'est pas indiquée. Je précise que Gdf range les formes en *-d-* sous *AUNER1*, et que le TL entre sous *ÄUNER* de nombreuses formes en *-d-*, mais qu'il consacre un article *ADUNER* à une seule attestation, tirée de *La Vieille*.

[3] Des traits d'ordre phonétique ou morphologique « garantis par la rime ou la métrique » [217] sont rappelés en note p. 217.

[4] La première édition a paru chez Viking en 1998 sous un titre légèrement différent.

[5] Je cite d'après un mémoire de Pascale Nausica, Aix-en-Provence, 1996.

CRITIQUES 251

Approches du bilinguisme latin-français au Moyen Âge : linguistique, codicologie, esthétique. Études réunies par Stéphanie Le Briz et Géraldine Veysseyre, Brepols, 2010, « Collection d'Études médiévales de Nice » 11, 522 p., 20 fig.

L'introduction ne manque pas de faire le rapprochement avec l'intrusion de l'anglais dans les usages du français, dans une approche aussi sensible aux similarités que celle-ci présente avec la confrontation du latin et du français au Moyen Âge qu'à ce qui les oppose, évoquant les analogies frappantes qui rapprochent les clercs médiévaux des cadres des multinationales, rapprochement qui va bien au-delà de son aspect humoristique. L'affiliation linguistique du latin et du français a contribué à retarder l'émergence d'une conscience linguistique claire de leur identité respective comme ne cessent de le montrer les travaux d'un M. Banniard, prise de conscience qui ne se ferait pas avant le XIIIe siècle : ce retard se manifesterait ainsi tant dans les rares écrits théoriques tels que l'*Historia gothica* de Rodrigo Jiménez de Rada que dans la confection de glossaires plus aboutis et rationnels à travers lesquels la démarcation des deux langues en confrontation n'est pas accomplie, où manque notamment une conception nette de la traduction qu'on ne peut manquer de relier à une maîtrise imparfaite et variable des langues compilées. Les douze études ici rassemblées offrent des approches variées liées aux spécialités des différents auteurs, accordant une place privilégiée à la codicologie plus à même de révéler la perception médiévale du bilinguisme, et les textes étudiés sont suffisamment diversifiés par leurs thématiques et leur chronologie pour illustrer de façon exemplaire la diversité des usages des auteurs ou des copistes, voire des imprimeurs, et les multiples problèmes posés par l'utilisation du bilinguisme et du plurilinguisme au Moyen Âge, du XIIe au XVIe siècle, sur un corpus représentatif allant des psautiers bilingues copiés en Angleterre à un recueil de *Louenges* imprimé par Michel Le Noir. On remarquera toutefois que les textes religieux dominent très nettement alors que la poésie lyrique profane n'y est pas représentée, pour ne pas parler de la poésie narrative[1].

Les contributions sont regroupées en trois parties qu'A. Gondreux, dans les conclusions qu'elle donne à l'ouvrage, rapproche des distinctions que Dante opère dans le premier livre du *De vulgari eloquentia*. La première, « Penser le bilinguisme au Moyen Âge : lexique et traductions » en regroupe quatre. P. Nobel étudie le statut du français dans le glossaire latin-français du ms. de Montpellier, Bibl. Univ., Section de médecine H110, en se fondant plus spécialement sur les mots commençant par C et I de ce recueil monumental, après un bref mais intéressant aperçu sur la lexicographie médiévale antérieure au XIVe siècle, en une approche typologique et fonctionnelle illustrée d'exemples. Ce glossaire qui présente divers régionalismes du Nord de la France daterait des années 1370-1380. Il en existerait une autre copie conservée à la Bibl. royale de Stockholm. Il compilerait en les traduisant des articles de l'*Elementarium* de Papias et du *Catholicon* de Jean Balbus, eux-mêmes résultats de la compilation de sources diverses, mais son auteur fait preuve d'une piètre connaissance du latin, ce qui a dû plus d'une fois dérouter le copiste. Dans « Le lexique de la civilisation romaine du Moyen Âge : de la diglossie à l'interlinguisme », F. Duval se livre à des réflexions stimulantes sur la question des latinismes et de leur intégration linguistique qui l'amènent à parler d'"interlinguisme", voire d'"interlexique", plutôt que de "code mixing", concept qui rendrait mieux compte de ces néologismes qui sont à mi-chemin des deux langues, dont les traductions de textes consacrés à la civilisation romaine se trouvent parsemées, tels que *velites, asser, penates*, mais aussi de l'ambiguïté des formules *jouste le latin/ selon le latin*, avec un degré variable d'acclimatation des latinismes, sur la base d'exemples tels qu'*asile* (temple de Romulus chez Pierre Bersuire et Raoul de Presles) ou *pretexte* dans la *Cité de Dieu* de Raoul de Presles. Dans « Latin et textes scientifiques français : bilinguisme, ignorance ou terminologie ? », J. Ducos esquisse une réflexion sur la cohabitation lexicale du latin et du français dans le discours scientifique (fonction mnémotechnique ou argumentative de l'étymologie où la référence au latin peut servir à fixer un cadre théorique à la représentation du réel), soulignant la diversité des usages du latin en fonction des disciplines et de la destination des textes, avant d'exposer la démarche particulière de Nicole Oresme dans son *Livre du ciel*. Dépourvue de commentaires linguistiques, cette traduction du livre d'Aristote effectuée en 1377 illustre la volonté de l'auteur de faire du français une langue de savoir pleine et entière, le latin pouvant ressortir d'une volonté d'asseoir l'autorité du discours du philosophe grec. A.-Fr. Leurquin-Labie s'interroge sur « les conditions et les causes » de la *Vie de benoite Christine* (fin XVe siècle), traduite d'un original de Thomas de Cantimpré, commandée par Philippe le Bon, dont elle donne pour la première fois l'édition avec le texte latin en regard, montrant que la traduction reste très littérale, au point de compromettre sa compréhensibilité, avec de nombreux calques lexicaux et syntaxiques qui posent le problème des compétences requises pour sa réception, d'autant que l'absence en regard du texte latin rend douteuse l'hypothèse d'une traduction d'apprentissage. L'édition est suivie d'un glossaire des termes obscurs, soit parce qu'ils sont absents des dictionnaires d'ancien et de moyen français, soit qu'ils n'y figurent pas avec le même sens.

La seconde partie, « Aménager le bilinguisme au Moyen Âge : cohabitation matérielle et syntaxique des deux langues », est davantage centrée sur des aspects formels et syntaxiques. Les psautiers les plus anciens copiés en Angleterre (XIIe siècle) que présente Ch. Ruby, d'où sont exclus les psautiers commentés et le psautier rimé de Londres, British Libr., Harley 4070, témoignent chez les moines de l'usage de l'anglo-normand comme auxiliaire du latin. L'auteur donne un inventaire de son corpus qu'elle décrit selon une typologie distinguant les deux psautiers trilingues, les psautiers bilingues parallèles, ceux à versets alternés, ceux à traduction interlinéaire illustrés de deux exemples dont la présentation enchaîne curieusement avec celle du psautier unilingue d'Oxford, Bodleian Libr., Douce 320, traduit de la version gallicane, qui constitue vraisemblablement le texte le plus ancien du corpus. Le contenu des psautiers, leur réception et leur destination variée, extra-liturgique, sont ensuite examinés : livres d'éducation, d'apprentissage et d'étude dans des milieux polyglottes. Texte latin et traduction anglo-normande y sont disposés en colonnes parallèles, la seconde recourant à un système graphique plus élaboré avec des diacritiques qui témoignent d'une volonté de bien restituer la prononciation de la langue vernaculaire considérée comme un "auxiliaire du latin" et non un simple substitut, pour ne pas dire un parent pauvre. N. Bériou s'attache à débusquer « les traces écrites de la parole vive des prédicateurs » dans une étude appuyée d'exemples variés de sermons des XIIIe-XIVe siècles, considérant que la syntaxe latine de ces textes indique que le français devait jouer un rôle beaucoup plus important dans leurs sermons que ce que suggère sa marginalisation dans les si nombreux sermons modèles qui nous sont parvenus : brouillons, copies de mémoire, *reportationes* d'auditeurs témoignent de la complexité du problème, selon l'intention d'assurer ou non la compréhension des destinataires et la volonté plus ou moins manifeste d'afficher la compétence linguistique de leurs auteurs. F. Vielliard s'attache à l'examen de la "grammaire de la mise en page", selon le mot de G. Hasenhor, à travers la riche tradition manuscrite qu'a connue la traduction en vers décasyllabiques des *Disticha catonis* par Jean Le Fèvre (38 mss du XVe siècle), montrant que son traducteur visait l'apprentissage du latin à travers la diffusion de la morale, comme le *Theodelet* traduit de l'*Ecloga Theoduli* dans le même mètre, texte qui lui est du reste associé dans quelques mss, choix significatif puisque le moraliste use de l'octosyllabe dans ses autres œuvres sur des thématiques variées mais différentes. Les copistes accompagnent souvent cette traduction de l'original latin, au point qu'un de ses utilisateurs, estimant sans doute avoir acquis la maîtrise linguistique nécessaire, se permet d'effacer le texte français. I. Vedrenne-Fajolles donne la typologie et la hiérarchie des usages variés que Martin de Saint-Gilles fait du latin dans une traduction commentée des *Aphorismes* d'Hippocrate conservée dans un *unicum* du début des années 1360, avec des études en quelque sorte prélexicographiques qui portent davantage sur les *realia* que sur les lexies.

Cette partie se termine avec un article de S. Le Briz et G. Veysseyre sur la composition et la réception de la lettre bilingue de Grâce de Dieu au Pèlerin dans *Le Pèlerinage de l'âme* de Guillaume de Digulleville, lettre composée de 24 huitains d'octosyllabes qui alternent vers français et latins en un texte unifié sur les plans tant rhétorique que typographique, à l'exception d'un ms. qui recourt à l'encre rouge pour le latin, disposition qui a parfois amené à des interversions de vers. Les auteurs décrivent soigneusement ce poème complexe de 3 × 8 huitains structurés par un acrostiche (plutôt un "acrostrophe") qui le signe, dont les vers français et latins partagent au sein de chaque strophe les mêmes terminaisons par-delà les langues : les séries françaises *roÿne, orine, vie, philosomie, s'acorde, orde*, etc., sont respectivement juxtaposées à celles latines de *fine, medicine, consciencie, facie, sorde, concorde*, etc. Les auteurs en déduisent quelque peu hâtivement que ces séquences étaient homophones : « À la faveur de la prononciation du latin à la française, on constate que les finales en "-ure" (…) étaient prévues pour se prononcer avec un [œ] labialisé à la finale, pour les mots latins comme pour les mots français » [318, n. 134], mais cette concordance phonologique n'est pas soutenable, moins parce que Guillaume distingue clairement le positionnement des deux langues que parce qu'il associe aux terminaisons latines en *e* tout aussi bien des oxytons français en é que des paroxytons : ainsi, à côté de *Roÿne*/ lat. *fine* de la première strophe, on a *dominé*/ lat. *domine* ou *miné*/ lat. *ruine* dans la dixième ; parce qu'une même strophe peut mettre en rapport des mots français en *e* atone tel que *crie* ou en *é* tonique tel que *charié* avec lat. *die*, *hodie* (str. VII). La strophe que les auteurs visent dans leur note mêle du reste forme tonique (*enduré*) et formes paroxytones (*forfaiture, espure, cure*), à ceci près qu'il y a dans ce cas un problème d'interprétation, qui rejoint du reste les observations générales des auteurs, qui donnent « endure » [298], non *enduré*, dans une lecture qui fait abstraction autant que faire se peut des vers latins considérés comme une strate secondaire dans la structuration du texte, au motif que le latin « se trouve régulièrement cantonné à des fonctions syntaxiques facultatives » [294], et l'on trouve un problème semblable pour le v. 55 :

p. 295 (texte de l'éd. Stürzinger)   Annexe III, p. 344 et 346

v. 1645 et 1647 : A son tour chascune crie : « Trop a vesquu, trop charrie ! » Trad. : *Chacune s'écrie à son tour:* *« Il a vécu trop longtemps, son char est trop lourd ! »*	vv. 53-56 : A son tour chascune crie: <« A moy l'avras sans nul sejour ! »> *« Quid facimus tota die ? ».* Trop a vescu, trop charié, <Mourir te fault, n'y a destour> *Vertatur currus hodie.*
vv. 1729 et 1731 : Longuement ta forfaicture, Que ne t'amendes, endure. Trad. : *Cela fait longtemps que je supporte ton forfait, ton refus de t'amender.*	vv. 137-140 : Longuement ta forfaiture, <Ay soustenu, et durement> *Sustinui et jam dure* Que ne t'amendes enduré ; <Si te soubmés a jugement> *Nec subicis te culture !*

Pour en revenir à la question phonologique, comment expliquer la juxtaposition de *chose* et lat. *pro se* (vv. 39/40) ou *autre note* et lat. *pro te* (vv. 41/42) d'un côté, mais *n'en a esté* et lat. *penes te* (vv. 61/62) de l'autre ? Cette versification particulière est fondée sur le principe de la *paritas syllabarum* dans lequel Faral voyait un trait normand, mais qui, dans le cadre de l'octosyllabe, ne peut pas ne pas être rapprochée du *Breviari d'Amor* de Matfre Ermengau dont l'isosyllabisme "arythmique"[2] s'expose aux mêmes problèmes que le poème de Guillaume. Elle a du reste suscité l'incompréhension de divers copistes qui ont cherché à retoucher le texte pour le plier au principe qui s'était partout ailleurs imposé de l'isosyllabisme accentuel, ce que facilitait l'évolution linguistique, avec en particulier le développement du génitif prépositionnel, mais aussi celui des articles ou l'explicitation du pronom sujet. Si l'on tient compte de ce facteur d'altération des vers romans, il apparaît que les modifications et altérations qu'ont pu connaître les vers latins témoignent surtout d'une compréhension plus limitée de ces parties. Les auteurs accordent une attention particulière à la version de deux mss sur lesquels ils ne donnent pas d'autres précisions semble-t-il que leur cote. Celui de Bruxelles, KBR, 11065-11073 a réécrit le texte de la lettre en le contractant fortement dans une version française unilingue en des huitains dont les deux rimes unilingues sont nettement différenciées (*ine, in* ; *ie, ont*, etc.) ; celui de Paris, BnF, fr. 1138 l'accompagne d'une traduction des vers latins en une disposition qui autorise la lecture suivie des seuls vers français. Les auteurs se croient obligés de donner le texte en annexe sous deux formes, au cas où le lecteur n'aurait pas compris que le texte original se lit dans sur les colonnes impaires du ms. (dont la disposition est beaucoup plus claire que leur transcription), et que la version unilingue française se lit dans les seules lignes impaires.

La troisième partie, « Jouer du bilinguisme au Moyen Âge : "un problème d'esthétique médiévale" », réunit les trois dernières contributions. Dans « Deux théâtres, deux bilinguismes », J.-P. Bordier s'appuie sur les thèses d'A.E. Knight et Y. Cazal relatives à l'utilisation des langues vulgaires dans les drames en latin, ou celle du latin dans les drames en français pour avancer au gré de l'examen des différents textes concernés quelques suggestions montrant qu'il est possible d'aborder le bilinguisme comme une ressource de l'art théâtral, ce dont nous n'aurions pas cru que l'on puisse douter. Ce qui frappe est l'incertitude qui s'attache à bien des emplois des langues vernaculaires dans les drames latins, là où l'usage inverse du latin dans les drames français se laisse beaucoup plus facilement appréhender au travers d'usages diversifiés allant de la rédaction du paratexte aux critiques du pédantisme des clercs et à la satire du clergé en passant par les jeux linguistiques qu'on peut trouver dans la moralité du *Grand Dominé et du Petit* de Jean de Le (non La) Motte récemment publié[3]. M.-L. Savoye montre que les modifications apportées par les copistes au texte des *Matines de la Vierge* de Martial d'Auvergne, dont le titre est révisé par les imprimeurs qui préfèrent parler de louanges, n'affectent pas le bilinguisme, quelle que soit l'extension des séquences latines qui sont parfois réduites à des mots isolés : même le *quam* exclamatif substitué à son équivalent français se trouve préservé. Le recueil est vraisemblablement inspiré d'un livre d'heures déterminé (Paris, Bibl. Mazarine, 491) dont l'auteur met en évidence les parallèles tout en montrant que Martial s'en libère assez rapidement, puisant largement dans la *Legenda aurea* quand ce n'est pas dans le *Speculum historiale* de Vincent de Beauvais. À propos de l'emploi du huitain rimé ababbcbc que Martial utilise dans sa méditation sur l'*Ave Maria*, il est affirmé que l'auteur des *Arrêts d'Amour* aurait juxtaposé à la poétique du psaume celle de la ballade, mais c'est là introduire une erreur de perspective, car cette strophe est aussi celle de la complainte depuis Oton de Granson, et elle féconde jusqu'à la poésie dramatique médiévale en passant par le *Petit Testament* de Villon : l'absence de refrain autant que la tonalité propre à ce genre de textes est sans ambiguïté. La comparaison avec d'autres *Heures* en français met en relief la volonté de Martial de fusionner les deux langues, contrairement à la juxtaposition qui se rencontre dans Paris, Bibl. Mazarine, 509 (prem. moitié XVe s.) ou le procédé du manuscrit glosé imprimé par Antoine Vérard en 1499 (Paris, BnF, Vélins 2235). L'emploi de quelques mots issus du vocabulaire juridique « montre que Martial va chercher dans sa diglossie essentielle ce que la langue française manque à lui fournir ». L'auteur voit dans la formation de certains néologismes absolus (*contempner*) ou relatifs (*circonvoisins, lignee optime, fructiferente*) « une forme détournée de bilinguisme ». G. Gros se penche sur « l'insertion du texte latin dans la prière poétique en français » à propos des *Louenges de Nostre Dame* dans le texte publié par Michel Le Noir au début du XVIe siècle, et plus particulièrement sur quatre des pièces qu'il contient dont l'une, *La Vierge ou j'ay mis m'esperance*, repose sur une alternance de vers latins et français que l'auteur désigne improprement comme "poème farci" [413], dont on ne sait trop si elle remonte au deuxième quart du XIVe siècle comme il est dit, ou bien peut-être au XIIIe siècle puisqu'elle se trouve également dans un ms. plus ancien : rien ne dit en effet si cette dernière copie est une copie d'origine ou un ajout tardif, mais on la trouve répertoriée dans la bibliographie révisée de Raynaud[4]. Il s'agit nettement d'une chanson (pieuse) comme le prouve la constance du genre des rimes sur les huit couplets qui composent la version la plus ancienne comme celle dont Gros donne le texte en annexe. Le texte de Michel Le Noir procède à un remaniement, avec l'abandon de quatre couplets et l'insertion d'un nouveau, les autres subissant diverses altérations par modernisation ou incompréhension. Les autres pièces étudiées sont des paraphrases : l'*Ave Maria* bien connu de Molinet qui s'attire quelque moquerie de la part de M.-L. Savoye pour son goût de l'équivoque [409], que l'auteur présente sous le titre « L'incipit strophique » (il s'agit de seize quatorzains glosant le texte latin décomposé en autant de fragments par lesquels chacun débute)[5] ; une *Oraison a Nostre Dame* curieusement dite *en champt royal* qui est une pièce strophique déclinant la première partie de l'*Ave Maria* en acrostiche ; un *Salve Regina* « en françoys », de Jean Lemaire de Belges, auquel l'auteur avait déjà consacré diverses pages, mais dont la forme demeure toujours aussi mystérieuse du fait d'une description peu satisfaisante et d'une édition des quelques strophes présentées où les alignements (sauf en début de vers, naturellement) et tracés brisés de l'original se perdent, la seule illustration, partielle, se limitant à la seule première strophe (la première fois reproduite en noir et blanc, où l'acrostiche est typographiquement occulté [430], contrairement à ce qui apparaît dans la reproduction en couleurs donnée en fin d'ouvrage [518]).

Le recueil est complété d'un index des noms et des œuvres, un index des cotes de mss et des références d'imprimés anciens. Une vingtaine de reproductions de pages de mss parfaitement imprimées illustrent différents articles. L'ensemble est accompagné d'une bibliographie d'une vingtaine de pages, divisée en trois sections : approches théoriques, approches historiques (rapports entre français et latin au Moyen Âge), approches élargies (« d'autres langues, plus de deux langues, plus tard, plus loin »), qui constitue une somme de références actualisée sur le sujet, si l'on met de côté là encore l'ignorance des secteurs lyrique et narratif[6].

Dominique Billy
Université Toulouse-Jean-Jaurès

NOTES

[1] Elle est également absente de la bibliographie où on pourrait ajouter, p. ex. : C. Galderisi, « Greffe et plurilinguisme dans la littérature médiévale : réflexions sur l'écriture mixtilingue dans les poèmes de Charles d'Orléans », *Écrire aux confins des langues. Actes du Colloque de Mulhouse, 30, 31 janvier et 1er février 1997*, éd. J. Bem et A. Hudlett, Mulhouse, Centre de recherche sur l'Europe littéraire, Université de Haute-Alsace, 2001, p. 106-120 ; J. F. García Bascuñana, « Traduction et plurilinguisme au XVe siècle : à propos de Charles d'Orléans », *Actes du XXVe Congrès international de linguistique et de philologie romanes, Innsbruck 2007*, éd. M. Iliescu, H. Siller-Runggaldier et P. Danler, Berlin et New York, de Gruyter, 2010, t. 1, p. 565-573 ; C. E. Leglu, *Multilingualism and Mother Tongue in Medieval French, Occitan, and Catalan Narratives*, Penn State University Press, 2010 ; M. Zink, « Plurilinguism, Hermeticism, and Love in Medieval Poetics », *Comparative Literature Studies*, 32 (1995), pp. 112-130.

[2] L'expression est d'U. Mölk et F. Wolfzettel, *Répertoire métrique de la poésie lyrique française des origines à 1350*, Munich, Fink, 1972, pp. 28-29.

[3] A. Hindley et G. Small, « Le *Ju du Grand Dominé et du Petit* : une moralité tournaisienne inédite du Moyen Âge tardif (fin XVe-début XVIe siècle). Étude et édition », *Revue belge de Philologie et d'Histoire*, 80 (2002), pp. 413-456.

[4] G. Raynauds *Bibliographie des altfranzösischen Liedes*, Erster Teil, neu bearbeitet und ergänzt von H. Spanke, Leiden, E. J. Brill, 1955, n° 227a.

[5] La référence donnée n. 37 (p. 420) est erronée : il s'agit du t. II de l'édition Dupire, et le texte se termine p. 498.

[6] On ne comprend par contre pas trop ce que viennent y faire les éditions des comptes des consuls de Montferrand de R. A. Lodge.

Jean-Louis Massourre, *Le gascon, les mots et le système*. Paris, Champion, 2012 (« Lexica. Mots et Dictionnaires », 21), 419 p.

L'auteur donne ici un modèle de description de la langue intégrant la question de la variation linguistique, l'exposé des faits s'appuyant largement sur la cartographie : les utilisateurs de la *Grammaire istorique* de Ronjat qui auront cet ouvrage en main percevront immédiatement l'apport de cette approche en imaginant tout le profit que cette vieille somme de la linguistique occitane aurait pu gagner en lisibilité comme en compréhension en fournissant des cartes de synthèse. L'auteur reprend la description du gascon là où G. Rohls l'avait laissée en 1935, en ouvrant largement les portes aux données de l'*Atlas linguistique et ethnographique de la Gascogne*, plus un fonds documentaire, d'importance au demeurant mineure, que son maître J. Allières, qui envisageait la rédaction d'un "manuel de gascon", avait laissé à sa disparition. L'ouvrage s'ouvre sur un solide chapitre d'introduction bien documenté dans lequel sont présentées les spécificités et les limites du gascon qu'il considère comme individualisé dès le Ve siècle (proto-gascon), soit bien avant l'occitan ; le concept séguinien de gasconité lui permet d'affiner la question des limites du domaine, avec une liste détaillée des points d'atlas concernés, où se trouve considérablement élargi le domaine que Rohlfs identifiait en privilégiant les hautes vallées : l'abandon de cette référence orographique dans le développement de la langue se justifie avec la prise en compte de la composante hydrographique pour laquelle J-L. Massourre donne une illustration convaincante à partir de l'examen de quelques spécificités toponymiques [39-47]. Les chapitres suivants sont consacrés à la phonétique et à la phonologie ; à la morphologie nominale et pronominale et aux invariables ; à la morphologie verbale, à la syntaxe et au lexique, tous parfaitement documentés : il ne s'agit en rien d'un traité du gascon, fût-il grand, encore moins d'un précis, mais bien d'une étude systématique qui fait la synthèse de nos connaissances sur le sujet, où l'auteur témoigne d'une parfaite maîtrise de la bibliographie la plus ancienne comme de la plus récente, avec des listes détaillées et précises, le commentaire étant enrichi de cartes de synthèse qui permettent de préciser divers points[1]. L'auteur n'omet pas de mettre à l'occasion en perspective les solutions gasconnes en rapport avec les langues périphériques, catalan, languedocien, aragonais, aranais, voire basque, comme dans le rapprochement des articles pyrénéen et aragonais [167-169] : cette approche comparatiste enrichit ainsi l'analyse détaillée des différents éléments constitutifs du gascon. L'étude du lexique témoigne naturellement aussi de cette ouverture du fait des contacts linguistiques constitutifs du substrat comme des adstrats, avec un examen bien illustré des sources préromanes, euskariennes, celtiques, latines et germaniques ; une contextualisation du lexique gascon dans son environnement géolinguistique ; un inventaire détaillé des suffixes de dérivation complété d'un "aperçu" particulièrement riche de la dérivation préfixale et suffixale dans le parler de Barège ; une présentation plus succincte des emprunts au castillan et à l'aragonais.

Le dernier chapitre s'ouvre à l'actualité du gascon[2], et s'intéresse à l'avenir de la langue, avec tout d'abord la question de sa pérennité liée à la rupture de la transmission familiale telle qu'elle apparaît dans l'enquête INSEE de 1999, limitée à l'Aquitaine (mais étendue à l'occitan périgourdin). L'auteur n'élude pas la question de la dénomination parasitée par le militantisme, revenant sur l'antériorité du gascon dans la constitution de ses traits définitoires et s'interrogeant sur la possibilité d'une évolution par paliers qui aurait progressivement conduit, sinon à la constitution objective d'une langue spécifique, du moins à l'affirmation d'une identité gasconne. C'est naturellement au Moyen Âge que le statut de la langue se pose, son identité se trouvant clairement affirmée dès le XIIe siècle dans des textes lyriques plurilingues[3] et le *Guide du pèlerin de Saint-Jacques-de-Compostelle* d'Aimeri Picaud. L'histoire du panoccitanisme, qui a longtemps orienté la conceptualisation du gascon comme composante d'un espace "supradialectal" commun aux parlers d'oc, est bien résumée, de même que l'élaboration de normes orthographiques qui est allée dans ce sens, d'Alibert à l'I.E.O. On regrette que ne soit pas traitée frontalement, dans une approche descriptive, la question des normes régionales, avec l'élaboration d'une graphie classique spécifique au gascon, telle qu'elle apparaît, p.ex., dans telle citation de la *Grammatica de l'occitan gascon contemporanèu* [346]. On n'en trouvera pas moins des remarques pertinentes sur la recherche inconsciente, chez les auteurs de ladite grammaire, d'une certaine convergence linguistique dans l'occultation de traits aussi spécifiques que le *que* énonciatif à l'origine controversée, auquel l'auteur consacre par ailleurs d'excellentes pages dans la partie syntaxique [281-296]. On n'en eût pas moins aimé que le "tableau comparatif" de la graphie moderne héritée du félibrisme gascon et de la graphie classique [350-351] fût organisé sur la base des oppositions graphématiques que peuvent illustrer les formes mises en comparaison (selon un ordre alphabétique parfois bousculé). La graphie classique méritait également quelques commentaires sur la manière dont elle rend bien compte de certaines spécificités (F > h ; L final > w ; -N- > Ø…) alors que d'autres s'y trouvent ignorées (V > b, -N > Ø ; -R > Ø …) ; ou encore sur la question de l'origine et de l'emploi des graphèmes spécifiques (‹ç›, ‹sh›, ‹th›). Nous comprenons au demeurant que l'auteur se soit davantage intéressé à la langue, avant tout définie dans son oralité, qu'à la question de l'écriture, ce qui apparaît à l'occasion dans certains flottements : ainsi, si *jendre,* 'gendre' (p. 382) se trouve bien p. 73, 77 et 146, c'est sous la forme *gendre* (voir aussi *jelar,* 'geler').

Cet ouvrage ambitieux, dont la partie descriptive, particulièrement méticuleuse et complète, permet d'appréhender enfin le gascon dans toute son étendue et sa diversité, se trouve naturellement doté des index détaillés indispensables à sa consultation : index des étymons latins cités ; index lexical des mots cités (mots gascons, celtiques, aragonais, catalans, espagnols, basques, germaniques) ; index des auteurs cités ; table des cartes ; table du vol. VI de l'*ALGc* organisé en phonétique diachronique (voyelles, consonnes), phonologie (id.), systèmes phonologiques (voyelles toniques, prétoniques, posttoniques, initiales, intérieures, finales), avec pour terminer une ample bibliographie.

On pourrait discuter bien des points de l'exposition des données linguistiques : l'ouvrage y invite nécessairement, tant il stimule la réflexion par l'ampleur des données prises en compte, la précision des analyses et l'apport critique personnel de l'auteur dans l'exposé des faits et des théories comme dans leur discussion. Nous nous contenterons ici de quelques remarques sur diverses imperfections, que nous avouons avoir quelque scrupule à relever si ce n'est que le genre même du compte rendu critique nous y incite. P. 18 : ‹j› aurait la valeur [j] ou [⁇] à l'initiale, [⁇] ailleurs, mais on peut constater qu'il note également un yod à l'intervocalique (voir ainsi dans l'index s.v. *bascòja, landurejar, locejar, meja, mejà*) et après ‹d› (*lòdja, ludjè*) ; il aurait en outre fallu préciser que ‹i› peut également noter un yod (*baçia, baçiòt, fiar, fièr, garia, maitiada*). — P. 159 : à moins de se référer explicitement à une norme, il est difficile d'affirmer que BONAM a donné « bona [⁇bun⁇] » alors que le paragraphe suivant précise justement que le féminin « se forme par l'adjonction de [a] [⁇] [⁇] à la forme du masculin » ; on remarquera en outre qu'il manque ici l'indication de la répartition de ces formes dans le domaine gascon : une comparaison avec la distribution des voyelles finales atones p. 103 aurait été instructive[4]. — L'aboutissement de -v- à une bilabiale [b] a pu connaître un affaiblissement en [w] qui n'est pas explicité [114-116] : il faut se reporter à la carte p. 114 pour l'identifier et en cerner plus ou moins l'extension (approximativement région de Dému, Lavardens, Montaut, Biran). — On notera que, dans l'"essai de diachronie" où sont réunies diverses remarques relatives aux modes impersonnels et aux principaux temps, le paragraphe consacré au prétérit et à ses dérivés concerne en fait la seule dimension aérologique [256-257]. — La présentation d'un choix de paradigmes verbaux illustrant la variation morphologique en onze points d'atlas dispersés sur l'ensemble du domaine aurait beaucoup gagné à être organisée de façon comparative sous forme de tableaux, avec en lignes, par exemple, les onze points d'atlas considérés et les six personnes en colonnes pour chaque verbe considéré : chaque point d'atlas fait au contraire l'objet d'un sous-paragraphe distinct réunissant les quatre verbes témoins des quatre classes de la conjugaison latine, où sont données en listes continues sur une même ligne les formes des six personnes, temps après temps pour un même verbe, ce qui complique sérieusement l'appréhension globale des données et ne permet pas de rendre compte des différences systémiques [258-273] — P. 383 : si LĔVEM (p. 368) est bien traité aux p. 71-73 (sous la forme LEVE)[5], on ne peut en dire autant pour *leugèr/ ludjèr* qui lui sont à tort rattachés dans l'index où ils figurent également sous le bon étymon *LEVIARUM [368] (voir aussi l'entrée à *ludjè* p. 383), d'autant que le paragraphe concerné traite de la diphtongaison de Ĕ conditionnée par Ŭ (mais voir l'entrée *leugèr* qui est accompagnée de cette variante) : faut-il donc corriger en *leudjè* ? La forme non diphtonguée est cependant bien mentionnée (sans transcription) pour la Gironde [71] contrairement aux Landes, aux Pyrénées-Atlantiques, Hautes-Pyrénées, Ouest de la Haute-Garonne, Couserans et Val d'Aran [72-73], et la carte (comme la logique) montre que le reste du domaine ne connaît pas la diphtongaison pour LĔVEM. On remarquera au passage que le sous-chapitre consacré aux palatalisations [143-148] ne semble pas faire place à l'évolution du groupe w + j > [ðj], comme dans *l(e)udjè*.

L'ampleur des données traitées multiplie naturellement les occasions d'erreurs mineures, ici peu fréquentes et aisément corrigibles. La notation du ‹i› et du ‹u› diphtongal, en principe rendue par les symboles phonétiques [ĭ] et [ŭ] respectivement (en italique), voit parfois la cupule disparaître (voir p. 129 l'issue de FRATREM ; p. 256 la désinence du prétérit en domaine girondin ; p. 375 la notation de *audi-se* ; p. 378 celle de *cèu*, *cue(i)sha* ; p. 379 celle de *escauhar*). — P. 59 : dans la citation d'Allières, on se serait attendu à des formes en *h-* au lieu de *fuòc, fioc, fuec* (il faudrait donc un sic). —P. 118, on lira *jens*, non *jende* (deux lignes avant la fin). — P. 374, corriger la transcription phonétique fautive du ‹g› d'*argen*. P. 376, on ajoutera *bedosh* (p. 126 ; cf. *bedoth*) ; on rectifiera *besíau* en *besiáu* et la notation phonétique de *bistòrse* (un r de trop) ; *bueu* aurait dû faire l'objet d'une entrée (cf. *bo*). — P. 377 : il faut réunir les deux entrées *cauçar* 'chausser' et 'chausser un végétal' (séparées de *caucar*, 'saillie du coq'). — P. 378 : supprimer le *u* de *demouret*. — P. 380 : corriger la transcription fautive du ‹i› de *glèisa*.

Dominique BILLY
Université Toulouse-Jean-Jaurès

Notes

[1] L'auteur n'a pas pu semble-t-il profiter de toutes les facilités que peuvent offrir les logiciels de cartographie spécialisés comme cela apparaît dans le légendage qui nécessite une explicitation des symboles (« ligne en tirets », « tressage », « points », « ligne en fin/ gros pointillé », « trait plein », « points noirs », « rectangle », « rectangle incliné », « triangle », « cercle »). Les traits de la carte de la p. 93 sont "floutés" (la comparaison avec la carte précédente est à cet égard éloquente). Les traits considérés figurent parfois dans un corps disproportionné (p. 136), avec parfois en fond des rectangles qui oblitèrent par trop l'arrière-plan du fond de carte (voir p. 94, 114 ; comparer avec p. 126). Les taches noires des p. 130, 132 et 134 ont un effet visuel désagréable. La provenance de ces cartes, parfois remplies manuellement, ne semble nulle part identifiée. On aurait parfois aimé davantage de précision. Ainsi p. 61, les désignations en légende « Sud Sud-Ouest », « Nord-Est » de la ligne en gros pointillés sont bien vagues, là où un aménagement adéquat de la carte elle-même s'imposait. P. 94, la distribution des issues de Ō fermé tonique, Ū + yod n'est pas des plus claires ; voir aussi la carte p. 114 où la distribution de [w] vs [b] à l'intervocalique n'est pas délimitée, ainsi que celles des p. 136, 195, 197.
[2] On rectifiera dans la table des matières VII au lieu de IX [418].
[3] Il y aurait eu ici d'autres références à donner que celle au manuscrit confidentiel de F. Vielliard dont l'auteur fait état [339, n. 18], de P. Bec, « Note philologique sur la *cobla* gasconne du "descort plurilingue" de Raimbaut de Vaqueiras », *Medioevo Romanzo*, 12 (1987), pp. 275-288 (réimpr. dans Id., *Écrits sur les troubadours et la lyrique médiévale*, Caen, 1992, pp. 41-54 ; à R. M. Medina Granda, « "No·m sofranhera hiera" (Raimbaut de Vaqueiras, descort plurilingüe, IV, 8) : propuesta de reanálisi de *hiera* », dans *Corona Spicea. In Memoriam Cristóbal Rodríguez Alonso*, Oviedo, 1999, pp. 601-618.
[4] Les § 1.4.1 et § 1.4.2 font chacun place à un unique sous-paragraphe, § 1.4.1.1 et § 1.4.2.1, numéros qui auraient dû être supprimés comme c'est le cas dans la table des matières).
[5] Les issues de LĔVE et EBULU ne sont curieusement pas données, contrairement à celle de *NEVE, mais ce genre d'oubli se retrouve ailleurs : voir ainsi les issues de LECTU, PECTU, *IMPECTU, SEX, etc. p. 69-71, à l'exception du landais *lit* qui est omis dans l'index, où figurent par contre *lhet / lhéit* – pour lesquels on trouve bien un renvoi aux pages en question (plus 68, à tort) [382] –, ainsi que *sies* [387], p. ex.

Giuseppe Noto, *Francesco Redi provenzalista. La ricezione dei trovatori nell'Italia del Seicento*, Alessandria, Edizioni dell'Orso, 2012, 188 p.

Au XVIe siècle, en Italie, la connaissance de la littérature médiévale occitane est assurée par une grande figure que tout bon romaniste connaît au moins pour sa dimension historique, Bembo, et par ses successeurs et épigones, tous à peu près également familiers sinon aux médiévistes, du moins aux seiziémistes italiens et français (Varchi, Equicola, Castelvetro...). La transmission et le développpement du savoir accumulé dans l'espace culturel italien autour de la langue et de la littérature des troubadours entre ces fondements posés par Bembo au début du XVIe siècle et la naissance, au début du XIXe siècle, de la philologie scientifique (Diez, Raynouard, Rochegude) ne sont pas des sujets qui ont mobilisé les chercheurs depuis les travaux fondateurs de Santorre Debenedetti (1911, 1930) et la *Bibliografia antica dei trovatori* d'Eleonora Vincenti (1963). Or, au XVIIe et au XVIIIe siècle, en Italie, les connaissances progressent, on continue à s'intéresser aux troubadours, à leur langue, à leurs mots surtout, à leurs manuscrits, recherchés à défaut d'être édités, à leurs textes, lus et compris par des savants et des érudits. En Italie, au XVIIe siècle, du point de vue de ce qu'on appelle alors les *studi provenzali*, trois noms s'imposent : le Siennois Federico Ubaldini (1610-1657), secrétaire du cardinal Francesco Barberini, le Modénan Alessandro Tassoni (1565-1635), successivement secrétaire du cardinal Colonna, de Charles-Emmanuel Ier de Savoie et de François Ier d'Este, duc de Modène, et enfin, le Toscan, né à Arezzo, Francesco Redi (1626-1697), peut-être celui, comme le suggère Giuseppe Noto, qui incarne le mieux, par son savoir, sa documentation et sa longévité, la vigueur des « études provençales » en Italie au XVIIe siècle. À la fois médecin réputé (il sera archiâtre du grand-duc Ferdinand II) et biologiste qui contribua à l'avancée de la science dans plusieurs domaines, Redi est membre de l'académie de la Crusca et il s'intéresse à ce titre à la lexicographie. De la masse absolument considérable de documents, imprimés mais aussi manuscrits, laissés par Redi et conservés, pour les manuscrits, aux archives de l'Académie de la Crusca et dans des bibliothèques de Florence (Riccardienne, Laurentienne, Nationale Centrale) et d'Arezzo, Giuseppe Noto a choisi d'extraire les éléments liés à la langue et à la littérature médiévales occitanes. L'étude très documentée qu'il procure s'appuie sur trois sources, présentées successivement après une bibliographie particulièrement complète et une introduction remarquable de précision.

La première source est constituée par les éléments amassés par Redi en vue d'un *Vocabolario aretino*, précieux outil dialectologique auquel Redi n'a pas cessé de travailler de 1669-1670 à sa mort. Ce *Vocabolario*, accessible par deux éditions (Viviani 1928, Nocentini 1989, la seconde étant plus fiable que la première), n'offre que peu de matière : neuf entrées à peine pour lesquelles Redi envisage un rapprochement avec le « provençal ». Là encore avec une précision remarquable, G. Noto établit leurs provenances : les travaux imprimés de ses prédécesseurs (Nostredame, à travers les éditions française et italienne (1575), Ubaldini (1640), peut-être Tassoni (1609)), mais aussi, visiblement, le chansonnier *P*, alors conservé, comme de nos jours, à la Laurentienne de Florence.

La moisson est quantitativement comparable (neuf entrées) dans les *Etimologie italiane* auxquelles Redi s'active à partir des années 1660, en relation avec son homologue français Gilles Ménage (correspondance conservée mais non éditée dans sa totalité). Ces *Etimologie italiane* sont destinées à être insérées dans la seconde édition des *Origini della lingua italiana* que Ménage publie à Genève en 1685 (première édition : 1669), pendant italien des *Origines de la langue françoise* du même auteur (1650). Les étymologies « provençales » proposées par Redi, toujours accompagnées, comme dans ses autres travaux, de citations de troubadours (quatorze ici), proviennent majoritairement, comme le résume un tableau très clair (p. 98), du chansonnier *P* et, dans un seul cas, d'Ubaldini.

Francesco Redi est également poète. En 1685, il publie une fantaisie mythologique de 980 vers, *Bacco in Toscana*, qu'il assortit de très abondantes *Annotazioni* lexicographiques (entamées en 1671). Plusieurs fois rééditées avec le *Bacco in Toscana*, ces *Annotazioni* sont également présentes dans trois manuscrits de la Biblioteca Marucelliana dont tient compte G. Noto dans son étude à côté des éditions de 1691 et 1809. Ces 24 entrées comportant au total 72 citations de troubadours forment la partie la plus documentée de l'activité provençalisante de l'académicien florentin. Si les sources imprimées sont peu problématiques, il n'en va pas de même des sources manuscrites. Au chansonnier *P* s'ajoutent le chansonnier *V* (Venise, Bibl. Marciana), alors propriété de l'érudit florentin Antonio Magliabechi (1633-1714), et le chansonnier *U*, conservé à la Laurentienne de Florence. À côté, toutefois, de ces sources avérées, Redi se réfère à deux manuscrits dont on peut se demander s'ils ont jamais existé : un manuscrit censé appartenir à Carlo Strozzi et un chansonnier appartenant à Redi lui-même, comprenant outre les œuvres d'au moins treize troubadours, un glossaire provençal/latin et peut-être un autre travail lexicographique (onomastique). Parmi les troubadours figurant dans ce mystérieux manuscrit se détache un troubadour qui ne l'est pas moins. Redi l'appelle Giuffredi di Tolosa, soit Jaufre de Tolosa en occitan. Les nombreuses citations de ce troubadour dont Redi émaille ses recherches lexicographiques ne font qu'ajouter aux doutes qui planent sur son existence. Les hypothèses ingénieuses que présente G. Noto autour du nom de Giuffredi qui contient à la fois celui de Redi et la mention de la froideur à laquelle se refère souvent l'auteur lorsqu'il met en scène son propre personnage, ne permettent pas d'exclure, de l'aveu même de G. Noto, l'existence de ce manuscrit. Si l'on parvenait un jour toutefois à prouver une entreprise de falsification, il faudrait, je pense, s'interroger sur son sens, en la rapportant, comme cela a été fait tout récemment pour le faussaire fondateur Jean de Nostredame (Casanova 2012, Jourde 2014, Couffignal 2014), à des stratégies personnelles situées à la croisée d'intérêts locaux, sociaux, épistémologiques et littéraires. Giuseppe Noto rappelle opportunément la rivalité qui oppose Redi à Magliabechi, mais il y a peut-être d'autres contraintes qui auraient pu ainsi mener Redi à prendre sa place, parmi les auteurs de forgeries médiévales occitanes, entre Nostredame et Fabre d'Olivet.

Les mérites du travail de Giuseppe Noto sont nombreux et ils concernent différentes disciplines. Les analyses des différentes entrées et des citations de troubadours, menées avec une rigueur et un luxe de précisions dignes de ce que la tradition italienne a de meilleur, intéressent les lexicographies et, plus particulièrement, les métalexicographies italienne, occitane et française. Les médiévistes, même s'ils ne sont pas toujours soucieux du devenir de leurs auteurs de prédilection au-delà de la période médiévale, ne peuvent pas ne pas voir en quoi ils dépendent de l'histoire externe de leurs sources. En l'occurrence, la question n'est pas vaine de savoir si Redi a possédé ou inventé des chansonniers qui nous sont inconnus. Enfin, du point de vue des études historiques, culturelles et littéraires modernes, l'activité provençaliste de Redi permet de jeter un nouveau regard sur les liens qui unissent, en plein Grand Siècle français, les savants italiens et français. L'intérêt de Ménage pour la matière occitane **est** rappelé ici par la correspondance avec Redi dont une précision sur Savaric de Mauléon, connu par ailleurs à travers les liens avec l'érudit toulousain Pierre de Caseneuve, n'a pas été très étudié dans les travaux consacrés à cet érudit (Leroy-Turcan 1991, 1995…). De la même façon, au titre de la diffusion de la littérature occitane contemporaine, on trouvera dommage que G. Noto ne s'intéresse pas davantage à la mention de Pierre Godolin et à la connaissance que Redi peut avoir du dictionnaire de Doujat (1638, nombreuses rééditions avec les œuvres de Godolin) qu'il appelle *Vocabolario Tolosano*, présentes dans les *Annotazioni* au *Bacco in Toscana* (p. 101-102), relevées récemment dans une contribution sur la réception de Godolin dont Redi est un des premiers témoins en Europe (Courouau 2014). De façon générale, on pourrait se demander ce que Redi connaît de l'occitan contemporain. À quoi se réfère-t-il quand il affirme, par exemple, qu'« in lingua di Cahors dicono *ieu* » pour *io* (VA.V, p. 81) ?

Les travaux sur la réception des troubadours, récemment relancés par une série de colloques, ne peuvent ignorer l'espace culturel italien pas plus qu'ils ne devraient, à l'intérieur de cet espace, se limiter au seul siècle de Bembo. Les publications, déjà réalisées comme ce beau travail, ou annoncées, de Giuseppe Noto, incontestablement le meilleur spécialiste de ce sujet, paraissent absolument essentielles à la connaissance d'un pan des études romanes et occitanes sans doute laissé de côté jusqu'à présent car il est situé à la croisée de plusieurs disciplines et exige des qualités rares d'érudition et de méthode, ici splendidement réunies.

Jean-François Courouau
Université Toulouse-Jean-Jaurès

-§-

PLH-ELH / LAHIC (IIAC, CNRS) Maria-Clàudia Gastou, *Mistral abans* Mirèio. *Cossí Mistral prenguèt part a l'espelison del Felibrige e de l'*Armana prouvençau *(1854-1859)*, s. l., IEO edicions, 2012, 369 p.

On le dit parfois : la fin est un commencement. Et inversement. Ce livre devait marquer l'entrée publique dans le monde de la recherche en littérature occitane d'une chercheuse pleine d'avenir. Agrégée de philosophie, diplômée en lettres modernes, en littérature comparée et en occitan, Marie-Claude Gastou, domiciliée à Orléans où elle enseignait, avait entrepris en 2005, sous ma direction, un master 1 consacré aux premières années d'activité de Frédéric Mistral au sein de la publication annuelle qu'il avait fondée au lendemain de la création du Félibrige (1854), l'*Armana prouvençau*. Ce périodique, souvent délaissé par la critique mistralienne pour son prétendu manque d'élévation littéraire, représentait, pour Marie-Claude Gastou, le lieu idéal pour étudier les premières années de vie d'un mouvement culturel dont c'était la première réalisation, juste avant la publication qui allait assurer la notoriété de Mistral, *Mirèio* (1859). Une fois le mémoire soutenu, brillamment, en 2006, à l'Université de Toulouse, il donna lieu à deux publications. Un article dans *Lengas. Revue de sociolinguistique* présente de façon condensée les fruits de cette première recherche (« L'escritura militanta de l'*Armana prouvençau* », n° 63, 2008, p. 47-96). Cet article, comme le mémoire, est rédigé en occitan, langue à laquelle Marie-Claude

Gastou était particulièrement attachée. La richesse des éléments accumulés demandait cependant un cadre plus vaste et l'idée de publier la totalité du mémoire s'imposa très rapidement. Alors qu'elle avait décidé de poursuivre ses recherches (master 2) sous la direction de Philippe Martel, à Montpellier, spécialiste reconnu de la période félibréenne, Marie-Claude Gastou entreprit donc de recomposer et de compléter son mémoire en vue de la publication. L'éditeur pressenti, IEO edicions, venait de recevoir le texte définitif de son *Mistral abans Mirèio*, lorsque Marie-Claude Gastou, en 2009, à l'âge de 51 ans, fut victime d'un brutal et fatal accident de la circulation.

Un an se passa et, fin 2010, l'éditeur remit le projet sur le chantier. La relecture de la dernière version fut confiée à Philippe Gardy, François Pic et moi-même. La tâche était ardue puisqu'il s'agissait d'harmoniser les choix effectués par l'auteure et adapter l'ensemble à la publication. Le travail était peu avancé, bloqué au stade antérieur aux premières épreuves lorsque – nouvelle péripétie – parvint la nouvelle de la parution du livre. Celui-ci a donc été publié sans relecture de premières ni de secondes épreuves comme en attestent les nombreuses erreurs typographiques, une mise en page très négligée, comme souvent, du reste, chez un éditeur peu rompu à la publication de travaux universitaires et scientifiques, et surtout un plan d'ouvrage présenté en dépit du bon sens (« Taula detalhada », non paginée en fin d'ouvrage). De longs moments sont nécessaires pour comprendre le principe qui organise les hiérarchies de titres et lorsqu'on croit y parvenir, on s'aperçoit, un chapitre plus loin, qu'on n'avait rien compris du tout. Ce genre de maladresses dans la présentation, dommageable à la lecture discontinue, aurait dû être évité.

Par chance, le style de Marie-Claude Gastou est précis, clair, lumineux. Les recherches qu'elle a accomplies sur un sujet qui n'avait guère retenu l'attention des spécialistes sont présentées avec exactitude et prudence, deux qualités essentielles pour un chercheur. La cohérence de la démonstration, quasiment sans failles, permet, si on la suit dans le détail, de disposer d'une vision renouvelée sur un moment fondamental dans l'itinéraire de Mistral et de son mouvement qui vient compléter les travaux plus généraux menés ces dernières années, principalement par Claude Mauron, Philippe Martel et Jean-Yves Casanova.

Le livre est divisé en quatre parties. Dans la première, « Mistral e la logistica de l'*Armana prouvençau* », M.-Cl. Gastou s'intéresse à la préhistoire de la publication (chapitre I), à sa fondation et à son fonctionnement (chapitre II). Elle rappelle le rôle initiateur joué par la publication en 1850-1851 de poèmes en provençal dans les colonnes de l'hebdomadaire avignonnais *La Commune*, bientôt suivie (1852) par celle de ces poèmes en recueil (*Li Prouvençalo*) ainsi que les deux congrès de poésie, organisés à Aix en 1852 et 1853 par le poète J.-B. Gaut. Elle fait le point sur l'épineuse question de la graphie, entre les tenants de l'étymologie, suivant Honnorat, et ceux de la prononciation (Reybaud), en montrant bien les hésitations de Mistral et l'influence de Roumanille, finalement vainqueur. Le chapitre II de la première partie, « Dins las colissas de l'*Armana prouvençau* », montre la naissance d'un projet qui doit beaucoup à Aubanel et constitue assurément une première, si on excepte une tentative sans lendemain sous la Révolution. Un almanach comprend, on le sait, des parties utilitaires (calendrier…) et des parties écrites assez hétérogènes. Le public ciblé est large, il comprend des parties de la population, encore peu ou tout juste récemment touchées par l'alphabétisation qu'il s'agit d'amener à un usage écrit, utilitaire et littéraire, du provençal. Pour s'adresser à ces catégories, regroupées sous l'appellation « pople » [peuple], il convient de recourir à des formes d'expression adaptées. C'est ce qu'exprime Mistral dans une lettre programmatique adressée à Roumanille le 9 décembre 1853 : « per se presenta'u pople fau pas metre l'abit, leis gants, lou capèu à franjos d'or, fau tant que se pou bouta la vèsto e leis esclops, vouliounta-dire que fau presenta seis vers au pople dins uno formo umblo e bon mercat » (cité p. 46). Cette recherche de simplicité affichée, la modestie du support (petit format, mauvais papier), le caractère utilitaire de la publication et, plus que tout, sa destination « populaire » ont incontestablement nui à l'étude, menée ici d'un point de vue littéraire, de la première action d'envergure entreprise par le Félibrige naissant. Dans ce même chapitre, M.-Cl. Gastou fait apparaître le rôle central de Frédéric Mistral comme correcteur et hamonisateur de textes (bel exemple sur un texte d'Adolphe Dumas, p. 56), l'importance des pseudonymes, la présence d'un courrier des lecteurs.

La seconde partie, « Mistral e lo militantisme de l'*Armana prouvençau* », se veut centrée sur l'activité propre à Mistral sans qu'il soit jamais question – c'est un des mérites de l'approche de M.-Cl. Gastou – de délaisser les autres auteurs participant à l'entreprise. Mistral n'est en effet qu'un parmi d'autres. Un essai de typologie générale (chap. I) recense les auteurs par année sur les cinq livraisons du corpus, puis les classe en fonction du nombre total de textes. Ce classement fait apparaître que l'auteur le plus prolixe n'est pas Mistral, mais Roumanille. La répartition entre la prose et les vers, hautement significative des enjeux dont est investie l'entreprise félibréenne en termes de conquête de nouveaux espaces d'expression, ne modifie pas ces proportions. Distinguant entre des textes à valeur fonctionnelle et des textes d'ambition purement littéraire, M.-Cl. Gastou propose ensuite une seconde typologie (chap. 2), centrée cette fois sur les textes de prose fonctionnelle pour lesquels elle identifie huit catégories, parfois divisées en sous-catégories (lettres, conseils pratiques pour la vie quotidienne, informations climatiques, hommage à des Provençaux célèbres, festivités provençales, actualités littéraires…). Ces catégories dont les limites, selon les propres mises en garde de l'auteure, ne sont pas faciles à établir, font l'objet d'un examen détaillé dans le chapitre 3 de cette partie à la fin de laquelle est également rappelée la polémique qui opposa au Mistral de l'*Armana* et à Roumanille le journaliste parisien, d'origine provençale (honteusement vécue), Taxile Delord, dans les colonnes du journal satirique *Le Charivari*.

Dans la troisième partie, « Mistral e las istorietas de l'*Armana prouvençau* », l'enquête se concentre sur les petites histoires courtes, « non fonctionnelles » selon la typologie de l'auteure, quels qu'en soient les auteurs (chap. 1). Parmi ceux-ci, les compositions du « Felibre Calu » derrière lequel se cachent Roumanille, Mistral, Aubanel, Mathieu ou Crousillat, sont l'objet d'une analyse qui glisse ensuite sur celles, proprement humoristiques de Mistral lui-même (chap. 2). L'humour occupe, en effet, une place fondamentale dans ce qu'on pourrait appeler la stratégie communicationnelle de l'*Armana prouvençau* et Mistral en est le grand maître. Sans doute recourt-il aux mêmes procédés que ses co-rédacteurs (jeux de mots, plaisanteries, *martegalado*, c'est-à-dire plaisanteries sur la bêtise légendaire des habitants de Martigues, brèves satires…), mais l'élaboration littéraire de ses textes est autrement plus développée que celle dont peuvent faire preuve ses compagnons d'écriture. La dimension symbolique des textes mistraliens, même parmi les plus insignifiants, leur polysémie, voire leur opacité, une fois dépassé le sens premier, évident, concourent à ce que Sully-André Peyre, fin lecteur de Mistral, comme on sait, appelait le « *trobar clus* dans la galéjade » de Mistral. De façon générale, l'analyse du comique se révèle parfois bien plus difficile que d'autres types d'écritures et cela est particulièrement vrai chez Mistral. Grâce à sa solide (double) formation de philosophe et de littéraire, M.-Cl. Gastou, à travers l'analyse qu'elle propose des ressorts du comique chez Mistral et chez les autres *armanacaires*, rend compte d'une dimension essentielle et jusque-là négligée aussi bien dans l'étude de la création mistralienne que dans celle de son activisme militant. Ces analyses sur l'humour mistralien et félibréen, au sens large, sont d'un apport considérable.

Enfin, dans la quatrième et dernière partie, « La participacion literària de Mistral a l'*Armana prouvençau* », le sous-corpus étudié est constitué par les textes d'ambition proprement littéraire de Mistral. Au nombre de vingt-trois, dont dix-neuf en vers et quatre en prose, ces textes font aussi l'objet d'une typologie : les écrits de circonstance, les exercices de style littéraires, les contes et récits et un genre créé par Mistral lui-même, les *pantai* qu'on pourrait traduire par « rêveries ». C'est dans ce dernier genre que Mistral semble pousser le plus loin l'expérimentation poétique, à la limite d'une mystique de la nature (« Li grihet », 1856 ; « Lou Prègo-Diéu d'estoublo », 1857) qui ferait presque penser à Max Rouquette, lecteur probable – comme l'a suggéré Ph. Gardy dans son édition du *Bestiari* de Rouquette (2000) – des *Isclo d'or* où la plupart de ces différents textes seront repris par Mistral.

L'ouvrage est totalement dépourvu d'index (une rareté de nos jours !) mais cinq annexes le complètent. La première rassemble des documents iconographiques, la deuxième des renseignemens biographiques sur les auteurs, tandis que la troisième donne les équivalences des pseudonymes. La quatrième annexe est la plus importante puisqu'elle founit la liste des auteurs avec les titres de leurs pièces, publiées sous leur nom ou sous leur pseudonyme. Enfin, la cinquième annexe établit la liste des textes signés collectivement (« Li felibre »), les textes totalement anonymes et les textes signés par le « Felibre Calu ». Dans ces deux derniers cas, des attributions, la plupart assurées, sont proposées. Une très riche bibliographie, arrêtée en 2009, clôt l'ensemble.

Les perspectives ouvertes par ce beau travail sont nombreuses. Le corpus constitué par l'*Armana prouvençau* mériterait qu'on l'étudie dans sa globalité, de 1855 à 1914, date de la mort de Mistral, en se tenant soigneusement à l'écart des *a priori* d'une certaine critique élitiste. C'est ce qu'avait commencé à faire Marie-Claude Gastou. Les fondements de l'humour mis en œuvre dans l'approche d'un lectorat étranger aux codes littéraires élaborés demanderaient à être encore explorés. Marie-Claude Gastou se proposait de poursuivre dans cette voie. On pourrait également s'intéresser à l'audience réelle, en termes de lectorat, de cette publication, ainsi qu'aux choix idéologiques qu'elle véhicule. Certes, ces derniers sont marqués par le conservatisme mistralien qui tourne le dos aussi bien à l'industrialisation qu'à l'urbanisation, mais le fait est que l'*Armana prouvençau* est lu, très lu, en Provence, voire au-delà, et qu'en ce sens, c'est peut-être un des succès les plus massifs – sinon *le* succès le plus massif – du mouvement renaissantiste initié par Frédéric Mistral. Sur tout cela, et sur bien d'autres choses encore, Marie-Claude Gastou aurait pu poser le regard intelligent et fin qui était le sien et dont ce *Mistral abans Mirèio* nous laisse un ultime et beau témoignage. Gageons que de ce commencement qui est aussi une fin naîtront d'autres commencements.

Jean-François Courouau
Université Toulouse-Jean Jaurès
PLH-ELH / LAHIC (IIAC, CNRS)

Philippe Gardy, *Paysages du poème, Six poètes d'oc entre XXᵉ et XXIᵉ siècle. Léon Cordes, Robert Lafont, Bernard Lesfargues, Georges Reboul, Max Rouquette et Jean-Calendal Vianès.* Montpellier, Presses Universitaires de la Méditerranée, octobre 2014. 113 p. 14 €.

Paysages du poème s'inscrit dans longue réflexion de Philippe Gardy, poète et critique, sur l'écriture occitane en général et sur la poésie contemporaine en particulier dont il avait présenté en 1992 un tableau très éclairant avec *Une écriture en archipel* (éditions Fédérop) qui fut suivi de plusieurs études particulières[1] sur de grands poètes contemporains comme Bernard Manciet, Marcelle Delpastre, René Nelli, Robert Lafont, Max-Philippe Delavouët, Max Rouquette.

Le sous-titre de cet ouvrage : *Six poètes d'oc entre XXᵉ et XXIᵉ siècles : Léon Cordes, Robert Lafont, Bernard Lesfargues, Georges Reboul, Max Rouquette, Jean-Calendal Vianès* semblerait annoncer un portrait de groupe de ces poètes « nés entre 1900 et 1925 » entre Périgord et Provence qui se trouvent liés par des amitiés, des influences, des solidarités littéraires et linguistiques, comme avait commencé à le montrer un précédent colloque sur le renouveau de la poésie occitane[2] dont Philippe Gardy était un des organisateurs. Mais ce n'est pas exactement le propos ici. L'auteur se situe plutôt dans le prolongement de la « recherche au long cours » menée récemment sur René Nelli où il avait commencé à explorer la notion de « paysages du poème ». Dans ce nouvel ouvrage, il met en œuvre de façon plus systématique une perspective géopoétique très personnelle qui pourrait se définir comme un rapport complexe et fondateur entre « les mots et les lieux » qui fait du poème un paysage de mots.

On découvre, certes, des vérités géographiques au cœur du poème ou du recueil. Ce sont les évidences du pays des origines, qui est toujours le pays de la langue. Et la manière dont ces évidences sont énoncées est en soi significative : lieux présents d'emblée comme « Brageirac sus la Dordonha » chez Lesfargues ou Mouriès et les Alpilles chez Vianès, ou lieux secrets lovés dans les replis du poème, comme ces hameaux de Haute-Provence ou du Minervois d'où sortent Reboul et Cordes, ou encore lieux soigneusement tus comme le village d'Argelliers que Max Rouquette ne nomme jamais.

Mais l'essentiel n'est pas là. Il est dans le type d'approche dont Philippe Gardy fait une méthode de plus en plus consciente et approfondie. Le moment qu'il choisit pour aborder chaque œuvre est celui de « l'entrée en littérature » et la saisie de ce moment demande un travail d'approche aussi rigoureux que subtil : établissement des manuscrits, recherche fine des premiers écrits, des diverses parutions dans le monde foisonnant des revues occitanes du XXe siècle, lecture froide des balbutiements, des hésitations des commencements, s'agissant d'œuvres dont la familiarité empêche parfois de voir les vérités premières. Apparaissent alors les filiations plus tard reniées (D'Arbaud pour Lafont) ou toujours avouées (Sully-André Peyre pour Reboul et Vianès), les révélations, les hantises, les masques et les conversions, toutes sortes de mouvements où l'œuvre à venir s'enracine et trouve les fondements de son architecture secrète.

Le surgissement du paysage, avec ce qu'il comporte de désirs, de couleurs, de rythmes, de présences humaines, animales et végétales, d'aspiration au mythe (Daphné chez Rouquette, Orphée chez Vianès), fait advenir au lieu du poème « ce territoire longuement mûri et rêvé » qui en constitue le socle. Un des passages les plus éclairants de l'ouvrage est la prise de conscience de ce que représente vraiment chez Max Rouquette – un des auteurs sur lequel sans doute Philippe Gardy a le plus écrit – ce « chemin des songes » qu'il avait entrevu et étudié[3], mais dont il n'avait pas, dit-il, mesuré toute la portée. La fonction de «capteur de songes » du poète, lisible dès les premièrs vers (*Vòts* vers 1920), paraît progressivement assumée dans toute l'œuvre, prose ou poésie, si bien qu'elle fournit en quelque sorte la clé d'une « discipline du poème, destinée à explorer le monde en ce qu'il a d'impénétrable à l'homme par le moyen des mots, et de leur pouvoir à rendre perceptibles ses *secrets*. »

> dau mieu sòmi còsta gaire
> de conóisser lo secret
>
> *de mon songe il ne coûte guère*
> *de connaître le secret.*

S'il est vrai que les six poètes dont il est question appartiennent historiquement à un même paysage poétique dont Mistral constitue toujours l'arrière-plan majestueux et que dominent, au milieu du XXe siècle, les hautes figures de Pons, Lorca et Éluard, on voit se dessiner des influences particulières : celle, ponctuelle, du catalan Joan Estève sur Robert Lafont ; celle, obsessionnelle, de Nerval sur Jean-Calendal Vianès ; celles des nombreux interlocuteurs et dédicataires de la poésie ouverte de Georges Reboul, dont Cézanne avec qui il partage comme paysage d'élection le *Mont Venturi*, la Sainte-Victoire. Philippe Gardy établit avec rigueur les trajectoires, dialogues et horizons de chacun, rassemblant à l'appui de sa lecture les articles ou ouvrages critiques qui leur ont été consacrés. Ce savant cheminement mené en parallèle dans des œuvres contemporaines et proches finit par dégager, au-delà des filiations et des ancrages proprement géographiques, au-delà même de l'effet « d'archipel », quelque chose de plus abstrait et de plus difficile à peindre qui serait le paysage de la langue « où le poème prend naissance et se déploie. »

On comprend que la longue intimité avec des poètes dont il parle n'empêche pas l'auteur d'être surpris ni ému par les découvertes de ses propres relectures. Il sait en tout cas le faire sentir et conduire avec sûreté le lecteur dans l'univers de chaque poète, dans ses lieux et ses mots comme dans le chant de sa langue.

Ainsi cet ouvrage, par la rigueur de sa méthode, la rapidité de son format et la limpidité de son style, s'adresse-t-il aussi bien aux lecteurs familiers de la poésie occitane qui auront plaisir à lire et à relire sous un angle nouveau des poètes connus qu'aux lecteurs de poésie en général qui découvriront avec bonheur un univers poétique présenté par Philippe Gardy, à juste titre, comme « éminemment partageable ».

Claire Torreilles
Université Paul-Valéry Montpellier 3

NOTES

[1] Notamment : *Figuras dau pòèta e dau pòèma dins l'escritura occitana : Marcela Delpastre, Bernat Manciet, Mas-Felipe Delavouët, Renat Nelli*, Montpeyroux, Jorn, Bordeaux, Tèxtes occitans, 2004. *René Nelli, la recherche du poème parfait, Suivi de René Nelli, Choix de poèmes*, Carcassonne, Garae / Hésiode, 2011
[2] *Max Rouquette et le renouveau de la poésie occitane. La poésie d'oc dans le concert des écritures européennes (1930-1960)*, Montpellier, Presses universitaires de la Méditerranée, 2010.
[3] Notamment dans « La voie des songes », *Europe*, n° 950-951, juin-juillet 2008, p. 166-170.

Revues et ouvrages reçus par la *Revue des Langues Romanes*

A Revues

Analecta Malacitana, Revista de la sección de filología de la facultad de filosofía y letras, Málaga, XXXVI, 1-2 (2013).

Anales de literatura española, Universidad de Alicante, n° 25 2013, serie monográfica, n° 15 : *Revistas literarias españolas e hispanoamericanas* (1835-1868).

Biblos, Revista da Facultade de Letras, Universidade de Coimbra, vol. XI (2ª. série), 2013 : Ciência neas Artes.

Bolletino dell'Atlante linguistico italiano, III serie- dispensa n. 36, 2012.

Bulletin Académie Royale de Belgique, Classe des Lettres et des Sciences morales et politiques, 2013, 6e série, tome XXIV.

Bulletin historique et scientifique de l'Auvergne, t. CXIII/2 n°794-795 juillet-décembre 2012.

Catalan Historical Review, Institut d'Estudis Catalans, Barcelona, n°7/2014.

Cultura neolatina, anno LXXIV – 2014, fasc. 1-4.

Glossaires des patois de la Suisse romande, fasc. 118, t. VII, pp. 1121-1144 : fuser-frozat ; pages 1145-1190 : index du tome VII, page 1191 : table des matières ; fasc. 119 , pages 561-616 : *gòva-grand,* Droz, Genève, 2013.

Langues et cité, Bulletin de l'observatoire des pratiques linguistiques. Numéro 25, le francique (platt lorrain), Langue française et traduction en méditérranée (Références 2013) mars 2014.

Le Gnomon, Revue internationale d'histoire du notariat, n°178 janvier-mars 2014 ; 179 avril-juin 2014, n° 181 octobre-décembre 2014.

Lemouzi, 6e série, n°208 (décembre 2013), n°209 (mars 2014), n°210 (juin 2014), n°211 (septembre 2014).

Lletres asturianas, 110-111.

Lo Gai Saber, 96ª annada, n°534, estiu de 2014; N° 535 tardor 2014.

Mémoires de la société Néophilologique de Helsinki, t. LXXXIX, Elina Suomena-Härmä, Juhani Härmä et Eva Havu eds. *Représentation des formes d'adresse dans les langues romanes,* 2013 ; XCII, Anne-Christine Gardner, *Derivation in middle english,* 2014; XCIV, Tanja Säily, *Sociolinguistic variation in English derivational productivity*, Helsinki Société néophilologique, 2014.

Neuphilologische Mitteilungen, Bulletin de la Société Néophilologique, 4 CXIV, 2013 ; 1-2 CXV, 2014, Helsinki.

Questes, n° 28 – juin 2014. *La prophétie*.

Reclams, Escòla Gaston Febus, n° 830-831, genèr, heurèr,març ; abriu, mai e junh 2014.

Revista de Filología española, v. XCIII, n°2, julio-diciembre 2013, v. XCIV, n°1, enero-junio, 2014, Madrid, CSIC.

Revista Letras, Curitiba, Parana, Brésil, n° 87, jan./jun., 2013 ; n°88 jul./dez., 2013.

RLA, revista de lingüística teórica y aplicada, vol.52 (1) I sem. 2014, vol.52 (2) II sem. 2014, Universidad de Concepción-Chile.

Revista portuguesa de humanidades, ano 2013, vol. 17-fasc.1, Estudios linguísticos, vol.17-fasc.2, Estudios literàrios, Braga.

Rivista di filosofia neo-scolastica, anno CVI, 1, gennaio-marzo 2014, 2, aprile-giugno 2014, 3, luglio-settembre 2014.

Serra d'Or, 652 (abril 2014), 653 (maig 2014), 254 (juny 2014), 659 (novembre 2014), 660 (desembre 2014).

Studia Monastica, vol. 55, fasc. 2, 2013 ; vol.56, fasc.1, 2014.

Studia Romanica et Anglica Zagrabiensia, vol. LVII Zagreb, 2012.

Tenso, bulletin of the société Guilhem IX, volume 29, numbers 1-2, spring-fall 2014.

REVUES ET OUVRAGES REÇUS   281

B Ouvrages

Immaculada Fabregas Alegret, *La fabrication des néologismes, la troncation en espagnol et en catalan*, Pur, 2014.

Xosé Lluis García Arias, *Propuestes etimolóxiques (5)*, Uvièu, 2014, Academia de la Llingua asturiana.

Catalina Gîrbea, *Le bon Sarrasin dans le roman médiéval (1100-1225)*, classiques Garnier, 2014.

Sarah Kay, *Parrots and nightingales. Troubadour quotations and the development of european poetry*, Philadelphia, 2013.

Huguette Le Gros, *La folie dans la littérature médiévale*, PUR, 2013.

Françoise Mignon & Michel Adroher, *Chair, chair et bonne chaire*, en hommage à Paul Bretel, UPVD, Perpignan, 2014.

Éditions critiques

Pierre Roumégous, *Leutres à l'Henri* – Lettres à Henri. Chroniques politiques gasconnes du *Travailleur landais* (196-1948), présentées par Micheline Roumégous et traduites par Guy Latry, SABER, PUB, Pessac, 2014.

Gilles Roussineau, *Perceforest*, sixième et septième parties, tomes I-II, Droz, 2015.

Marion Uhlig et Yasmina Foehr-Janssens, *D'orient et d'occident. Les recueils de fables enchâssées avant les* Mille et une Nuits *de Galland*, Brépols, Tournhout, 2014.

Presses universitaires de la Méditerranée
(Université Paul-Valéry Montpellier 3)
pulm@univ-montp3.fr
www.PULM.fr

Dépôt légal : mars 2015   N° imprimeur : 031551087
Imprimé en France par Présence Graphique - Monts